"十二五"国家重点图书出版规划项目

人本会计与财务研究论丛 总主编 徐国君

人本财务法律制度

韩斌 著

立信会计出版社

LIXIN ACCOUNTING PUBLISHING HOUSE

图书在版编目(CIP)数据

人本财务法律制度/韩斌著.—上海:立信会计出版社,2015.12

(人本会计与财务研究论丛)

ISBN 978-7-5429-4870-0

Ⅰ.①人… Ⅱ.①韩… Ⅲ.①财政法－研究－中国 ②经济法－研究－中国 Ⅳ.①D922.204 ②D922.290.4

中国版本图书馆 CIP 数据核字(2015)第 317421 号

策划编辑　　　余　榕
责任编辑　　　余　榕
封面设计　　　周崇文

人本财务法律制度

出版发行	立信会计出版社	
地　　址	上海市中山西路 2230 号	邮政编码　200235
电　　话	(021)64411389	传　　真　(021)64411325
网　　址	www.lixinaph.com	电子邮箱　lxaph@sh163.net
网上书店	www.shlx.net	电　　话　(021)64411071
经　　销	各地新华书店	

印　　刷	上海肖华印务有限公司		
开　　本	787 毫米×1 092 毫米		1/16
印　　张	13.75		
字　　数	219 千字		
版　　次	2015 年 12 月第 1 版		
印　　次	2015 年 12 月第 1 次		
书　　号	ISBN 978-7-5429-4870-0/D		
定　　价	38.00 元		

如有印订差错,请与本社联系调换

总　序
FOREWORD

"人本＋"会计·财务·审计

在人类社会悠久的历史进程中,一项重要的科技变革或理论创新总会引起社会相关领域发生从量变到质变的深刻变化。今天,互联网信息技术通过对生产要素配置的优化和集成,深度融合于经济社会各领域之中,形成更广泛的以互联网为基础设施和实现工具的经济发展新形态。与此类似,人本理念通过对会计、财务和审计各要素的创新,对传统会计、财务与审计产生深刻的影响,形成以人为中心、为根本的人本会计、人本财务、人本审计的新兴理论和专业领域。

一、关于"人本＋"

自从有了人类以来,人与物的价值关系就相伴而生。只是人类诞生之初,由于物品的短缺贫乏,人类为了自身生存,几乎完全将注意力关注到从自然界获取物产上面。但随着社会生产力的提高,人类逐渐具备了创造物质财富的能力,以至于当今社会人类消费的物品中人造物已占到绝大多数。由此,人与自然、人与物之间便具有了对象性关系,物成为被人利用、认识、改造、制造、控制、保护的对象。物成为人生存和发展的手段,从"自在"的存在,转化为"人为"的存在,自然物不断地转化为人造物。于是,世界的进化就决定于人的创造,进而证明人是创造世界的本原,人造物是人的创造活动的产物。

正是基于上述客观事实,笔者提出会计·财务·审计意义的"人本"理念。其内涵是:第一,人是经济活动或价值创造的主导、本原、中心、根本;第二,把经济活动中所有相关联的人放在至高无上的位置,将其当成目的与责任,而不是当成手段与工具;第三,在企业经营活动中,将人力资源视作最重要的经济资源,物力资源只是条件。

将上述人本理念广泛应用于经济和管理领域,对传统会计、财务、审计的理论与方法进行再造、创新、改进、完善,就是所谓的"人本+"。

二、"人本+"会计

会计基于人类对物的管理而产生,建立了以物为对象取向,以物为中心、为根本的会计,我们姑且称之为"物本会计"。物本会计由于忽略了人在经济活动中的主导性、决定性作用,没有抓住经济活动的根本,也不能提供完整的信息。而以"人本+"的思维重新考量会计,将以人为本的原则系统运用于会计领域,在对传统会计进行根本革新的基础上建立的会计系统,即以人及其行为为对象取向,以人为中心、为根本的会计,就是人本会计。

人本会计的核心思想可以概括为以下四方面:第一,人成为会计的第一要素,即将人及其行为系统纳入会计系统,将人力资源作为会计对象要素中第一位的、决定性的要素。因而,一方面要确认人力资产的价值,将其置于资产的首要地位;另一方面要承认人力资本所有权,保护劳动者的特殊的所有者地位。第二,认为人力资源才是物质财富创造、利用的主体,将其视作最重要的经济资源,离开人的劳动,物质财富就什么也不能做,即使是机器人运行,也离不开人的设计、操作。因此,不仅要给予劳动消耗以必要的补偿,而且更要让人力资本参与企业剩余的分享。第三,重构会计等式为:资产=行为=权益,其中,资产是价值的载体,行为是价值的源泉,权益是价值的归属。这种三维会计模式通过三式记账法立体、完整、动态地反映经济活动的主要信息,并通过新的报告体系总括性地进行信息披露,从而向信息使用者提供更有价值的信息。第四,人本会计所体现的会计管理机制,就是对其成员,即每个人的贡献与责任进行清楚地计量和显示,并结合按贡献进行利益分享的规则,则每个人就会自觉地将自己的思想和行为引向价值贡献。并且,在直接的相互合作中,人们可以在互动中直接相互监督,而这种监督并不需要成本,因为它是成员各自利益追求中附带的自然行为,同时形成一个人就是一个经济实体的自我驱动机制与团队生产的合作共赢机制。这一新的会计模式,是会计对象的增加,会计结构的调整,会计方法的变革,会计理论的探索,会计思想的发展。

三、"人本+"财务

传统财务管理以物为中心展开有关资金、资本及其相关要素的管理,笔者称之为"物本财务管理"。随着知识经济时代的到来,暴露出其根本缺陷:一是财务管理的目的过于狭隘。以股东财富最大化为目的,仅站在资本投资者的立场上,不包含其他利害关系集团的利益,就会受到相应的抵触,不能实现共赢的合作。二是"见物不见人",只重视资金或资本等物力资源的管理,没有抓住价值创造的主要矛盾。三是财务管理方法等没有深入经济活动的根本层面,缺乏实现价值增值的有效方法。

"人本＋"财务,就是将以人为本的原则系统运用于价值管理领域,确立以人为中心、为根本的财务思维与价值观念。人本财务管理,与以物为中心、为根本的现行或传统的"物本财务管理"相对应,是将人本的理念系统运用于财务领域,以人为中心、为根本来组织财务活动、处理财务关系的管理活动与方法。其主要观点是:将人力资源视作最重要的经济资源,认为以企业家为代表的所有员工的人力资源才是价值的源泉;人是价值(经济财富)创造的主体,人及其行为是价值创造的本原与动因,而物力资源只是价值创造的条件;人力资本所有者与物力资本所有者以平等法律地位共同拥有企业终极所有权,但前者同时获得企业经营权,从而应以各自的资本比例与价值贡献分享新创造的价值;财务管理的核心是价值管理,价值管理的核心是价值创造管理,而价值创造管理应以人为本。在此基础上,还可以将人本财务管理提升为人本价值管理,即以人主导下的经济活动的价值形态为主要对象,以人为中心、为根本来组织价值活动、处理价值关系的系统的价值管理活动与方法。

人本财务管理或人本价值管理的内容,可以从管理要素和管理方法两方面来设计:

一方面,按照管理要素来考虑,一是资产要素管理:其核心是解决资源配置效率问题。其重点是核心资产要素——人力资产要素的管理;作为人力资产已经外化形态的专利、品牌、商誉等的管理;人力资产与其他物力资产匹配与结构的管理。二是行为要素管理:其核心是解决行为价值管理的方法问题。其重点是基于价值视角的行为者心理与行为管理成为财务管理的新的重要领域,关键是行为价值增值的品质与效率。具体包括行为增值管理、行为减值管理和行为净值管理。三是权益要素的管理:其核心是解决财务治理与权利分享问题。其重点是人本财务治理,劳动者权益要素管理,劳动者权益要素与其他权益要素结构管理。

另一方面,按照管理方法来考虑,包括:价值发现与策划;价值决策与规划;价值驱动与激发;价值沟通与指导;价值诊断与调控;价值分析与评价;价值分配与分享。

四、"人本＋"审计

与传统的会计即物本会计相对应,传统的审计是以物为中心、为根本的审计,我们姑且称之为"物本审计"。在这种审计体系中,账簿及经济活动等"物"在审计系统中占有绝对重要位置,无论从审计对象、审计目标、审计标准,再到审计内容和所提建议,都要围绕"物"来进行,有时虽然也会考虑人及其行为,但只是处于从属的地位。审计的对象完全依托账簿等经济业务的有关资料,没有对人及其行为进行考察;依据的标准也是以物为中心的会计制度等的标准;没有正面回答受托者的履行责任情况。审计可以发现被审计单位是否有严重的违规问题,但不能很好地评价被审计人的履行责任的能力、决策水平、行为改进的建议,造成审计报告只可以作为不提拔使用管理者的参考,不能作为评价、使用、提拔、调任管理者的依据。

"人本＋"审计,就是构建以人及其行为为中心、为根本的审计观,将审计视为一种社会现象,作为人类对自身行为的评价活动。具体来说,人本审计就是审计人对照既定标准,评价被审计人及其行为的可靠性、合法性、有效性,从而确定被审计人的受托责任,提出改进行为的建议并向行为者问责的活动。其核心思想如下:

第一,人本审计要以被审计人及其行为为导向。人本审计观下的审计不再以账项、制度、风险为导向,而是建立起全新的以人及其行为为导向的审计模式。在该种模式下,重视对行为风险的评估;审计思路调整为"由内而外"和"由外而内"相结合;审计方法引入了对行为动机、行为、人格、能力、气质的测评方法,丰富了审计的技术和方法。

第二,人本审计观下的审计要对人及其行为进行评价。人本审计观下的审计不再是以物为中心,而是人评人,不是人评物。审计是透过物去看人,是人类对人及其行为的评价活动。从某种意义上来讲,审计人员也是评判者,只不过评判的是受托经济责任完成情况。这也是人本审计与物本审计的一个最大区别。

第三,人本审计要对人及其行为发表意见并报告。审计人对被审计人及其行为进行审计后,就可以结合分析经济活动的情况,综合分析行为动机、过程和结果,对被审计人行为的可靠性、合法性、有效性发表意见,并将被审计人的行为信息报告给受托人,最终评价被审计人履行受托责任情况,向受托人或被审计人提出改进行为的建议并向反面消极行为问责。

第四，人本审计的目的。人本审计的目的是监督评价受托人及其行为的可靠性、合法性、有效性；分析、揭示人及其行为存在的不足；提出改进人及其行为的建议，促进人及其行为的价值增值。

第五，人本审计模式。人本审计模式以被审计人及其行为为中心开展审计的各项流程，审计以人开始，并以人结束。具体来说，审计的着眼点是人，审计立项由人开始，审计过程中关注人及其行为，结合对经济活动的分析，对照有关行为的标准，得出审计监督、鉴证、评价的结果。审计也由人结束，审计报告的客体是人，最终向人问责，向人提建议，促进人及其行为的改善和提高。

第六，人本审计理论体系。人本审计理论体系包括人本审计基础理论和人本审计应用理论两大部分。人本审计基础理论主要由审计本质、审计假设、审计目标、审计概念等构成。人本审计应用理论是以基础理论为原理运用于审计实践所形成的一系列指导实践的理论，按行为类型划分为行为可靠性审计理论、行为合法性审计理论、行为有效性审计理论；按审计的主体划分为人本国家审计应用理论、人本民间审计应用理论、人本内部审计应用理论；按审计操作规范划分为人本审计准则理论、人本审计程序与方法理论、人本审计报告理论。

五、本论丛的特点

"人本会计与财务研究论丛"包括《人本财务会计》《人本财务管理》《人本审计》《人本财务法律制度》4部著作，是在4位作者攻读博士学位期间研究成果的基础上完成的，是中国海洋大学管理学院会计学系会计学博士点"人本会计与人本价值管理"博士生研究方向的系列研究成果的一部分，此外还经过了三届人本会计论坛的主题研讨交流。本论丛的特点如下：

第一，人本性观念。本论丛中每部著作的研究，都自始至终贯穿"人本＋"观念，对传统会计、财务、审计乃至相关规则进行再造、创新、改进和完善。可以说，人本性观念是本论丛的灵魂，是本研究领域的哲学方法论。无论是从事本领域研究，还是阅读本论丛的理论成果，都特别需要先牢固确立前述人本理念来主导专业认知和思维，切忌用传统的，也即"物本"的专业思维来主导认知和思维，更不可让人本理念和物本理念扰乱了思维。

第二，创新性研究。本论丛中的每项研究，都是突破传统的专业知识、理论与方法体系，在继承的基础上，遵循会计、财务、审计的发展规律，基于社会未来发展的诉求，按照"人本＋"的原则进行基础概念、基本理论和方法的新设计、新构建，同时力求能够自圆其说，并提供可操作的方法和程序。可以说，研究创新是本论丛的学术追求，理论发展是本论丛的学理使命。

第三，开拓性引领。伴随着社会的发展，会计等领域不能原地踏步而需要与时俱进地跟随支持。本论丛的研究正是肩负这份使命责任，去着力开拓、努力引领，即使遭遇探索失败也在所不惜。当然，就像任何其他新生事物一样，本领域的研究也有一个从幼稚到成熟的过程，而本论丛的出版，也正是向读者、同行提供一个质疑交流的载体，为明道求真做出的一份坚持。

爱因斯坦说："如果现实不对，那就改变现实！"凯恩斯则认为："难得是从旧观念中跳出来的。"面向未来，而不是以思维定势看待人本＋会计·财务·审计，就像不能用单式簿记的思维来看待复式簿记一样。目前，似乎推行的条件并不完全具备，但只要符合人类自身的利益，那就去创造条件以适应理论。美好的未来是靠从现在做起、用心创造出来的。哥白尼说："人的天职在于踊跃探索真理。"黑格尔也曾深刻地指出："一个民族有一些关注天空的人，他们才有希望；一个民族只是关心脚下的事情，那是没有未来的。"我们非常愿意做这种仰望天空的人，因为我们希望并坚信社会将会有美好的未来。

徐国君

2015 年 10 月

前　言
PREFACE

　　当今社会正逐渐步入知识经济时代。在知识经济时代,企业价值的判断不再取决于其所拥有物力资本的数量和质量,而是取决于其拥有的人力资本的数量和质量。为此,企业的财务要素应当将人力资本产权这一关键要素纳入企业的财务活动,并应以人力资本产权要素为核心展开。但是,人力资本产权尚未纳入现行财产法律范畴,企业开展人力资本产权财务活动有法律障碍。为了解决这一问题,笔者于 2008 年进入中国海洋大学攻读博士学位,将人本财务法律制度作为博士论文选题进行了比较深入的研究。本书就是在博士论文的基础上修改完成的。

　　本书以人力资本产权为主线,以产权制度为核心,首创了人本财务法律制度体系。本书弥补了现行财产法律体系的不足,为人本财务实践提供了理论和法律依据。本书首先构建了包含人本财务逻辑起点、人本财务要素、人本财务活动在内的人本财务基础理论,并结合人本哲学、法学、经济学、管理学等解决了人本财务法律制度的学理基础问题。本书认为,价值创造行为符合人本财务逻辑起点应当符合的四个条件,应作为人本财务基础理论的逻辑起点。本书系统论证了包含行为、资产、权益在内的人本财务三要素,认为行为属于价值本源要素、资产属于价值存在要素、权益属于价值归属要素。关于人本财务活动,本书基于"行为—资产—价值"的价值活动逻辑,并考虑现行财务活动与企业价值的割裂现状,首次提出并论证了以价值创造行为为主线的包括价值引导、价值配置、价值流转、价值产出、价值分享在内的财务活动体系。其次基于价值判断是设计法律制度的基本原则,本书塑造了"效率优先、公平为本"的价值理念,并根据上、下位法律之间的关系及构建原则,构建了人本财务法律制度体系。该体系包含人本财务统领法律制度、人本财务基本法律制度、人本财务支持法律制度、人本财务技术法律制度及人本财务保障法律制度等。

本书认为,人本财务统领法律制度属于宪法及宪法性文件中关于人力资本产权的概括性规定,应该包括不可侵犯制度、国家保护制度、权利限制制度及征用补偿制度等基本制度。人本财务基本法律制度属于人力资本产权在民事基本法中的规定,应该包含人力资本产权的确认与分类、主体、取得与变动、保护和限制等核心民事法律规则。

关于人本财务支持法律制度,本书认为,在人本财务基本法律制度基础之上的企业相关产权法律制度均属于该项制度。基于企业产权法律制度的实际,本书在企业出资制度、企业运营制度、企业治理制度、资本退出制度、企业清算制度和收益分配制度等方面构建了人本财务支持法律制度的基本内容。

关于人本财务技术法律制度,本书认为该制度是人本财务法律制度实施的基石,应包括人本财务机制、人本财务服务体制和人本财务活动规则三个方面。其中,人本财务机制分为人本财务基础机制、人本财务基本机制、人本财务服务机制三个层次;人本财务管理体制应与人力资本出资者权利、义务相适应,包含股东大会、董事会、监事会、管理层、具体业务执行者在内的人本财务责、权、利分配体制;人本财务活动规则体系包含价值引导活动规则、价值配置活动规则、价值流转活动规则、价值产出活动规则及价值分享活动规则等。

最后,本书构建了人本财务保障法律制度。该制度是人本财务法律制度实施的基本保障,包含征信制度、市场禁入制度、职业保险制度、个人破产制度等。

本书的创新点在于:重塑了"效率优先、公平为本"的价值理念;构建了包含人本财务统领法律制度、人本财务基本法律制度、人本财务支持法律制度、人本财务技术法律制度及人本财务保障法律制度等在内的人本财务法律制度体系,并对各组成部分进行了逐项卓有成效的研究;在人本财务技术法律制度的研究中,本书首创并详细剖析了人本财务机制、人本财务管理体制和人本财务活动规则三个方面的制度体系;针对现行财务活动的缺陷,基于价值增值的规律,本书构建了包含价值引导活动规则、价值配置活动规则、价值流转活动规则、价值产出活动规则及价值分享活动规则等在内的人本财务活动规则;在人本财务统领法律制度、人本财务基本法律制度、人本财务支持法律制度、人本财务技术法律制度及人本财务保障法律制度等方面进行了系统而深入的研究,并首创了相应的法律制度体系。

　　人本财务法律制度是一个崭新的命题,本书是相关研究的首部著作。本书取得了初步的研究成果,但相关研究还仅仅是一个开始。后续研究至少要围绕以下方面展开:其一,加强人本财务理论的研究。人本财务理论是一个系统研究,本书仅仅对人本财务逻辑起点、人本财务要素、人本财务活动等方面展开了研究,需后续研究进行完整和细化。其二,本书的论证是以演绎推理为基础的逻辑推演结合企业财务现实的实然进行,缺乏企业财务实际的验证,其实际运行效果如何还有待于进一步的考察。希望本书的初步探索,能起到一个抛砖引玉的作用,引导同行深入、系统的研究。

　　　　　　　　　　　　　　　　　　　　　　　韩　斌

　　　　　　　　　　　　　　　　　　　　　　　2015 年 10 月

目　录
CONTENTS

1 导　　论

人本财务法律制度是一个全新的命题,为什么要以此为题进行研究? 本书在导论部分按照以下次序逐步展开并着重解决这个问题。首先,通过背景分析提出本书拟重点解决的问题,分析研究和解决该问题的目的和意义;其次,通过相关研究综述,试图找出解决问题的症结所在;最后,提出本书的研究范式并勾勒出本书的主要内容。

1.1　选题背景与问题的提出

1.1.1　选题背景

财务及财务管理[①]作为经济活动,是基于经济社会的需要而出现并发展起来的。其中,经济社会大背景所决定的企业需要指明财务管理的方向及其内容。例如,我国财务学者郭复初结合不同时期主要财务管理方式的变化及财务管理内容的变化,将中、西方近代财务管理的发展分别划分了三个阶段[②]。他认为,西方财务管理分为筹资管理与财务核算为主的管理阶段、成本管理与财务监督为主的管理阶段、投资管理与财务决策为主的管理阶段。其中,筹资管理与财务核算为主的管理阶段形成于 19 世纪末 20 世纪初资本主义经济快速发展时期,在这一时期,企业飞速发展,不断扩大生产经营规模,在财务上要求开辟筹资渠道,及时、足额筹得资金满足生产经营需求;成本管理与财务监督为主的

---

　　① 财务学者习惯上认为,财务管理与公司财务、财务管理学与公司理财学或公司财务学是等价的。国内外的相关教科书中,还没有看到将两者加以区分的先例[参见:李心合. 财务管理学的困境与出路[J]. 会计研究,2006(7):45-51.]。笔者认为,财务学是研究财务要素自身规律的学科,财务管理学是研究依据财务要素自身规律进行管理的学科,财务管理是基于财务要素自身规律的管理。在本书中,笔者基于财务要素自身规律构建法律制度,两者兼而有之,不做显著区分,下同。

　　② 郭复初. 中西方近代财务管理的发展与启迪[J]. 四川会计,1997(7):3.

管理阶段形成于 20 世纪 30 年代西方资本主义经济危机时期,在这一时期,大批企业因资金问题和严重亏损而破产倒闭,企业面临的问题使他们认识到在财务管理上只把主要精力集中到筹资上是很不够的,应当转到降低产品成本去占领市场、增强竞争能力的方向上,把财务管理的重点从筹资为主转向成本管理为主;投资管理与财务决策为主的管理阶段形成于第二次世界大战后,在这一时期,资本主义企业之间的竞争由国内逐渐发展到国外,企业经营机会与风险并存,企业生存与发展不仅取决于成本管理,而更重要的是取决于企业对投资机会的把握和选择,投资失误较之企业内部成本管理不善更具有毁灭性,企业财务管理的重点由成本管理转向投资管理。受制于我国特殊的经济制度,我国近代财务管理随着经济制度的变化和企业角色的改变分为以下三个阶段:成本管理与财务核算、监督为主阶段;分配管理与财务控制、考核为主阶段;筹资管理与财务预测、决策为主阶段。其中,成本管理与财务核算、监督为主阶段形成于新中国成立到十一届三中全会前计划经济体制时期,在这一时期,国家对企业实行统一计划、统购包销的经济管理体制,企业实行的是国家统收统支、统负盈亏的财务管理体制,企业财务管理的重点是成本核算、成本计划控制与实行财务监督;分配管理与财务控制、考核为主阶段形成于十一届三中全会以后至党的十四大经济体制改革时期,在这一时期,国家放权让利,逐步扩大企业的经营自主权,与经济管理的变革相适应,企业财务管理的重点转向分配管理,在财务管理方式上以财务控制与考核为主;筹资管理与财务预测、决策为主阶段形成于党的十四大以后建立现代企业制度时期,在这一时期,企业财务管理体制转换为企业财务自理、自负盈亏体制,由于企业生产经营所需资金已不能由国家统一供应,企业必须面向市场自主地去进行筹集,筹资管理成为企业财务管理中的突出问题,企业财务管理由分配为主进入筹资为主。从上述财务管理发展的阶段,至少可以得出以下几个结论:其一,随着企业生存环境的变化,财务管理的内容及形式在不断地进行调整;其二,财务管理所依存的大经济背景下企业的需要决定了财务管理的内容及形式;其三,随着经济社会的进一步发展,无论是东方财务管理还是西方财务管理,都无法摆脱"经济利益"这一魔棒的指挥,实现"企业价值增值最大化"这一经济利益是企业财务管理的核心目的。

当前经济社会正向知识经济时代迈进,知识经济将逐步成为现代经济社会的主旋律。在知识经济时代,经济社会的很多方面都与传统经济有显著不同。"科学技术为第一生产力",掌握科学技术的劳动者成为知识经济发展的核心推动力。对企业的价值判断,不应再局限于企业所拥有的物力资本①,具有高价值增值能力的人力资本应当成为对企业进行价值判断的核心。当社会处于知识经济时代时,人本经济理念将逐渐为人们所共识,"以人为本"是这一时代经济社会发展的基本理念。从社会的角度来看,人是经济活动的出发点、主体和最终归宿,经济发展的实质是人的全面发展,作为社会主体的人自身生产能力的持续提高并由此会促进社会生产力的不断提高;同时,作为社会主体的人平等自主地选择和享有社会生产力提高所带来的物质、精神文明成果,不断满足自己的物质需求和精神需要。从企业角度来看,掌握科学技术的人力资源是企业的根本资源,人力资源稀缺是根本的资源稀缺;人的生命只有一次,人的时间是有限的,有限的时间只能做有限的利用,人的时间成本是企业最昂贵的成本。因此,企业产出的商品价值中除含有物力资源的转移价值外,还应当含有人力资源的生命价值,而且,人的生命价值是经济活动的最终价值。知识经济时代,毫无疑问,人力资源已经成为企业价值增值的依据与根本。在此背景下,财务管理的内容与方式都应做出相应的调整以适应企业的需要和发展。

现代企业经营者已经意识到了这一点,他们基于企业价值最大化的经营理念和"以人为本"的基本价值判断,为了充分调动人力资源所有者的积极性,采取了一系列的激励措施来优化企业管理。越来越多的企业把包括员工持股、管理层持股、技术入股、股票期权等现代公司治理与激励约束机制纳入企业制度范畴之内,并且这些措施也取得了显著的成果,华为、搜狐、阿里巴巴等企业的崛起都一再地说明了这一点。但毫无疑问,这些措施只是企业物力资本所有者对人力资本所有者的激励而已,企业物力资本所有者和人力资本所有者远没有站在对等的位置上,这种产权不清晰的企业资源配置的方式给企业运营带来了很多问题。财务活动是一种价值创造活动,人力资源是价值创造的源泉,因此,价值创造活动及其价值创造源泉的管理理应成为现代财务管理的核心内容,但现行的财务管理仍然是以物为中心的管理,在知识经济时代,现行财务管理不能体现人力资本在价值增值中的作用,不能体现

---

① 物力资本此处是指物力资源投入企业所形成的以及以此为基础所实现的企业价值增值归属于物力资源的那一部分;人力资本是人体之中能够为人带来价值增值的知识、技能、体力及其他素质的综合。

对人力资本所有者的权益保护,不能适应企业的现实需要,不能抓住现代企业管理的主要矛盾,制约了企业的进一步发展。现行财务管理亟待创新变革。将人力资源资本化、产权化,将人力资本产权所有者纳入企业所有者范畴并进入公司治理层面,迫在眉睫。

当前经济社会同时也是依法治理的社会,现代经济是法治经济。这就要求我们所建立的包括财务制度在内的各种经济制度应当纳入法律规范体系进行规范。建立现代经济社会法律规范体系是当前经济社会活动的前提要求。法治经济要求市场建立公认的经济活动的规则,所有经济主体都要在统一的规则框架内进行经济活动。而产权制度是法治经济的核心,产权的确认与规制是立法的一项重要任务。财务法律制度包含重要的产权制度内容,它确认和规制企业的法人财产权和企业终极所有权。但是,现行财务法律制度与其他产权法律制度体系一样,是运行已经比较成熟的"物本位"的法律制度体系,不适应知识经济背景下"人本位"经济运行的要求。法治经济要求"人本位"经济的运行在相应的法律制度的框架下,而包括物权法、知识产权法和公司法等在内的法律仅是对企业物力资本的确认与规制,企业人力资本产权①仍然被排除在法律的框架之外。企业人力资本产权的经营缺乏法律的确认与保护是现代企业亟待解决的重大问题。换句话说,人本财务法律制度的建立是关系到知识经济能否健康运行的法治保障。

1.1.2 问题的提出

知识经济时代,决定财富创造与经济进步的要素已经与既往不同,人力资源成为经济社会进步最可宝贵的资源。与此相适应,财务作为企业资源配置的核心也要作相应的调整,基于企业进一步发展的需要,将人力资本产权纳入企业财务要素进行管理成为关键,因此,企业财务管理的内容和方式都要作相应的改变。

人力资本产权纳入企业财务要素管理存在法律障碍。财务制度作为企业

---

① 人力资本产权是一个包括人力资本的占有权、使用权、收益权及处分权在内的权利束,是包括人本财务制度在内的人本经济制度的核心概念,它以其载体的知识、能力及品德素质为内涵,以其行为为表征体现出来。

财产制度,主要任务是围绕企业的财产对主体进行权利与义务的限定,以期顺利实现企业价值增值的目标。现行财务制度是建立在现行物力财产法律制度基础之上的。现行法律制度已经建立了一套以宪法为统领的、以物权法及知识产权法等为核心的、以公司法等为支持的、以合同法及担保法等为保障的、以财务通则等为技术规范的财务法律制度体系。在现行法律框架下,财产权利局限于物力财产,人力资本产权作为财产权利还没得到法律的确认。那么,人力资本产权是财产吗? 人力资本产权纳入财产范畴后现行财务法律制度将要做哪些调整? 将人力资本产权纳入财务核心要素后如何构建人本财务通则? 基于此,笔者期望通过本书的研究来排除将人力资本产权纳入财产体系的理论障碍,并以此为基础建立一套自上而下的人本财务法律制度体系。

1.2　研究目的和意义

1.2.1　研究目的

本书的研究以人本财务法律制度为研究对象,主要是为解决以下三个问题。

1) 人力资本产权能否纳入财产法律体系的问题

我国企业人本财务法律制度实际就是企业包括人力资本产权规制在内的财产法律制度。人力资源是企业的核心资源已广为人们所认可,但对人力资源的产权属性人们还持保留态度。对人力资本产权进行特殊财产解读,从而解决人力资源的产权属性,将人力资本产权纳入财产法律体系进行规范是本书的研究要着重解决的问题之一。

2) 人本财务法律制度体系建设问题

人力资本产权纳入财产法律体系进行规范后,依据法律制度建设的合法性原则和法律效力层级原则,以人力资本产权为核心对财务法律制度体系进行梳理,构建自上而下的人本财务法律制度体系是本书的研究需要解决的第二个重要问题。

3）将人力资本产权的外部表征——价值创造行为纳入财务要素范畴构建人本财务技术法律制度问题

将人力资本产权的外部表征——价值创造行为纳入财务要素范畴后,企业财务要素发生了彻底改变。行为要素作为主动要素纳入财务要素体系,基于行为要素的特殊属性,人本财务运行需要新的技术规范来调整,从新的财务要素体系出发论述现行财务运行规范的不足,提出人本财务运行规范、建立人本财务技术法律制度是本书的研究要着重解决的第三个问题。

1.2.2　研究意义

从法律的角度研究人本财务、构建人本财务法律制度具有重要的理论意义与应用价值。

1）理论意义

（1）以人力资本产权为主线构建人本财务法律制度的体系,为人本财务法律制度的具体制定提供理论指导。财务法律制度隶属于企业产权法律制度。将人力资本产权纳入财产范畴进行规范是本书研究的起点。本书的研究根据法律体系中上、下位法律之间的关系及其构建原理,以人力资本产权为主线构建了包含人本财务统领法律制度、人本财务基本法律制度、人本财务支持法律制度、人本财务技术法律制度、人本财务保障法律制度在内的相对完整的人本财务法律制度体系,为后续的具体法律制度的制定提供理论指导。

（2）塑造了"效率优先、公平为本"的人本财务法律制度价值理念。我国现行的包括产权法律制度在内的国家经济政策是建立在"效率优先、兼顾公平"的价值基础之上的。基于现行产权法律制度之上的财务法律制度体系是物本财务法律制度体系,现行财务法律制度体系对人力资本产权的忽略悖逆了公平与效率的基本立法准则。本书的研究通过对公平与效率的深刻剖析,提出公平与效率应当处于不同的价值位阶、公平是效率的元价值,人力资本产权是企业核心财产,人力资源是企业价值增值的原因与本源,人力资本产权的财务确认是企业市场效率与社会公平的要求,企业的人力资本产权所有者应当分取企业的剩余收益份额并承担相应的风险。本书的研究以公平与效率为法律制度设计的价值标准,并在此基础上塑造了"效率优先、公平为本"的价值理念,以此为基本制度价值判断构造人本财务法律制度体系。

(3) 以行为要素为核心构建了人本财务活动规则体系。现行财务法律制度是物本财务①法律制度,现行财务活动规则体系局限于物本财务要素,将行为要素纳入财务要素体系是进行技术法律制度研究的关键。本书的研究通过论述人本财务要素之间的关系和运行规律,分层构建了人本财务机制并以此为基础构建了人本财务管理体制;基于人本财务活动的特点初步构建包含价值引导活动、价值配置活动、价值流转活动、价值产出活动和价值分享活动的人本财务活动规则体系。

(4) 涉及多个学科范畴的研究,是跨学科研究的有益尝试。人本财务法律制度研究为跨学科研究,从人本财务法律理论的发展来说,本书的研究是相关理论研究的一个启蒙,填补了从法学角度研究人本财务的空白。本书的研究需融合经济学、管理学、法学、财务学等多学科的研究,把几个学科的理论放在同一个平台中,需要克服概念冲突等很多矛盾,为以后人本财务法律理论的相关研究提供宝贵的经验。

2) 实际应用价值

(1) 有助于人本财务的实施。人本财务法律制度为人本财务提供产权法律支持,有助于梳理人力资本产权法律关系,清除人本财务实施的法律障碍。本书的研究以人力资本产权为主线,论证了基本的人力资本产权权利与义务关系,并构建了自上而下的整个人本财务的法律体系,为人本财务实践提供法律依据。同时,人本财务以行为要素为核心配置企业资源,人力资本产权立法是关键。将行为要素纳入财务要素进行管理,需要有新的财务技术规范来约束财务活动的运行。本书的研究阐释了传统财务活动的不足,构建了以行为要素为核心的人本财务活动规则框架。

(2) 有助于维护产权所有者的利益,提高经济效率。物本产权制度框架下,物力资本产权所有者拥有企业所有权,并基于其拥有的所有权攫取超额收益,这其中很大一部分是对企业人力资本产权所有者的剥削,严重侵犯了

---

① 物本财务指的是以物为本的财务,与人本财务相对应。物本财务是传统财务或现行财务的另一种叫法。

人力资本产权所有者的利益。在知识经济时代,人力资本产权所有者掌控企业核心资源,与此相应,应当有相应的收益相匹配,否则企业资源不能长久有效地支持企业的快速发展。人力资本产权纳入财产法律范畴、行为要素纳入财务要素进行规范可以改变人力资本产权所有者不利的产权地位,有利于企业核心资源的有效配置,既维护了人力资本产权者的地位,又有效地提高了经济效率。同时,在现有产权制度下,由于企业高管人员绩效制度的不完善,加上企业股权分布比较分散,企业所有者很难对高管人员形成有效制约,导致高管人员利用其企业管理者职位获取与其贡献并不匹配的高额收益。人本财务法律制度包含"行为—资产—权益"的收益与贡献动态匹配的收益分配制度,可以有效地解决上述产权不公的问题。

(3) 促进与人力资本产权相关立法的进程,督促与人力资本产权相关产权制度的落实。产权制度的变革是知识经济飞速发展的制度基础,人力资本产权立法是知识经济时代相关产权制度运行的基础。本书的研究以公平与效率为制度价值追求,基于市场效率和产权所有者公平的现实需要,研究人力资本产权相关产权法律制度设计,有助于相关立法的顺利实施。

1.3 人本财务法律制度相关研究综述

人本财务法律制度研究是笔者在导师指导下基于当前人本财务研究的不足而选择的一个全新研究课题。人本经济的发展、企业人力资本产权的实践都迫切需要人本财务规范来约束经济实际,将人力资本产权纳入财产立法的范畴,建立一套以宪法为统领的、以人力资本产权为核心的财务法律制度体系,目前在国内外研究中仍是空白,尚未有学者基于该角度进行研究。该研究属综合性创新研究,其中,人力资本产权、人本财务、人本会计等研究对本书的研究影响较大,在此进行回顾与总结,并在此基础上梳理本书的研究思路。

1.3.1 人力资本产权相关研究

1) 几种相关研究的回顾

在进行人力资本产权的研究中不可避免地会接触到几个概念:人力产

权、人力资本产权、劳动产权和劳动力产权等。

提出人力产权的含义并进行相关研究的学者不多。张文楚、何丹和戴晶认为(2004):"所谓人力产权,是指自然人依法享有的自由支配其人身资源,并排斥他人干涉的专有财产权利。自然人所具有的知识结构、技能水平、经验及健康状况等人身资源,代表其能力和素质。人力产权是由于人力资源的使用价值和稀缺性价值而引起的一种财产权利的规范。"①这种观点揭示了人力拥有产权的理由并仅限于此,没有深入挖掘并解决人力产权的其他特点,并未解决人力产权交易的困难。程言君(2006)基于对劳动产权和劳动力产权概念的批判,认为劳动产权和劳动力产权的概念不够严谨,因此提出人力产权的概念来取代,认为"人力产权即劳动者基于自身劳动能力获取生存、发展、享受资料,保障劳动力生产、再生产以及自身价值实现的对其人力所有、占有、支配和获取相应收益的诸种权利"②。另有学者王少杰(2008)认为:"所谓人力产权就是指自然人、自然人集合体、组织依法享有的自由支配其人力产,并排斥他人干涉其支配的专有财产权。"③总的来看,人力产权的研究仅限于概念的提出阶段。

劳动产权的思想由来已久,但不管是马克思主义经济学的产权理论,还是西方主流经济学的产权理论,早期都没有给出劳动产权的定义,有的只是一些散见在相关理论中的思想。国内研究劳动产权的学者也并不多见,更多的学者在研究劳动力产权,而且把劳动力产权等同于劳动产权。对于劳动产权和劳动力产权的界定,李惠斌(2006)认为,"劳动产权是以劳动作为价值尺度和价值实体的社会财产的所有权、使用权、支配权和收益权。劳动产权制度指的是一种企业增量产权在物化劳动、风险劳动与活劳动之间公平分配的产权制度"④。曹天予(2006)认为,"作为宪法权利的劳动产权,指的是劳动者根据其在企业运行过程中付出的劳动而享有的一系列权利,其中最重要的是与非人力资产投入者一起分享企业的剩余控制权和剩余索取权"⑤。王珏

---

① 张文楚,何丹,戴晶. 建立人力产权法律制度的构想[J]. 法学评论,2004(3):113-118.
② 程言君. 人力产权、利润分享与国企改革[J]. 前沿,2006(3):32-38.
③ 王少杰. 论人力产与人力产权——兼反思人力资本理论在我国的实践[J]. 广东行政学院学报,2008(4):56.
④ 李惠斌. 企业劳动产权概论[M]. 北京:中央编译出版社,2006:30.
⑤ 曹天予. 劳动产权与中国模式——当代马克思主义在挑战中发展[M]. 北京:社会科学文献出版社,2006:7.

(2004)认为,劳动力产权是和物质财产产权相对的一个概念,物质财产产权就是以产权范畴界定的自然资源和生产资料,劳动力产权就是以产权范畴界定的劳动力。从企业层面看,劳动力产权大致包括:经营管理型劳动力产权、技术及开发创造型劳动力产权、生产及一般服务型劳动力产权三类①。由此可见,劳动产权是从劳动量的角度,劳动力产权是从劳动能力的角度来界定其权利享有的。基于劳动产权抑或劳动力产权的其他研究较多,自 1988 年向维稻写的《论科技劳动力的产权》开始起,许多学者围绕劳动力产权的界定、劳动力产权的重要性、劳动力产权市场的建立、劳动力产权与国企改革、劳动力产权与现代企业制度的建立、劳动力产权的利益分享、劳动力产权的实现形式、职工持股计划、劳动力产权制度创新、劳动力产权的制度保障、劳动力产权与制度变迁以及农民工劳动力产权等方面对劳动力产权进行了深入而细致的研究。总的来看,主要包括两个方面的研究:首先是马克思主义学者进行社会主义经济制度论证,主要是按劳分配制度所展开的相关研究,劳动产权是按劳分配制度的一个重要的理论基础;其次是劳动产权与现代企业制度以及国有企业制度改革的研究,认为现代企业制度和国企改革需要劳动产权制度的建立。但是,劳动产权或劳动力产权的研究仍然限于必要性和可行性论证阶段,没有形成系统的产权制度。

人力资本产权研究是当前相关研究的主流。关于人力资本产权的界定,概括起来有以下几类:一是从所有权角度,把人力资本产权理解为人力资本所有权。李建民(1997)认为:"所谓人力资本产权就是人力资本的所有关系、占有关系、支配关系、利得关系及处置关系,即存在于人体之内、具有经济价值的知识、技能乃至健康水平等的所有权"②。二是从企业所有权角度界定人力资本产权,认为人力资本产权问题是人力资本所有者能否拥有企业所有权,即企业控制权和剩余索取权(张维迎,1996;周其仁,1996;方竹兰,1997)。三是从产权的一般概念及共性角度论述人力资本产权,认为人力资本产权是市场交易过程中人力资本所有权及其派生的使用权、支配权和收益权等一系列权利的总称,是交易主体相互认可或强制实施的行为关系,本质上是人与人之间社会经济关系的反映(黄乾,2000;王建民,2001;朱巧玲,2003;王毅敏,2003)。四

---

① 王珏.劳动力产权及其实现[J].江苏行政学院学报,2004(6):39-44.
② 李建民.对人力资本产权关系的思考[J].中国人才,1997(1):4-5.

是从主体与客体关系角度界定人力资本产权,认为人力资本产权是人力资本拥有者与人力资本的关系,以及不同人力资本所有者之间的关系(刘大可,2001)。五是从特定人力资本载体(即企业经营者)角度界定人力资本产权,认为企业家人力资本产权是一种行为权,包括经营者人力资本产权权能、产权权益与产权权责(盛乐,2001)。人力资本产权研究为相关研究的主流研究,其研究者比较多,文献资料也比较丰富。自 1996 年晓金撰写的《要重视人力资本的产权》一文开始,围绕人力资本产权的界定、人力资本产权的重要性、人力资本产权的属性、人力资本产权功能、人力资本产权关系、人力资本产权与企业所有权安排、管理人力资本产权的制度创新、人力资本产权主体与剩余索取权、人力资本产权与公司治理、人力资本产权与股票期权及职工持股计划、人力资本产权价值实现、人力资本产权与人力资源会计及财务管理、人力资本产权评价及交易、人力资本产权分配制度、人力资本产权与企业制度变迁、人力资本产权与国企改革、企业家人力资本产权、人力资本产权投资、非国企人力资本产权、高校人力资本产权、竞技体育人力资本产权、公共部门人力资本产权、农村人力资本产权、军队人力资本产权及人力资本产权计量与会计核算等方面展开,除制度设计之外,开始对多行业人力资本产权、多层次人力资本产权进行深入探讨,但从法学角度进行人力资本产权的研究不多。人力资本产权立法,作为该权利保护的最后一道防线,亟须加强研究并早日推出,既是对人力资本产权理论的完善,也是社会实践的迫切要求。

2)基于立法的人力资本产权研究评述

迄今为止,从立法角度对人力资本产权进行研究的学者很少,主要有以下几篇文章提及或进行了部分研究:

一是 2004 年张文楚、何丹和戴晶撰写的《建立人力产权法律制度的构想》一文。该文基于当前人力资本产权实践的不足,认为应当建立人力产权法律制度;对建立人力产权法律制度的意义展开了论证,人力产权立法促进了人力资源向人才资源的转化,弥补了知识产权法律制度的漏洞;对人力产权法进行了定位,认为应将人力产权置于与物权和债权并列的位置,并结合大陆法系国家对知识产权定位的考虑,将其作为独立的一编——人力产权编,置于民法典内;对人力产权法的内容进行了设计,认为其下应设单独的几个部门法律,包括确认属于有形财产的人体组织、器官、基因等的财产权利和属于无形财产的知识、技能、健康等的财产权利,并认为应设立人力产权交易法等。

二是2008年王少杰撰写的《论人力产和人力产权——兼反思人力资本理论在我国的实践》一文,该文从当前企业改革脱困、促进知识产权发展、建立学者型社会、转人口压力为发展动力、促进农村人力资源的开发和发展马克思理论六个方面对构建人力产权法律制度的意义进行了论述。

三是2009年于忠龙撰写的《劳动力产权的法学探析》一文,该文在劳动异化中透视劳动力法权保护的重构,围绕劳动力产权法权化的动因、劳动力权与劳动权的区别等几个方面进行了探讨,认为应当加强相关方面的法制建设。

四是2009年石邦宏撰写的著作《人力资本交易原理》一书,该书提及人力资本产权立法的构想,认为应当从人权的高度认识人力资本产权;人力资本符合财产权利的要件,是一项特殊的财产权利;人力资本产权所有者应当与物质产权所有者、知识产权所有者具有同等的经济地位。此外,书中还对人力资本财产权法的功能和内容进行了简单的阐述,认为,人力资本产权法的功能包括保护人力资本产权所有者合法权益,调动人力资本产权所有者的积极性和创造性,为促进人力资本产权合理配置和流动提供法律机制;人力资本产权法的内容应当涵盖人力资本产权的权利归属、人力资本产权的权力行使和人力资本产权权利的管理几个方面。

从上述研究可以看出,无论是人力产权立法、劳动力产权立法的学者还是人力资本产权立法的学者都从立法的必要性、立法意义等方面进行了充分的论述,并且学者还以此为基础进行了相对深入的研究。其中,张文楚、何丹和戴晶的研究延伸到人力产权的立法设计,认为人力产权立法应当分有形人力产权(身体等)和无形人力产权(知识、技能等)进行制度设计;石邦宏认为,人力资本产权法的内容应当包括权利归属、权力行使、产权管理等方面。从以上可以看出,前期学者的研究都还仅仅处于应然阶段的研究,对人力资本产权的财产属性众说纷纭,对人力资本产权制度设计看法各异,还处在初步探讨阶段,人力资本产权立法还有较长的路要走。首先,现行立法研究还没有解决人力产权的财产属性问题。将人力产权纳入财产权利进行规范是当前大多数研究的基本思路,但人力产权是否具有财产属性,目前学界还鲜有人对此进行研究,人力资本产权立法缺乏立法根基。其次,人力资本产权分类研究还不够深入。目前,部分学者将人力资本产权看作包含占有权、使用权、收益权、处分权等在内的权利束,这可以看作是对人力资本产权的一个初步分类。但这些权利如何取得、如何变动、如何保护及限制等方面都还没有展开深入的研究。最后，区别于传统财产权利，人力资本产权的限制是立法的难点。传统财产可抵押、可执行，但人力资本产权具有人身依附性，不具有直接的可执行性，这使得人力资本产权的适用受到了较大的限制。通过制度设计限制人力资本产权的滥用是人力资本立法是否可行的前提之一，但目前该方面研究显著缺乏。当前，人力资本产权已为经济社会实践所肯定。现行经济社会中人力资本产权的实践要求人力资本产权立法的关键是包含人力资本产权取得制度、交易制度、分类保护限制制度和责任承担等相关制度的搭建，而当前还没有展开与此相关的研究，这已经严重地滞后于当前经济形势的发展，人本经济的发展、人力资本产权财务法律制度的建立亟须对人力资本产权进行立法来支持经济的发展。

1.3.2 人本财务相关研究

知识经济区别于传统经济主要体现在人力资本对经济发展所起的决定性的作用上，人力资本是知识经济时代最活跃的生产要素。传统财务理论"见物不见人"，这一缺陷一直为人们所诟病。基于对传统物本财务的反思，自 20 世纪 90 年代以来，部分学者进行了人本财务的研究。

杨景岩(1996)首次提出人力资本应当财务化，认为产权可以分为主动产产权和被动产产权，人力资本是主动产产权，主动产产权和被动产产权在历史过程发展中可以分为货币所有的产权为主导的古典阶段、货币所有产权的联合体阶段、货币所有的产权和劳动力所有的产权结合阶段、劳动力所有产权为主体四个阶段，人力资本财务化是一个必然的阶段；认为我国作为一个社会主义国家，人力资本财务化有着特殊的意义；提出将人力资本的量化分成知识和能力两部分进行量化[①]。蒋琰和杨景岩(1998)首次对人力资本财务进行定义，认为人力资本的财务管理是以人力资本为研究对象，以人力资本回报率最大为目标的一种理财活动，是企业财务管理的一个分支领域；提出了人力资本财务管理的四个前提：人所拥有的综合生产能力是一种资本、人力资本可以用货币来计量、人力资本的所有权和使用权有限分离以及企业所

---

① 杨景岩.人力资本财务化初探[J].四川会计,1996(10):15-17.

依赖的人力市场是健全有效的[①]。冯静(2000)基于知识经济的社会背景,更新了资金的内涵,认为资金为国民经济中人力资源、物力资源价值的货币表现,将人力资源纳入资金的内涵,由此扩大了财务管理对象的范围[②]。李心合(2000)提出泛财务资源观念,泛财务资源是指对企业有用或有价值的所有部分的集合,从形态上划分为硬财务资源和软财务资源两大类,软财务资源是以智力为基础的或无形的资源,包括市场资源、知识产权、人力资源以及组织管理资源四类;他认为知识经济时代,融智比融资更为重要;提出人本财务的观念,认为企业的每一项财务活动均由人发起、操作和控制,其成效如何也主要取决于人的知识和智慧以及人的努力程度,因此,在财务上贯彻以人为本的观念是必然的也是可行的;在泛财务资源视野下,对企业财务目标以及财务治理结构创新加以论证[③]。刘启亮(2002)首次提出人力资本所有者财务和人力资本经营者财务[④];徐国君和刘鑫(2004)认为,在知识经济的今天,应当改变传统财务的观念,由片面追求经济效益转向谋求人与企业共同和谐的发展,把人力资源看作企业效益增长的源泉,以价值管理为中心建立行为财务管理方法体系,加强对价值创造的激励、计量与信息反馈,引导员工在实现个人价值的同时为企业经济价值的创造做出贡献[⑤]。涂建明(2004)认为,人力资本财务的目标应当是人力资本和物力资本所有者价值的最大化;提出人力资本财务的内容包含融智、投智、优智和酬智四部分;应当将财务激励作为重要的财务管理手段与财务控制、财务计划等财务管理方法相提并论,并将人力资本和人力资产指标纳入财务分析体系;人力资本财务管理工作应当包括企业价值的设计和规划、价值流的识别、价值链维护与再造、价值的计量与评估、价值的报告、价值的分配等[⑥]。向显湖(2006)以企业为主体,从人力资本估价、融资、投资、产权收益等方面研究人力资本财务问题,并构建了人力资本财务的基本理论框架[⑦]。王海兵(2012)以马克思主义的"以人为本"思想为指导对企业财务问题进行研究,围绕以人为本的企业财务制度设计、以人为

① 蒋琰,杨景岩. 论人力资本财务管理的基本前提[J]. 四川会计,1998(10):6-8.
② 冯静. 知识经济与财务理论发展[D]. 中国知网博士学位论文库,2000(5):22.
③ 李心合. 知识经济与财务创新[J]. 会计研究,2000(10):40.
④ 刘启亮. 人力资本财务论[J]. 财经研究,2002(8):52-58.
⑤ 徐国君,刘鑫. 行为财务管理探索[J]. 中国海洋大学学报(社会科学版),2004(3):7-8.
⑥ 涂建明. 发展人力资本财务的理论思考[J]. 河北经贸大学学报,2004(6):88-91.
⑦ 向显湖. 人力资本财务论[D]. 中国期刊网博士学位论文库,2006(2).

本的企业财务文化建设、以人为本的企业内部财务控制、以人为本的企业投融资管理、以人为本的企业收益分配、以人为本的企业财务报告设计、以人为本的企业财务绩效评价几个方面对人本财务展开了研究①。

综上,人本财务的研究仍处在起始研究阶段,但已初见成效。上述研究主要集中在对人本财务研究的必要性、人本财务的含义、人本财务的目的、人本财务基于财务主体的分类研究、行为价值管理、人本财务内容、人本财务活动过程等方面展开研究,研究深度不够,并没有对人本财务展开全面深入的研究。通过分析上述研究可以看出:

第一,迄今为止,仍然没有学者从产权法律的角度对人本财务展开研究,人本财务研究作为财产事务的研究,缺乏合法性基础。无论是人力资本还是人力资本产权作为人本财务要素,都先需要将其纳入财产立法的范畴。在财产法制史上,财产含义的演进经历了漫长的过程,每一次改变都会引起经济社会深层次的变革。当前,经济社会正逐步进入知识经济时代,人才是推动社会飞速发展的最可宝贵的资源,但人才并没有基于其拥有的人力资本产权而获得相应的产权地位。在对社会核心资源的配置上,针对人力资本产权的不同主体之间的权利、义务没有厘清,这都从根本上制约了经济的发展。人力资本产权还没有纳入财产立法的范畴,人本财务的研究缺乏合法性基础。

第二,上述研究大多是将人力资本产权当作一种特殊资产放在传统财务框架下的研究,没有摆脱传统财务的局限。无论是将人力资本产权纳入财产立法的范畴进行规制,还是将人力资本产权纳入财务要素进行管理,都需要透彻地把握人力资本产权的特殊属性。人力资本产权及其载体和其他相关主体之间的特殊关系与一般财产不同,对这种特殊关系尤其是对依附于其上的不同主体之间的权利、义务关系是人力资本产权深入研究的重点。

第三,目前人本财务理论基础研究不够,人本财务研究仅限于浅层次理论探讨阶段,人本财务的逻辑起点、人本财务要素、人本财务活动、人本财务关系、人本财务机制等的研究都拘泥于概念及形式的分析,没有剖析概念背后深层次的逻辑。比如,人本财务要素是财务研究和管理的对象,行为要素作为财务活动本原要素,是财务研究的逻辑起点,现行研究缺乏从该角度的研究;基于人本财务要素构建的人本财务机制反映的是在人本财务活动中人

① 王海兵.人本财务研究[M].上海:立信会计出版社,2012.

本财务要素之间的相互关系,是人本财务法律制度构建的重要依据,目前该研究仍为空白。

第四,通常,法律的制定较之于社会现实具有滞后性,人本财务法律制度的制定在这一方面表现得更为突出。当前的经济时代已逐步呈现知识经济的特征,经济发展日新月异,企业实践也勇于破旧除新,许多企业的实践已经突破了现行财务的界限,围绕人本财务要素的实践做了很多有益的尝试。例如,稻盛和夫的阿米巴经营、海尔集团的自主经营体经营模式、青岛国信的动力单元经营模式等都已突破了现有的财务范畴,而且都取得了企业运营上的极大成功,但这些模式均缺乏法律的依据。这除了缺乏深入而系统的人本财务理论与应用研究的支持外,缺乏科学的法律制度作为前提也是应当引起人们重视的问题。法律制度制定前的应用研究是法律制度研究的一个重要组成部分,上述研究仅局限于初步的理论研究,缺乏对当前企业经济实践的应用研究。

第五,目前人本财务的研究仍然沿用筹资活动、投资活动、经营活动和利益分配的物本财务活动架构。这种财务活动架构割裂了价值形成链条,不能清楚理顺企业价值创造的过程,不符合企业价值创造活动的实际。人本财务是基于价值创造对现行财务的重构,目前的财务活动架构已经不能适用于新的财务活动实践,人本财务需要构建新的财务活动架构。

人本财务从产权的角度来说是基于人力资本产权的确认从而所确立的企业中的价值运动过程,因此可以说"无产权则无财务",从法律角度研究人本财务是现阶段亟待解决的重要课题。行为要素是财务活动的关键,人本财务活动亟须以此为起点展开,确立人本财务技术规范,指导企业财务活动。

1.3.3 其他相关研究

其他相关研究主要指的是人本会计的研究。人本会计就是以人为中心、为根本的会计[1],其中人是会计的第一要素,人本会计将人及其行为系统纳入会计系统。迄今为止的人本会计研究可分为行为会计、人力资源会计、责任

---

[1] 徐国君. 从物本会计到人本会计[J]. 会计之友,2004(10):6.

会计、劳动者权益会计和三维会计等几种理论体系[①]。

我国的人本会计研究源自于 20 世纪 80 年代从西方国家引进的人力资源会计,到现在人本会计研究已经有了 30 余年的发展历程。在这一发展历史中,我们可将人本会计的研究分成西方人力资源会计研究成果在我国的传播与初步研究阶段和我国学界对人力资源会计深入研究阶段,诸多学者对人本会计的基础理论、人本会计的计量方法、人本会计核算、人本会计的报告与披露、人本会计的实际应用等几个方面展开了深入的研究,取得了可喜的成果[②]。

比较典型的人本会计研究流派主要有:

(1) 阎达五和徐国君(1996)的"劳动者权益会计":认为劳动者作为人力资源的所有者应当享有相应权益,工资性所得不是收益的分配,仅是对消耗掉的劳动自然力的补偿,劳动资本理应获得收益性分配。在此基础上重构了会计等式:物力资产+人力资产投资+人力资产=负债+劳动者权益+所有者权益,并构建了新的财务会计核算模式。

(2) 刘仲文(1997)的"生产者剩余为基础的人力资源价值会计核算体系":认为企业的剩余价值并不完全是由本企业的人力资源所创造的,只有扣除消费者剩余之后的生产者剩余才是本企业的人力资源创造的。在此基础上创立了会计等式:非人力资产+人力资产投资+人力资产价值=负债+生产者权益+所有者权益,并构建了企业生产者参与分配他们所创造的剩余价值的模型。

(3) 张文贤(1999)的"人力资源会计制度设计":提出了八个"W":①what——什么是人力资源会计? ②why——为什么要建立人力资源会计? ③who——由谁来开发人力资源会计? ④ when——何时开始动手? ⑤where——从何处入手? ⑥which——哪些是人力资源成本? ⑦wheel——推行人力资源会计的原动力? ⑧whim——人力资源会计的奇想、创新。根据这八个方面,他详细进行了人力资源会计的制度设计。

(4) 谭劲松(2001)的"智力资本会计":认为在企业这个由人力资本与非

---

① 徐国君. 关于人本会计的框架[J]. 中国会计研究与教育,2006(1):1-10.
② 徐国君. 改革开放三十年我国人力资源会计研究回顾与展望[J]. 中国海洋大学学报(社会科学版),2010(2):52-60.

人力资本签订的特别合约中,资本与劳动的关系的组织中,财富与智力合作是现代企业的一个重要特征,智力是人力的核心,智力资本会计是人力资源会计的自然升华,论述了评估加讨价还价的智力资本的计量方法,在此基础上构建了智力资本会计的核算与报告模式。

(5)徐国君(2003)的"三维会计":认为企业价值产生的本原是经济行为,因此应当建立"行为—价值"为中心的人本会计新思维;提出了三维会计的对象要素为资产、行为、权益,不再有收入、成本、费用、利润等要素,在此基础上重构了会计等式:资产=行为=权益;创立了"三式关联记账规则",完全颠覆了现行的复式簿记会计。

从上述研究可以看出,人本会计的研究已经比较深入且相对成熟。但是迄今为止的人本会计研究实际是在产权法律制度的框架之外进行的。忽略了产权法律制度的研究,没有将人本会计的核心要素——人力资本产权纳入产权法律制度进行研究是现行人本会计研究的重要缺陷。缺乏上位产权法律制度的支持,人本会计的最终实施只能是空中楼阁。为弥补人本会计研究之不足,本书以人力资本产权立法为核心展开财务法律制度的研究,构建人本财务法律制度,并对搭建人本财务理论与实践的桥梁提出自己的建议,人力资本产权立法同时也是人本会计对人力资本产权确认、计量、核算的法律依据,本书的研究同样可以为人本会计法律制度提供法律依据。徐国君在其《三维会计研究》中论述了企业价值运行的本原要素是行为要素,并将其作为三维会计研究的起点,围绕三维会计的估价计量、核算、报告展开研究,构建了立体动态的、基于未来的全新的会计系统。本书的第七章人本财务技术法律制度研究就是在徐国君三维会计研究的基础上,以行为要素为核心要素在财务领域的推演所建立的人本财务运行技术规范。

1.4 研究思路、内容与方法

1.4.1 研究思路

本书的研究拟建立一个大的分析框架,融合财务学、哲学、经济学、管理学和法学领域的理论,尝试围绕人力资本产权,以宪法为统领构建人本财务法律制度体系。首先,本书论证人力资本产权作为人的财产性权利,是基本人权的一部分,人力资本产权的确认与保护应当写入宪法;其次,在宪法统领下,对财产立法进行扩展,将人力资本产权纳入财产立法的范畴;再次,围绕人力资本产权,重新搭建包含出资制度等在内的企业法律制度;最后,将人力资本产权主体纳入企业产权主体范畴,依据企业相关法律制度,构建人本财务技术法律制度。在整个体系中,上位法是原则,是下位法的指导,下位法不能违背上位法的规定;下位法关注执行,上位法的落实需要下位法的具体制度支持。

1.4.2　研究内容

人本财务的应用隶属于法律应用的范畴,人本财务规范应当遵循其上位法的规定。本书针对人本财务缺乏法律支撑的现状,从法理和法律实践的角度对人本财务进行研究,尝试构建人本财务法律制度体系。本书的研究内容与逻辑框架如图1-1所示。具体来说,本书从以下几个方面展开论述:

第1章首先通过背景分析提出本书的主要问题;其次阐述本书的研究目的及其理论和实践意义;最后对当前的研究进行综述,提出本研究的研究思路、内容及方法。

第2章首先对财产、人力资本、人力资本产权等基本概念进行界定;其次从财务学、哲学、经济学、法学、管理学等角度阐释了人本财务法律制度的理论基础;最后从人本财务实践、出资及剩余权益分享实践、相关立法实践几个角度阐释了相关实践现状,为本书的研究提供实践依据。

第3章从对效率优先、兼顾公平的现行财务法律制度价值批判出发,构建了效率优先、公平为本的人本财务法律制度的价值理念,以此作为本书制度设计和价值判断的依据,并在此价值基础上构架了整篇论文的逻辑框架。

第4章基于宪法和人权、财产权、人力资本产权的逻辑思辨,认为宪法应当把人力资本产权当作人的核心权利加以确认,并以此为基础构建人本财务统领法律制度。

第5章人力资本产权立法是人本财务法律制度的核心,本章从人力资本产权的确认与变动、人力资本产权主体、人力资本产权保护与限制几个方面论述、构建了人本财务基本法律制度。

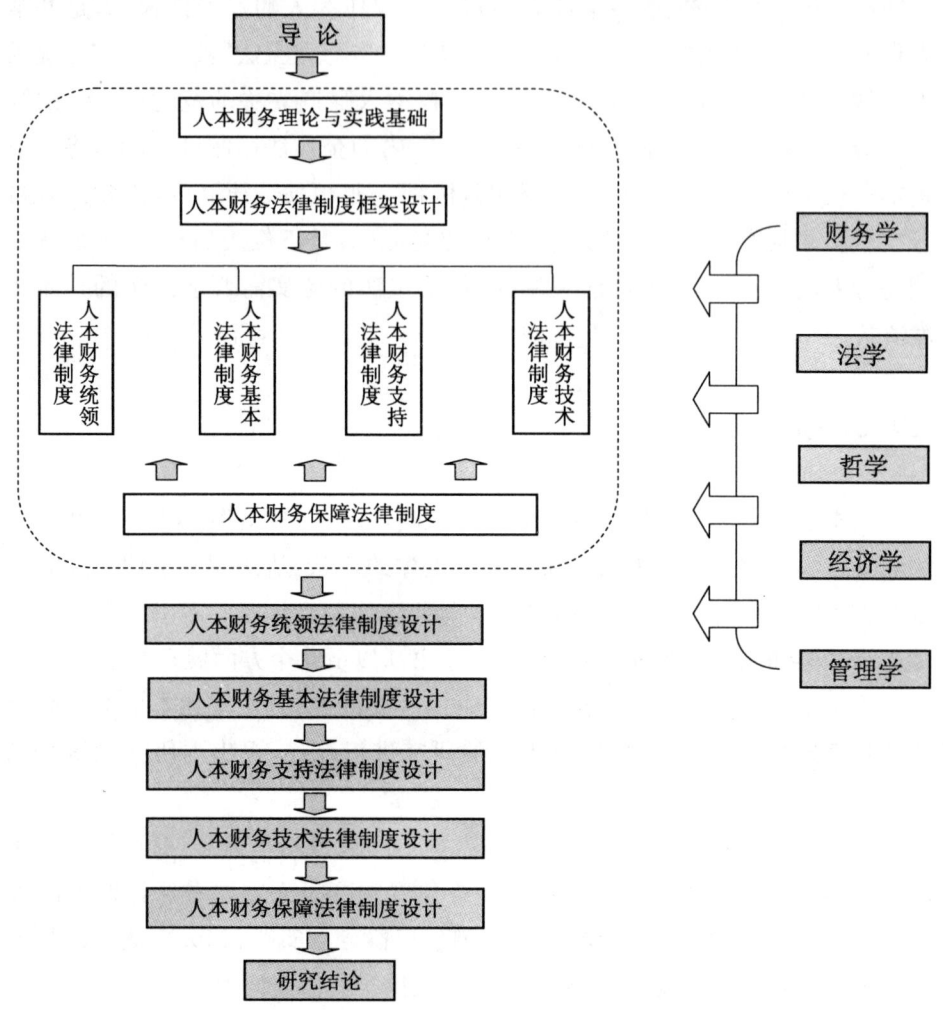

图 1-1　本书的研究内容与逻辑框架

第 6 章企业出资制度、企业运营制度、企业治理制度、资本退出制度、企业清算制度、收益分配制度等是人本财务法律制度实施的有效支持,对现行企业相关制度结合人力资本产权特性进行调整,支持人力资本产权的引进并构建人本财务支持法律制度。

第 7 章人本财务技术法律制度是人本财务法律制度落地的关键,本章围绕人本财务技术法律制度的目的与原则、人本财务机制、人本财务管理体制几个部分展开,初步构建了人本财务技术法律制度的目的与原则体系、人本财务机制及人本财务管理体制,并构建了包含价值引导活动、价值配置活动、价值流转活动、价值产出活动和价值分享活动在内的人本财务活动规则体系。

第8章围绕征信制度、市场禁入制度、职业保险制度和个人破产制度几个方面构建人本财务保障法律制度体系,为人本财务技术法律制度的可行性提供制度保障。

第9章对本书的研究内容进行总结并提炼出本书的创新点,进一步提出本书研究的不足并对未来本领域的研究进行展望。

1.4.3　研究方法

本书主要采用以下研究方法。

1) 规范研究方法

本书以规范研究为主,围绕人力资本产权展开,以哲学、经济学、管理学和法学理论为基础进行逻辑推演,采用归纳法、演绎法和类比法构建以宪法为统领的人力资本产权财务法律体系。

2) 案例分析方法

本书结合当前经济生活中的真实案例及其所导致的问题或产生的经济效益,对此进行反思,分析该案例产生的深层原因,为理论论证提供现实依据。

3) 价值分析方法

本书对人力资本产权结合社会变革和财务局限进行价值认知和评价,通过发现和评价人力资本产权的价值,来论证财务围绕人力资本产权进行变革的必要性和可行性。

2　基本概念界定及理论与实践基础

本章是全书展开的理论和实践基础。本章首先对几个基本概念进行了界定；其次构建了包含人本财务逻辑起点、人本财务要素、人本财务活动在内的人本财务基础理论，并结合人本哲学、法学、经济学、管理学对人本财务法律制度的学理基础进行了分析；最后对经济社会活动中已经发生的人本财务实践、出资及权益分享实践、立法实践进行了解读。

2.1　基本概念界定

财产、人力资本及人力资本产权的界定是本书研究展开的基础。

2.1.1　财产解读

1）财产的法律属性界定

物力资本进行产权立法的核心是因为物力资本符合财产的属性。因此，解决人力资本产权立法的前提应当是研究人力资本是否是财产，即人力资本是否符合财产的属性。那么，人力资本是财产吗？在古罗马法体系中，与财产相对应的概念是"物"。古罗马人以"物"作为财产的客体范畴，并以所有权为制度核心构建出"物权"制度，设计了包含物权制度、债权制度在内的"物法"体系。概言之，古罗马财产法体系的构建，是以"物"（主要是有形的物质客体，也包括无形的制度产物）为基础的。古罗马法的物法制度有如下特点：一是客体物范畴中包含人本身。古罗马法意义上的"物"包含存在于自然界的一切东西（除享有自由权的人以外）。当时的古罗马国家是奴隶制国家，奴隶没有自由权，被看作是"物"，其地位和牛马等物一样，可以作为"物"由主人自由处分。二是提出了有体物与无体物的划分。古罗马法学家盖尤士认为，有体物是具有客体存在并且可以凭借人的感官而触觉的物，如土地、房屋、牛、马等;无体物系"法律上拟制之关系",是指没有实体,而仅由法律所拟制的物(即权利),如地役权、用益权等。三是物权客体主要是有体物。在一般意义上,古罗马法上的物是以实体性作为要件的。"物,在具体的和特定的意义上(即与物权相联系)是指外部世界的某一有限部分,它在社会意识中是孤立的并被视为一个自在的经济客体。古罗马法物权的标的只能是这种意义上的物,即实体的物,古罗马法上也称它为'物体'"①。四是有体物仅指的是可以感觉到的有形物。其实体性是物的实质要件,有体是有形的意思。在当时的社会,物权客体物确实都是些我们可以感知的、可以触到的东西。而随着社会发展出现的电力、天然气等则不为当时的人所知。古罗马法所创制的无体物的理论有以下特征:其一,权利系抽象物,概为人们主观所拟制的某种利益,因此被视为区别于有体物之无体物;其二,法律上的无体物,以能用金钱来衡量为条件。由此我们可以把握古罗马法的物(财产)的内涵:包括有体物和无体物。古罗马的法学家是从法律意义上来研究物(财产),即能够以金钱评价,能够为人们所控制的、排他的利益。

大陆法系与财产相对应的范畴是"物",它基本沿袭了古罗马法的基本制度。1804年的《法国民法典》将物分为动产以及不动产,其第526条规定"不动产的用益物权、地役权或土地使用权,旨在请求返还不动产的诉权",均指不动产;其第529条规定:"以请求偿还到期款项或动产之目的之债权及诉权,金融商业或产业公司的股份",均为动产。可以看出,物的理解在古罗马法基础上增加了股权等权利。1896年的《德国民法典》将瓦斯、热能和光源等自然力扩展为物,后来的计算机程序储存于数据载体也成为物。延续了古罗马法的物的评价体系:能以金钱评价,为人所控制和支配。

从我国的立法研究来看,在立法中,学者们也考虑到了社会发展的需要,我国《物权法》第2条规定:"本法所称的物,包括不动产和动产。法律规定权利作为物权客体的,从其规定。"可见,在财产概念中并没有将新型的财产形态排斥在外。钱明星认为(2000):物权是权利主体直接支配财产(主要是有体物,在特定情况下也可以是权利)的权利,它既具有人对物的内容,同时又

---

① 吴汉东.财产权客体制度论——以无形财产权客体为主要研究对象[J].法商研究,2000(4):46.

具有直接对抗一般人的效力。物权的权利人直接支配的标的物,同时权利人享受物权利益的排他性。物权有以下几个法律特征:一是物权的权利人直接支配对应物的权利,该特征源自有体性,即便于被支配;二是物权是权利人直接享受物的利益的权利,该特征源自价值性,即对主体有用;三是物权是排他性权利,即保障物权的行使。

英美法系强调法律的实用性,概念体系比较开放。根据《牛津法律大辞典》的解释,"财产"有三种含义:①被拥有或可能被拥有的事物。②唯一拥有、享有和使用的权利。③受法律保护而私人享有的有形资产权和无形资产权[①]。该含义包括有体物、无体物和所有权本身,涵盖了大陆法系的物的内涵。由此可见,英美法系的财产含义已经超越了"物"本身,财产法并不仅仅是物的集合,而且还包括权利。因此,在英美法系中,财产已经抽象为基于权利而产生的一系列关系:即财产的拥有者能够排除或许可他人从事针对财产的特定的行为。财产关注的是人与人之间就有价值资源的控制与排斥的法律关系,而非人与物之间的关系。英国的财产含义与美国有所差异,指的是法律保证为某人所有的有价值的东西;而美国的财产含义则界定为根据法律所享有的权利和承担的义务。《中华法学大辞典》对英美法系财产含义也有很好的概括:"通常是指法律所保护的具有货币价值的利益,财产是人与人之间的法律关系,而不是绝对的权利。"[②]该含义包括了价值性和排他性,但也暗含着支配性(财产在不同主体之间的流动,支配性是前提)。由此可以看出英美法系和大陆法系中财产含义的等价性。

因此,我们可以得出:各大法系中财产的含义是等价的,包含可支配性、价值性和排他性几个属性。在这几个属性中,我们认为,可支配性是其前提,价值性是其实质,排他性是其保障。在事物或权利符合财产价值性这一本质属性的情况下,如果其他两个属性可以通过制度设计进行规制,那么我们说该事物就符合财产的含义。但制度设计时不能违反强制法的规定,不能违反法的基本原则,需符合社会价值的基本导向。有价值性的事物或权利如果可以通过制度设计使其可支配且具有排他性,在不违反法的基本原则的情况下,将其纳入财产法的体系进行规制是顺理成章的事。

---

① 戴维·M·沃克. 牛津法律大辞典[M]. 李双元,等,译. 北京:法律出版社,2003:913.
② 赵汝琨. 中华法学大辞典[M]. 北京:中国检察出版社,2003:90.

2）财产法律属性的经济学解读

通常来说，经济学被认为是研究资源配置规律的学问，因此，经济的任务主要是进行资源配置，即把有限资源放在最有使用效率的地方。有限资源的有效使用需要资源自由的流动，基于资源自由流动而建立的市场交易制度是经济制度的核心内容之一。

产权制度即财产权利制度是经济制度的基础。产权制度以财产法律制度的形式确立了财产的归属和转让制度以保障财产所有人的权利并实现财产有效的使用。基于本书前面对财产经济和法律关系的分析，我们不难得知，财产法律制度应当反映经济社会的基本理念，因此，经济资源的有效配置应当在财产法律制度中得到明确的规定。基于此，笔者认为，财产的可交易是经济基础对财产立法提出的本质的要求。

财产法律制度所确定的包含可支配性、价值性和排他性在内的几个财产的基本属性很好地体现了经济的理念，财产的可交易的满足离不开财产可支配性、价值性和排他性的符合。毫无疑问，价值性是资源配置的基础和目的所在，在此无需赘言。笔者在此拟对可支配性和排他性展开论述，以清晰其与可交易性的关系。

可支配性是指财产权利主体直接支配其财产，财产权利主体可以依自己的意志就财产直接行使其权利，无须他人的介入。财产权利主体直接支配相应的财产的权利，是财产权利本意，任何财产权利都应当是以权利人对于财产的直接支配为基本特征的，具体来说对物的支配的范围大小会因"物"的种类的不同而有差异，这主要指的是财产权利作为财产客体时的情况。比如，我国《物权法》第三编"用益物权"、第四编"担保物权"等他物权的规定。

排他性是指财产权利主体行使财产权利时对其他主体干涉的排除及基于同一权利客体不允许不相容的财产权利并存。财产的排他性说明财产权利本质上体现的是建立于其上的人与人之间的权利和义务关系，财产权利和义务的清晰界定指的就是关于财产的人与人之间的权利和义务关系。

可支配性与排他性是财产可交易的经济属性的法律解读。首先，可交易是财产支配权的转移，财产交易后，受让财产的主体取代原主体拥有了财产的支配权利，财产的可支配性是财产交易的前提与结果。其次，排他性至少是财产交易过程的保障，财产交易时其他主体的干涉可能使得交易失败，财产主体交易财产的排他性制度安排是交易成功的保障。综上可知,财产的可支配性与排他性是可交易经济属性的法律解读,为论述方便,笔者在本书以下行文中以财产的可交易性为论述基点来展开。

2.1.2 人力资本

近现代以来,人力资本理论的研究方兴未艾,关于人力资本的含义,学者们主要有两种观点:一是把人力资本看成经教育投资形成的技能,当作可以运用的产业资本或经营资本,以经济资源的效能带来财富的增长;二是从产权的角度探讨人力资本的所有权归属,把其看成是劳动者所有的资本,进而让其拥有剩余分享权[1]。其中,学者们从自身研究出发,第二种人力资本观点逐渐形成了围绕人力资本产权的分支研究。笔者认为,对人力资本与人力资本产权进行清楚界定之后,对两者分别进行研究非常必要,这正如物和物权的差异一样,人力资本和人力资本产权是两个不同的范畴。

1) 人力资本的内涵解析

上述人力资本的第一种观点有代表性的界定,首推被称为现代人力资本理论的创立者、人力资本之父的美国经济学家西奥多·舒尔茨。舒尔茨认为,人力资本是存在于人体之中的具有经济价值的知识、技能、体力(健康状况)价值的总和[2]。这个定义清楚地揭示了人力资本的本质属性:其一,存在于人体之中;其二,具有经济价值;其三,是知识、技能、体力价值的总和。但该定义同时也给人们带来了困惑:这种存在于人体之中的东西,我们应当如何量度?如何对其进行配置?

随着学者们对人力资本研究的深入,人力资本的量度越来越成为一个让学者们纠结的问题。人们通常认为,人力资本存在于人体之中,看不见、摸不着,也就失去了对其进行判断的感性依据。因此,如何让人力资本被人们看得见、摸得着,就成了人们解决人力资本量度问题思考的一个路径。基于此,著名学者徐国君以行为来表征人力资本,引进行为的概念来对人力资本进行

---

① 徐国君. 三维会计研究[M]. 北京:中国财政经济出版社,2003:99.
② 转引自:徐国君. 三维会计研究[M]. 北京:中国财政经济出版社,2003:90.

诠释，并在此基础上将行为要素纳入会计要素进行研究，创立了包含劳动者权益会计和三维会计在内的人本会计①理论体系。

其实，从人力资本的角度来看，行为可以理解为存在于人体之中包含知识、技能、体力和道德品质、意志品质等各种素质的外在表现，人的各种素质的质量直接决定了人的行为的效果。因此，人的行为可以看成人的内在素质的外在表现。与此相应，我们通常可以认为，人的知识、技能、体力和其他素质反映了人的劳动能力的大小，人的劳动能力通过劳动行为外在表现出来，因此，通过量度人的行为的效果来对人力资本进行量度是可行的。

综上，笔者认为，人力资本是人体之中能够为人带来价值增值的知识、技能、体力及其他素质的综合，人力资本的这种内涵通过行为人的价值创造行为外显出来。在知识经济时代，人力资本成为社会最可宝贵的资源，它不仅是个人生存、发展的基础，同时也是社会可持续发展的基石。因此，除个人基于自身价值增值的需要而通过各种训练提高自身人力资本之外，社会通过各种制度建设来保障人力资本的形成与提高。同时，理论的研究不能忽略现实的需要。我们对人力资本的界定不能限于理念，而应兼顾理念与现实的结合。人力资本的研究不能囿于传统思维而停步不前，结合行为的角度对人力资本进行研究是进行实务研究的一个可行的方式。

2）人力资本的财产属性分析

基于以上的论述，我们已经知道，财产的本质属性包含价值性与可交易性（其中可交易性包含可支配性和排他性），在人本经济视角下，人在经济发展中所起的决定性作用愈发显现了出来，因此，人力资本的价值性显得愈发重要，人力资本甚至已经成为现代企业成功与否的关键。由此，人力资本是否可交易是人力资本能否纳入财产立法进行规范的决定性条件，也是我们解决人力资本"如何配置"的核心所在。

人力资本具有主动性等很多属性，其区别于其他事物的一个重要特点是其人身依附性。如罗森（Rosen，1985）所说，人力资本的"所有权限于体现它的人"，这是一种独一无二的所有权。而包括各种非人力资本和其他物的所有权在内的任何经济资源，不但可以属于个人所有，同时也可以归属于包括家庭、国家等

---

① 徐国君教授将人本会计定义为以人为中心、为根本的会计。

在内的组织,还可以不归属于任何人或组织。但是,人的知识、技能、健康、道德品质等的所有权与其天然载体不可分离。人力资本是存在于人体之中的包含知识、技能及体力等价值的总和,以有目的、有意识的行为表现出来。"存在于人体之中"是其前提,人力资本天然属于其载体,人力资本不能脱离其载体而存在。因此,人力资本不能脱离人体被交易,人力资本不具有可交易性。人力资本不具有财产的本质属性,人力资本不是财产。人力资本作为知识经济时代最重要的资源,不能交易即意味着不能围绕其进行资源配置,这会造成极大的资源浪费。实际上,尽管人力资本本身不能交易,但人们通过约定在人力资本之上拟制了各种权利(即人力资本产权),通过人力资本产权的设计来控制人力资本的使用(人力资本产权化)是人力资本配置的重要方式。

2.1.3 人力资本产权

从上述可知,为解决人力资本不可交易的问题,从而针对人力资本进行资源配置,学者们从产权的角度研究人力资本,提出了人力资本产权的概念。人力资本与人力资本产权的关系可以类比于物与物权的关系,人力资本产权的提出把人力资本与财产权利联系起来,目的是为了阐释人力资本所有者应当拥有与物力资本所有者相应的权利,以建立制度保障人力资本所有者的应有权利,解决现行物本经济制度的缺陷。

1) 人力资本产权的内涵

产权,即财产权利,是基于财产之上的一系列权利,是一个包含占有、使用、收益、处分等权利在内的权利束。在我国现行的财产法律制度体系里,财产权利通常包括物权和债权,其中物权又包括自物权和他物权。自物权又称完全物权或所有权,是最充分最完全的财产权利,通常包括占有权、使用权、收益权、处分权。他物权又称限制物权,是在他人所有物上设定的权利,我国目前法律规定了用益物权和担保物权,这些权利不是完整的所有权,因此称为限制物权。比如,基于国有土地所有权属于国家所设立的国有土地使用权,我国法律规定,国有土地属于国家所有,国有土地使用人不能取得完整的土地上的财产权利,只能通过土地划拨、出让、出租、入股等方式取得受到限制的土地财产权利(即国有土地的使用权),并享有收益。

从产权的角度,我们可以将人力资本产权界定为包含人力资本占有权、人力资本使用权、人力资本收益权、人力资本处分权等在内的一组财产权利。人力资本具有人身依附性,人力资本是一个所有权的概念,就所有权整体而言,不可交易,可以通过制度设计,对人力资本所有权进行限制,分解为上述各种权利进行交易。

人力资本占有权是权利人对于人力资本实际上的占领或控制的权利。人力资本实际的占领是人力资本承载者天然的权利,人力资本的控制权可以通过协议约定来取得。人力资本占有权具有有限的可交易性。

人力资本使用权是使用人力资本的权利。通过与人力资本承载者协商,可以约定在特定的时间、地点排他性地使用其人力资本,受让其人力资本使用权,因此,人力资本使用权可以被交易。

人力资本收益权是基于拥有人力资本而取得利益的权利。他人可以通过对人力资本其他部分权利的享有而依据协议的约定取得部分收益权。

人力资本处分权是决定人力资本事实上和法律上命运的权利。人力资本的最终处分权天然属于人力资本承载者,但取得人力资本控制权、使用权、收益权的权利人,可以通过与人力资本承载者协议的方式部分处分相应的权利。

2) 人力资本产权的财产属性分析

对于非人力资本来说,不仅其所有权与其他各项权能(占有权、使用权、收益权和处分权等)可以分离,而且所有权以外的其他各项权利也可以在不同的利益主体(主要是非人力资本所有者和人力资本所有者)之间分割。其中,非人力资本所有者享有对非人力资本的合约控制权、收益权和终极所有权,人力资本所有者则享有使用权、剩余控制权和剩余索取权。非人力资本产权的这些特性主要缘于其载体的物化特征,也就是说,非人力资本产权作为一组对物的权利,一方面,其各项权能可以脱离资本载体(物)而独立存在,因而也可以在不同的主体之间进行分解和转让;另一方面,只要产权界定清晰,任何所有权人之外的产权主体均可以充分行使权利,换言之,当非人力资本的性能参数一定时,任何产权主体的行权效率完全取决于产权主体自身,而不会受到所有权人的影响。这说明,非人力资本产权在不同主体之间的分解和转让是实在的和彻底的。

人力资本产权具有不同于非人力资本产权的特殊性,其所有权作为整体不能脱离人力资本承载者而独立存在,人力资本产权可以通过契约进行有限分解。作为人力资本价值承担者的知识、技术、经验、信息等是以特定的人为载体的,某个人所拥有的知识、技术、经验和信息通常不能在不同人力资本个体进行分解,即使是企业投资所形成的知识和技术,也只能由接受投资的人所拥有,因此,人力资本产权在完整意义上不具有可转让性。企业经营者作为对应于员工的签约方,其可以按照合同约定一定的行为约束规则,让员工做到"一切行动听指挥",部分受让人力资本控制权、人力资本使用权、人力资本收益权和人力资本处分权等。人力资本产权可以通过分解的方式依据协议约定部分取得,分离后的人力资本产权部分具有可交易性,符合财产属性。因此,人力资本产权具有财产属性,可以纳入财产立法的范畴进行规范。

3) 人力资本产权的财务解析

人力资本产权区别于物力资本产权,作为企业财务的核心要素主要表现在以下方面:

第一,人力资本产权具有自然性。人力资本产权的自然性指的是人力资本产权与其自然载体之间的特殊关系。人力资本具有人身依附性,与人天然不可分离。基于其上所拟制的权利是天赋的,自然属于其载体。人力资本产权的这种自然属性是其他物力资本产权所不具有的,是人力资本产权这种特殊财产的本质属性。从人力资本产权与其自然载体之间的特殊关系这个角度而言,人天然拥有人力资本产权。

第二,人力资本产权具有社会性。人的本质在于其社会性,这是人区别于其他生物的本质属性。人的本质属性指的是其之所以为人而不是其他动物的特性,社会性揭示了人同其他动物的区别,是人类的特有属性。人类活动包括日常生活和生产活动,正常的社会化的人总是生活在一定的经济、政治、道德和法律关系之中,人的生活具有社会性;同时,人类的生产活动也是社会活动,在生产活动中人们缔结了各种社会关系,从事生产活动的人也即是社会关系中的人。人力资本产权具有人的本质属性,这主要表现在人力资本产权的形成和使用都离不开社会的环境,包括经济的、政治的、思想的、家庭的等诸多社会因素都会直接或间接对人力资本产权发生影响,其中经济是社会的基础,经济的影响是根本的。人力资本产权作为财务的核心要素,对其把握不能局限于物力资本产权的范式,而应从社会的范式进行综合考量。

另外,我们还要用历史的视野来探寻人力资本产权,特定的时代对人力资本产权会有特定的需求。对人力资本产权的重视是知识经济时代超越物本经济时代的特定需求,财务与会计作为社会实践的工具,应当把握历史的脉搏,响应社会的召唤,为经济社会服务。

第三,人力资本产权具有主动性。区别于物力资本产权的被动性,人力资本产权个体会按照自己设定的目标积极行动,人力资本产权主动性的发挥直接决定了其价值增值的程度。人本财务法律制度需要结合人力资本产权的主动性和价值增值的财务目标来进行设计。

人力资本产权的社会性和主动性是其区别于物力资本产权的特殊属性,人本财务法律制度的构建需要依据人力资本产权的特性进行,以有效地进行资源配置,实现企业财务目标,保障相关权益的实现。

2.2 财务学基础

2.2.1 人本财务的概念

从上文可知,人力资本产权具有财产的本质属性,可以将人力资本产权纳入财产法律范畴进行规范。将人力资本产权作为企业的核心资源纳入财务要素的范畴、财务活动围绕人力资本产权核心资源进行是知识经济时代企业财务的现实需要。笔者认为,所谓人本财务,就是以人为中心、为根本的财务。它具有如下特点:

首先,人本财务以人力资本产权要素为财务本原要素。财务要素是财务的基本配置,财务活动即财务要素的活动。传统财务活动围绕企业物本资源进行,缺少对企业核心资源的把握。人力资本产权是企业的核心资源,这在知识经济时代体现得尤为明显。将人力资本产权作为企业核心要素是人本财务的基本特点。

其次,人本财务是主动财务。传统财务是财务要素相对于财务主体的被动财务。在人本财务框架下,财务要素具有主动性,是基于财务要素之间关系和规律的主动的活动。

再次,人本财务更符合企业作为基本经济主体的本性。企业是经济社会的细胞,应当具有充分的生理活性为其经济理性服务。在传统财务框架下,企业对人力资本产权主体的产权忽视,降低了企业运营者的生理活性,从实际上削弱了企业基本的经济活力。在人本财务框架下,人力资本产权作为财务核心要素,赋予其主体以相应企业产权,唤醒了企业具体运营者的生理活性,并在此基础产权配置下,具有了实现企业利益最大化的可能性。

2.2.2　人本财务的逻辑起点

人力资本是企业的核心经济资源,人力资本具有产权属性,人力资本产权主体与物力资本产权主体一样,都应当成为企业的产权主体。人力资本产权是反映人的价值的综合体,其内涵中不仅有人的能力,还包括人的性格、品质、意志力等各种心理素质。人力资本产权体现的价值通常是根据人的过去经历(包括学习、工作等)对人的未来的价值所做的一个评价,因此,它是一个面向未来的、预期的价值,这个价值最终通过其载体的行为释放出来,并通过行为结果进行反馈。在包括财务管理在内的企业管理中,我们通常关注的是人力资本的外在表现及其行为结果(即通常关注的是有效行为)。基于此,在下文我们将该行为称为价值创造行为。行为具有可描述性,我们可以在对典型行为进行观察和详细记录的基础上,根据我们的目的对行为进行描述。而且,根据我们普遍遵循的法律原则,一个具有行为能力的行为主体要对其行为结果负责,因此,行为可以比较好地反映人的各种素质,通过行为可以比较客观地衡量人力资本产权价值。我们可以认为,行为是人力资本产权的外在表现。

徐国君在其著作《三维会计研究》中对行为展开了研究[1],根据他的研究,行为作为人力资本产权的外在表现,指的是在经济活动过程中人类为了增加价值的有意识的劳动,该劳动包含经济活动中消耗的脑力和体力,它是以价值增值为目的的活动。行为具有主体性,行为离不开其载体——人的身体而发生作用,是人的价值的具体表现,不同人的不同行为反映了不同人的不同价值,同时不同的行为导致的不同行为结果也意味着不同的行为主体所应承担不同的责任、享受不同的权利。行为具有可预测性,经济行为是有意识的、有目的的活动,基于对行为结果的渴望程度的不同,为了实现价值增值,行为

---

① 徐国君.三维会计研究[M].北京:中国财政经济出版社,2002:206.

之前人们通常都经过了"深思熟虑",以确定行为的方向、预期的结果等;同时,行为具有可控制性,即根据行为的预期结果,通过改变影响行为的条件,使得行为朝着达成我们预期结果的方向发展。并且,通过我们的生活常识可以理解,行为往往受行为主体所处的外部环境及其内部情绪等因素的影响,对小孩子的养成教育是一个典型的例子。因此,为达到较好的行为结果通常需要有较好的过程控制来保证。行为具有社会性,行为的效果离不开行为主体既往经历的积累,人是整个大社会背景下的社会产品,在社会福利制度、教育体系等的积极作用下和不同人的不同的先天素质及其后天环境的差异的共同作用下,形成了人现在的价值能力和预期未来的价值能力,而这些价值能力最终都通过每个个体的行为表现出来。在企业经营活动中,企业通过行为的附加获得物质性或非物质性的商品,同时满足了客户和企业的需要。行为主体的行为是经济价值的创造、导致、带来、引起、影响等意义上的动因,行为是价值创造的根本与本原因素,其他因素为价值创造提供了条件。

逻辑起点是财务理论构建的原点,我国很多学者对此都进行了研究。综合关于财务的逻辑起点,主要有如下几派观点[①]:①环境起点论。该观点认为,财务环境是财务理论构建的起点,根据财务环境的需要先确定某一特定发展阶段的财务的目标,在此基础上确定这一特定阶段的理论体系。环境永远是影响事务的外部因素,外部因素需要通过内部因素才能发生作用,因此,财务环境只是构建财务理论体系需要考虑的一个影响因素,而不能成为财务理论的基本概念和主线。②假设起点论。该观点借鉴会计假设的研究认为,财务假设是财务理论构建的起点,因为财务假设为本学科的理论和实务提供了出发点或奠定了基础。但应该认识到,人们往往根据需要主观决定财务假设,并不能很好把握财务本身的规律,以此为起点,容易使得财务理论的研究偏离正确的轨道。③产权结构起点论。持该观点的学者认为,产权结构才是构建财务理论的起点,根据不同的产权结构可以设计出不同的财务管理的模式,产权结构实际决定着企业的财务管理的具体安排,研究财务管理时应当以产权结构为起点着手。此外,产权结构起点论还着重强调产权结构应体现各利益主体彼此之间利益分配的关系。从上述可以看出,产权结构决定财务管理理论的形成,以产权结构为起点研究财务有利于产权主体正确处理彼此

---

① 伍中信.财权起点论:财务研究逻辑起点的现实选择[J].财会学习,2006(12):10-13.

之间的财务关系。但我们认为，产权是一个经济学范畴，以它作为财务理论研究起点容易扰乱财务理论体系；而且产权结构和财务关系相互影响、互为因果，以它作为财务理论研究起点，容易使得财务管理结构逻辑混乱。④财务目标起点论。该观点认为，财务目标是构建财务理论的起点，财务管理是财务主体有目的的行为，只有确定合理的财务管理目标，才有可能实现相对高效的财务管理，因此，从适应市场发展的基本要求出发，应当以财务管理的目标为起点构建财务理论结构。但以财务目标为起点用倒推的方式来构建财务理论体系，会使得财务理论构建陷于功利化，不易于构建完整科学的、经过严密逻辑论证的财务理论体系。⑤本质起点论。该观点认为，财务本质是财务理论构建的起点，财务的独立性取决于财务本质较之于其他经济范畴的特殊性，财务本质的特殊性是财务能够独立存在的依据。本质起点理论虽然能较好地成为财务基础理论的起点，但财务本质过于抽象，不能有效地引导财务运用理论的展开，不利于财务理论体系的进一步完善。⑥本金起点论。该观点认为，本金是能够带来增值的价值，增值是本金内在的本质要求，本金是财务理论的基本细胞；本金的运动是财务应用理论研究的主要领域，财务活动的本质就是本金运动。从本金运动公式"G—W—G′"可以看出，"钱生钱"是该观点的核心，却忽略了本金永远是货币资金而已，只有将行为附加于其上，才能产生增值，价值增值的本源不是本金。⑦财权起点论。该观点认为，财权是财务理论构建的逻辑起点，本金作为货币性资金属于价值范畴，支配这一价值的"权力"是隐藏在"价值"背后的更为抽象、更为实在的带支配能力的本质力量，本金的运动规律应当与支配其的权力相伴随才能更反映财务管理的实质；"财权"＝"财力"＋（相应的）"权力"，本金就是"财权"中的"财力"，本金的运动需要本金与支配该财力的权力相伴随，分析现代财务，应当从分析"财权"开始。财权起点论似乎寻到了财务起点的端倪，但又陷于财务管理的权力漩涡中，而没有从财务活动的本身来寻找财务的起点。

作为财务理论的逻辑起点，笔者认为，至少应当具备以下几个条件：其一，逻辑起点应当是组成财务理论结构的基本要素之一。财务理论的逻辑起点必须先是财务理论结构的必备部分，是一个相对独立的范畴，逻辑起点和财务理论必须具有直接的而且紧密的从属关系。其二，由于整个财务理论体系必须围绕财务活动展开，因此，其逻辑起点应当先是财务活动的有机组成部分。其三，财务关系构成了财务的架构，逻辑起点必须是构成财务关系的纽带。其四,财务的目标是实现价值增值,逻辑起点必须是价值增值的本源。

笔者认为,价值创造行为是财务理论的逻辑起点。其理由如下:其一,从行为学的角度来看,财务活动实际可以看作是一种组织行为,财务活动即通过有意识的组织行为实现财务的目标。该组织行为主要由个体的价值创造行为按照一定的规律组合来完成组织任务,价值创造行为是构成财务的基本要素之一。其二,财务就是财务活动的过程,从理论研究的角度来说,财务理论就是对财务活动的剖析,财务活动围绕一个个的价值创造行为展开,价值创造行为是基本财务活动。其三,财务关系是指财务主体在财务活动中相互之间的权利与义务关系,财务关系围绕财务活动而发生,因此,价值创造行为作为基本财务活动,是连接财务关系的纽带。其四,本金运动实现价值增值的逻辑是"G—W—G′"(即"本金—商品—本金增值"),该逻辑是"拜物教"迷信思想在现代社会的进一步发展,违反了基本的生活常识。价值创造行为实现价值增值的逻辑是"行为—资产—价值",价值创造行为是价值的本原和动因,资产通过价值创造行为的附加产生价值增值。

价值创造行为才是财务理论研究的逻辑起点。基于此,价值创造行为应当是财务管理的基本要素,财务管理应当围绕价值创造行为进行展开,人本财务制度应当以价值创造行为为基础构建规则框架,以规范人本财务活动,调整人本财务关系。

2.2.3　人本财务要素

1) 财务要素的含义

根据《辞海》的解释,要素指的是组成系统的基本单元。根据系统论的观点,系统指的是由若干要素以一定结构形式联结构成的具有某种功能的有机整体;或者也可以认为系统是许多要素保持有机的秩序,向同一目的行动的东西。无论是哪种解释,要素作为系统的基本单元,基于为具有某种功能或实现同一目的而组成系统。毫无疑问,财务是一个系统,从这个角度来说,财务要素指的是构成财务的基本单元。财务要素按照某种规律保持有机的秩序,具有某种功能,实现财务目的,财务要素与财务具有相同的目的,财务要素组成的有机整体应当相互协调从而具有相应的财务功能。反过来说,如果某一元素的加入不是有助于财务目的的实现或具有有助于实现该目的的功能,它就不能成为财务要素。

从财务管理的角度看,财务要素是财务管理的对象要素,财务主体通过管理财务要素实现财务目的。财务管理的对象是什么?学界有很多研究,郭复初将其总结为货币收支活动论、货币关系论、资金运动论、分配关系论、价值运动论和本金投入收益论六大派系观点①,李心合将其进一步总结为财务活动论、财务关系论和结合论三大观点。笔者认为,无论是财务活动论还是财务关系论,仅仅是财务主体管理财务对象要素时的两个角度而已,离开财务活动谈财务关系或者离开财务关系谈财务活动都是片面的。财务管理应当是基于财务要素,通过规范财务活动,从而调整财务关系。财务要素是财务管理理论体系的核心,为了财务系统目的的实现,准确地把握财务要素并对其进行管理是财务管理的关键。

2) 现有的财务要素的理论与实践

许多财务学者从各自的角度出发对财务要素进行了研究。宋献中基于财务活动的内涵是本金运动为基本前提对财务活动要素进行了研究。他认为本金运动的总体由流量与存量构成,因此财务活动要素应包括存量要素和流量要素,同时由于本金运动具有增值性和风险性的特点,必然要求财务活动要素包括增量要素和风险要素,根据这一逻辑关系,他认为财务活动的要素应当由资产、权益、现金流量、收益与财务风险等组成,其中资产和权益是反映本金存量的要素,现金流量是反映本金流量的要素,收益是反映本金增值的要素,财务风险是反映本金风险的要素②。冯巧根同样基于本金运动论的思想对财务活动要素进行了研究,他认为财务关系已内含于财务活动要素之中,因此,财务要素即财务活动要素;财务是由本金的投入活动与收益活动两个部分组成的,财务活动基本要素分为显性要素和隐性要素两类,其中,财务活动显性要素包括本金运动和收益运动,财务活动隐性要素包括财务机制和财务能力;本金运动作为基本要素展开可以得到本金与资产两个具体要素,收益运动展开可以得到现金流量、收益、成本三个具体要素③。袁春生将

① 郭复初.财务通论[M].上海:立信会计出版社,1997:62.
② 宋献中.论财务活动要素[J].财会通讯,1998(9):12-14.
③ 冯巧根.论财务要素的构建[J].税务与经济,2000(2):68-72.

财务管理理论体系作为一个系统,他认为财务管理理论体系是一组依一定结构而存在的,具有密切联系的若干财务理论知识要素形成的组合,其中财务要素是构成财务管理活动的必要原质;财务要素的构建应以资本为核心要素,由资本要素衍生出资产、收益、成本、财权几个派生要素①。万玻和万立全认为,可以将财务管理要素纳入财务要素体系中,财务要素应由三个层次组成:第一层次要素为本金,第二层次要素为资产、收益、成本、现金流量、财务风险,第三层次要素为包括财务管理要素在内的要素,通过这种分类,能够合理解决财务要素与财务管理要素之间的关系,构造逻辑严密的财务要素体系②。李心合认为,财务管理内容包括四大模块,即资产管理(资产负债表左边管理)、权益管理(资产负债表右边管理)、收益管理或利润管理(利润表管理)、现金流量管理(现金流量表管理),基于此来设置财务要素,财务要素可以设置为资产、权益、利润和现金流转四项,也可以具体化为资产、负债、股东权益、收益、成本费用、净利润、现金流转七项③。有学者依据《企业财务通则(2006)》将财务管理分为资金筹集、资产运营、成本控制、收益分配、信息管理、财务监督六大要素④。

　　财务管理作为经济活动的一种,是企业的自主活动,财务管理通过对企业资源的安排满足相关方的需要。财务管理的任务在于通过其资源的有效配置实现其价值增值的财务目的,而财务要素的管理是达成资源有效配置的关键。因此,实现财务管理的目标,首先,要把握住企业的核心资源,从哲学的角度说,把握住价值本源要素进行管理,就抓住了事物的主要矛盾,不能抓住财务管理的主要矛盾,就很难解决问题,最终难以实现财务管理的目标。其次,在此基础上,遵循价值本源要素的属性特征进行合理的配置、科学的管理,协调其相关各方的利益,更有利于财务管理目标的实现。财务要素是财务管理的主要矛盾,财务要素的设置应能反映资源配置的实质,揭示价值增值的本源。上述学者对财务要素的设置已陷入"钱生钱"的传统财务的迷茫之中,将价值增值的条件当作本源,没有抓住事情的主要矛盾,对一些细枝末节的所谓要素进行的管理,注

　　① 袁春生.财务管理理论体系构建的系统观与财务要素的确立[J].系统辩证学学报,2003(2):75-78.

　　② 万玻,万立全.财务要素体系构建的思考[J].财会通讯,2008(4):97-99.

　　③ 李心合.论公司财务要素及其确认与计量[C].中国会计学会2011学术年会论文集,2011.

　　④ 财政部企业司.《企业财务通则》解读[M].北京:中国财政经济出版社,2007:3.

定无助于建立科学、有效的财务规则体系来有效地指导财务实践。

3) 人本财务三要素

基于物本二维会计的完美缺陷,徐国君提出了以人为本、立体、动态的会计形式——三维会计。他认为二维会计等式"资产=权益"中的资产表示"价值的存在",权益表示"价值的归属",因此,会计等式的价值逻辑为"价值的存在=价值的归属",这样一个似乎合乎逻辑的等式却有掩饰不住的缺陷:何处是价值的本原? 他进一步提出一个完善的价值逻辑应当为"价值的存在=价值的本原=价值的存在",在此基础上,在二维会计等式中加入第三维,建立"资产=行为=权益"三维会计等式。

为揭示财务管理的玄奥,科学设置财务要素用于指导财务管理实践,结合三维会计的理论成果,笔者对财务要素进行了重新设计。三维会计作为面向现在和未来的立体动态信息系统给财务管理提供了最有效的价值管理信息,与三维会计要素相适应,财务管理应当加入行为要素作为价值本原要素。基于此,笔者在徐国君指导下,在其提出的三维会计对象要素的基础上,提出包含资产、权益、行为三要素在内的完整的三维人本财务要素。

系统论认为,整体性、关联性、动态平衡性等是所有系统的共同的基本特征,这些特征既是系统所具有的基本思想观点,同时它又是系统方法的基本原则,其中,系统论的核心思想是其整体性思想。系统的整体性指的是系统的各组成部分不是可以分离的简单集聚,而是按一定规律、一定方式组成的整体。财务管理系统作为价值增值系统,应当以价值增值为核心,遵循整体性的原则设置财务要素。因此,设置财务要素需要剖析企业价值增值的过程,寻找企业核心资源。笔者认为,人力资本产权是企业的核心资源,人力资本产权的具体表现——价值创造行为是企业价值增值的本原与动因,行为作为价值创造活动是人本财务活动的主体。同时,从价值增值过程来看,毫无疑问,价值的本原、价值的存在、价值的归属相互关联,构成了完整的价值流程,因此,组成人本财务的财务要素可以以此为依据进行设置。行为是企业价值的本原与动因,资产体现的是价值的存在,权益反映的是价值的归属;行为、资产、权益相互关联、相互影响,行为引起资产的增值、减值,同时导致权益的等量变动,形成动态平衡的人本财务系统。基于此,行为、资产、权益构成了相对完善的人本财务要素系统。

行为要素是行为人人力资本产权的外化表现,是财务要素中的价值本原要素,具体表现为引起企业价值增值的增值行为和企业价值减值的减值行为。资产要素是财务要素中的价值存在要素,资产要素包括物力资产和人力资产,其中物力资产又可分为有形资产和无形资产。权益要素是财务要素中的价值归属要素,权益要素包括物力资本和人力资本(加上其衍生权益又称为劳动者权益),其中物力资本又包含债权人权益和所有者权益。

2.2.4 人本财务活动

财务通则的核心是规范财务活动。在物本财务框架下,"企业本金运动即为企业财务活动。企业筹资、投资、耗资、收入与分配形成财务活动的客观经济内容。"[1]其中,筹资、投资与耗资三项指的是本金的投入;收入与分配两项指的是本金的产出。因此,企业财务活动就是企业本金投入和产出的经济活动,或者说是以现金收支为主的企业收支活动。"以本求利"是财务活动的要旨。具体来说,物本财务理论认为,财务活动通常包括以下四个方面:其一,企业筹资引起的财务活动,主要是指筹措企业设立、生产经营所需资金的财务活动,包括以负债方式筹资和吸纳投资入股的方式筹资。随着资本市场的发展和金融技术的成熟,像夹层资本等兼具债权和股权特征的筹资方式也大量涌现,拓宽了企业的筹资渠道,丰富了企业的筹资方式。其二,企业投资引起的财务活动,包括企业对内的购建固定资产和无形资产,对外的购买其他企业的股票、债券等。其三,企业生产经营引起的财务活动,主要包括原材料采购、产品加工、工资支付、商品销售、提供劳务等方面。其四,企业分配利润引起的财务活动,包括向投资者分配利润、弥补企业亏损等财务活动。以上方面可以概括为本金的投入与产出两个方面,反映了本金从投入到增值产出的整个过程。

人本财务认为,物本财务把本金作为企业价值增值的根源,没有抓住企业价值增值的本质。在企业中,本金指的是企业进行生产经营活动而垫支的资金,而资金指的是企业财产的货币表现。货币指的是从商品中分离出来固定地充当一般等价物的商品,货币是商品交换发展到一定阶段的产物。因此,从货币本质上看,它指的就是一般等价物,货币具有价值尺度、流通手段、

---

① 郭复初. 中国特色财务理论研究[M]. 成都:西南财经大学出版社,2010:16.

支付手段、贮藏手段、世界货币的职能。其中,价值尺度指的是货币作为企业生产的直接体现,可以以自己为标准,衡量企业的生产投入和产出,从这个角度来说,本金抑或资金指的是企业价值的标准。行为要素纳入企业财务活动后,人本财务活动的主线是企业价值创造行为,人本财务其他要素以企业价值创造行为为核心,围绕这一主线的周围相互作用。人本财务活动就是将价值创造行为附加于企业其他财务要素之上实现价值增值的过程。人本财务通则对财务活动的规范从某个角度来讲就是对价值创造行为的规范,对价值创造行为的管理是人本财务通则的基本内容之一。

价值创造行为有如下特性:其一,自主性,指的是行为主体按照自己的意愿行动的特性。在人力资本产权出资企业后,企业每个劳动者作为行为个体的利益与企业利益是一致的,个体价值创造行为实际是自我实现的另一种表现方式。价值创造行为的自主性意味着劳动者可以在价值增值的指引下,自由表达意志,独立做出决定,自行推进行动的进程。其二,增值性,指的是价值创造行为具有使企业价值增长的特性。行为是价值的本原,行为附加于企业资产之上,资产价值得到增长。其三,创新性,指的是劳动者个体将其新奇独特的想法通过其价值创造行为产出有经济价值的产品的特性。对于现代企业而言,创新是其生存下去的根本,没有创新,就没有现代企业,也就没有知识经济的辉煌。创新性是价值创造行为产生超额收益的源泉。其四,可预测性,指的是行为主体的行为及其价值增值能力是可以预测的。价值创造行为指的是未来行为,但可以依据行为人的过去行为情况及其现在学识、身体状况、心理素质等对其未来行为做出判断。其五,可控制性,指的是价值创造行为可以通过创设各种条件来对其行为方向、努力程度等进行控制。行为可控意味着可以根据需要进行调控,降低企业的财务风险。其六,社会性,指的是行为区别于其他要素,对行为的评价需要结合行为主体复杂的生活、学习背景、社会关系、家庭情况和工作经历等综合进行评价,这种评价是一个社会综合信息的考量,对行为的评价不能局限于企业内部。

沿着价值创造行为的主线,行为、资产和权益三要素相互作用。整个过程究其实质是价值变动的过程,资金只是企业价值的衡量标准而已。人本财务活动是价值活动过程。具体来说,首先,基于财务要素的自主性,人本财务活动应当指的是财务要素自主活动。其次,人本财务活动包含基于要素自治基础之上的人本财务管理活动。

依据价值创造行为的特性,从系统论的角度来看,完整的行为价值流程至少应考虑以下几个方面:进入环节、实施环节、退出环节、调控环节、动力环节等。徐国君在其文章里按照行为价值创造的一般流程将整个流程划分了七个环节[①]:行为价值发现与策划→行为价值决策与规划→行为价值驱动与激发→行为价值核算与报告→行为价值诊断与调控→行为价值分析与评价→行为价值分配与分享,整个流程构成了行为价值链条。其中,行为价值发现与策划就是通过商业及相关信息的分析,找寻、挖掘商业领域里能够通过行为附加释放出价值产出的商业机会,并在此基础上,运用创新围绕行为价值问题做出系统设计与安排;行为价值决策与规划是指对行为价值策划的多个方案进行优化选择、做出决定,并在此基础上,按照实施步骤分经营阶段做出具体可操作性的统筹谋划安排;行为价值驱动与激发就是以行为价值优化为目的,通过机制设计、制度安排和动态行为管理,实现行为者的价值创造导向的自发性内在驱动和激发性外在推动;行为价值核算与报告就是按照三维会计系统进行行为增值、行为减值、行为净值的核算,在此基础上,编制以三维平衡表、三维增减值表、三维现金流量表为主表的行为价值报告;行为价值诊断与调控是调查、分析企业的行为价值经营过程和行为价值管理活动的实际状态,判断其问题、特点及程度,并提出合理化的改进方案;行为价值分析与评价是利用行为价值核算信息及其他相关资料,运用各种分析方法,弄清过去和现在的行为价值状况、价值增值的品质与效率及其原因,揭示企业未来的价值创造的潜力和趋势,在此基础上,对企业行为价值产出的结果、价值增值的品质与效率的好坏优劣做出判断性结论;行为价值分配与分享首先是对物力资本的转移价值进行补偿性分配、对人力资本的消耗进行补偿性分配、对政府交纳税费等进行财政性分配,其次是对基于物力资本与人力资本所有者按照其份额对分配后的盈余价值进行平等的博弈分享。

上述行为价值创造流程是基于价值创造行为的程序特性而作的分析。整个流程以市场为导向、以企业整体为目标展开,充分展现了价值创造行为的上述五大特性,为企业价值增值设计筹划了方法步骤。但企业财务活动实务纷繁复杂,非一个流程所能解决。在此基础上,笔者认为,应当将上述流程进行调整,运用模块化的设计理念加以细化,以适应现实的需要。

---

① 徐国君.行为价值管理论纲[J].财务与会计,2009(21):25-27.

笔者认为,传统财务是物本财务,其价值公式"G—W—G′",认为本金是导致价值增值的原因。在此基础上,传统财务以资金流动为主线,建立了包括筹资、投资、耗资、收入与分配在内的财务活动过程。但本金或资金流动并没有揭示企业价值增值的奥秘,本金或资金只是价值衡量的标准而已。企业价值增值的奥秘在于人,行为施加于资产之上是企业价值增值的全部。人本财务认为价值创造行为是财务核心要素,"行为—资产—价值"是价值活动的轨迹,在此基础上,笔者认为,应当对传统财务活动过程进行重组,资金的流动是企业财务活动的表象,以行为要素为核心的财务要素的运行才是财务活动的实质。应当在财务要素相互作用的基础上,以价值创造行为为主线构建包括价值引导、价值配置、价值流转、价值产出、价值分享在内的财务活动。

从行为到价值的价值运行链条阐释了人本财务的理论逻辑,行为的特殊属性赋予其价值本原的角色。以行为要素为核心的财务要素的运行阐释了企业价值活动的奥秘,企业财务活动的核心行为价值活动。而以上所有人本财务理论推演的起点是建立在假设人力资本产权是财产的基础之上的。人力资本产权具有出资资格,是人本财务理论的前提与基础。

2.3　其他理论基础

2.3.1　哲学基础

哲学是关于世界观的理论体系,是人们关于世界(自然、社会和思维)以及人和世界关系的总的根本看法和观点的体系。世界是一个遵循客观规律运动和发展着的物质世界,变动着的世界改造着人们的世界观,人们依据新形成的世界观通过实践来改造世界。人的这种实践活动依赖于人对世界客观规律的把握,是遵循一定的客观规律并在一定目的、计划指导之下进行的,人对世界客观规律的把握(即世界观的形成)是人们改造世界的思想基础。历史上,每一次社会的发展与变革都需要人们解放思想,在新的世界观的指导下进行。人本主义哲学思潮在人类社会的发展与变革中就曾发挥过重要的作用。

弘扬人性、推崇人的主体作用的发挥在哲学史上大致可以被称为人本主义哲学。历史上,人本主义哲学思潮的兴起通常与冲破传统思想的束缚紧密联系在一起。通常认为,人本主义哲学思潮在人类社会发展史上有过两次重要的兴起,一次是十四五世纪的文艺复兴时期,另一次是 19 世纪 40 年代前后的科技革命时期。人本主义哲学最早用来指称十四五世纪欧洲文艺复兴时期的一种哲学思潮。当时欧洲新兴的资产阶级力量已经有了某种程度的发展,但仍然笼罩在封建专制和宗教迷信的统治之下。为摆脱传统的束缚,解放思想,促进自己的发展,这些新兴的资产阶级高举自由、民主的大旗,以活生生的人性来反对宗教迷信和封建专制,主张新的人和世界的关系。在现代,人本主义哲学是同科学主义哲学相比较的一种哲学思潮。科学主义产生于 19 世纪 40 年代前后科技革命时期,强调科学对经济社会发展的重要性,促进了当时社会的发展。但科学主义片面以"物"的眼光来看问题,科学主义发展到极致,以科学替代哲学,忽视人的主体性,把人看成物,束缚了人们的思想,严重阻碍了自然科学的进一步发展。在这样的历史背景下,人本主义学者主张提升人的主体性地位,强调人的价值、自由,科学与经济社会的发展离不开人的主观能动性的发挥。人本主义的兴起解放了人们的思想,冲破了科学主义极端思想的束缚,为现代社会的发展奠定了思想基础。

从经济社会的发展来看,当前社会仍然是物本社会,物本社会的思想基础是物本主义世界观。物本主义世界观产生于物力资源极为稀缺的时代,认为物力资源是经济社会发展的关键资源,物力资源的所有者是经济社会的主人。在物力资源稀缺的时代,物本主义世界观有利于资源配置,有效发挥有限物力资源在经济社会发展中的作用,在特定历史时期促进了社会的发展。

科技革命使得社会发展日新月异,当前社会已进入知识经济时代。在这样的历史时期,知识的更新、技术的换代都日新月异,而这都集中体现在现代企业的发展上。在现代企业中,随着社会物质财富的极大丰富,传统生产要素——物力资源在企业发展中所发挥的作用较之以往已经发生了彻底的改变,而掌握先进技术的人力资源在企业的发展中却发挥着决定性的作用,人的主观能动性在知识与技术等"内功"的辅佐下体现得愈发明显,人力资源已经成为企业的核心生产要素。拥有知识与技术的人力资源较之物力资源更具稀缺性,更具价值。但受制于物力资本时代的制度体系,人力资源地位低于物力资源,与其发挥的作用严重不相称,既得利益者固守物力资本时代的传统,排斥人力资本对企业权益的分享,人的主观能动性在旧制度体系下不能有效发挥,陈旧的制度体系束缚了经济社会的发展。

物本社会进入知识经济时代,在这样的背景下,人本主义者审视"人与物"的关系,强调人力资源在经济社会发展中的核心价值,注重发挥人的主导作用,人本主义哲学思潮在知识经济时代又一次兴起。知识经济时代人本主义者呼吁重新搭建制度框架,赋予人力资源应有的地位,解除"物本位"思想的束缚,发挥人力资源主观能动性,促进经济社会的发展。在新的以人为本经济发展时期,人本主义哲学思潮渗透在经济社会的方方面面,人本财务法律制度正是知识经济时代人本主义哲学思潮在企业财务领域的体现。

2.3.2 法学基础

法是基于人类社会更好地可持续发展,而制定的调整人们社会活动的规范,它通常规定人们在社会活动中的权利和义务,即人们可以怎样行为、不得怎样行为、应当怎样行为。财产是人们社会生活的基础,从某种程度上可以看成是人们生存和长远发展的手段和目的,财产权利是人们其他权利的基础,它影响着人们的其他权利。人们每天重复着的社会活动大致可以看成主要是人们从事的生产、交换和分配财产的行为,为维护该行为的可持续性,人们制定了共同的行为规则(即财产法律制度)来确认财产、规范行为。

人们在长期的法律实践过程中,总结出了一些法律要实现人们的目的所应具备的价值。公平、效率、自由和秩序所组成的价值体系为人们制定行为规则首先应关注的重点。其中,公平为根本、效率为前提、自由为目的、秩序为保障。立法中所出现的失误首先是价值上的失误,法律上的大量问题通常首先是价值问题。基于法律的滞后性,社会形势的变迁会引起原有法律不能适应社会的发展,从而导致一些社会问题的发生,这主要取决于原有立法价值判断的依据发生了变化。因此,法律价值判断需要依据社会环境的变化进行调整,最终引起法律制度的变迁。

财务法律规范是调整人们财务行为的规范,它规定人们在财务活动中可以怎样做、不得怎样做、应当怎样做,包含确认企业财产与权益、规范企业财产运营、保障所有者权益。从实质上看,财务法律制度隶属于财产法律制度,其任务是保护企业产权,维护企业所有者的利益。

现有的财务法律制度是物本社会制度的产物,作为财产将人力资本产权纳入财务法律制度范畴是知识经济时代所提出的要求。人力资源资产化、人力资产资本化、人力资本产权化是新的经济时代企业运行的新特点。建立在物本制度之上的财务法律制度失去了其价值判断的依据,旧的财产观念在新的经济形势下已经不能做出公平、效率、自由和秩序的价值判断,对财产概念的重新把握是新的财务法律制度价值判断的依据。因此,人本社会制度要求有新的财务法律制度与其相配套,现有财务法律制度亟待变迁。

2.3.3　经济学基础

劳动价值理论是关于劳动创造价值的理论,人的劳动能力在劳动中得以体现并实现其权利。劳动价值学说是人本财务法律制度的经济学理论基础。

研究劳动与价值创造关系的学说由来已久,劳动价值论的思想最早源于威廉·配第(1623—1687)的经济学名著《赋税论》。威廉·配第的最大的贡献,是他第一个提出了劳动时间决定商品价值的原理,为古典政治经济学奠定了基础。配第在《赋税论》一书中,把价格区分为自然价格和政治价格。前者实际上是指商品的价值;后者是指商品的市场价格。他认为价值的源泉是劳动,即在商品生产时所耗费的劳动时间。配第根据劳动决定价值的原理,得出了价值的大小以劳动生产率为转移的结论。配第的劳动价值命题被亚当·斯密在其所著的《国民财富的性质和原因的研究》中,进行了更为系统的研究和发展。亚当·斯密的贡献主要体现在:首先,斯密对使用价值和交换价值进行了区分。他认为,交换价值不是由其效用决定的,即便是没有使用价值的东西也会有交换价值。其次,他对市场价格和自然价格进行了区分,并论述了自然价格与市场价格之间的变动关系。再次,他提出耗费劳动是交换价值的尺度。但斯密无法依据劳动价值论解释利润和地租产生的缘由,最终不得不放弃劳动价值理论。斯密认为,价值由劳动决定的原理,只适用于简单的商品生产活动和交换活动,在市场活跃的资本主义社会,价值由工资、利润和地租三种构成。这构成了斯密两种价值决定的观点。以这两种价值决定的观点为基础,后来的学者将其发展形成了两种政治经济学理论体系。其中,劳动决定价值的观点形成李嘉图和马克思的经济学体系;购买或支配劳动决定价值的观点形成马尔萨斯和萨伊的庸俗经济学体系。

李嘉图通过对斯密的价值论的批判形成了自己的价值论体系。其主要观点体现在:第一,在斯密的基础上对交换价值和使用价值作了进一步区分。认为使用价值不是交换价值的尺度,但交换价值不能脱离使用价值。第二,价值中可以包含工资、利润、地租,但价值只能由劳动决定。第三,李嘉图对直接劳动和间接劳动、个别劳动和必要劳动进行了区分。他认为,直接劳动形成商品的价值,间接劳动起转移生产资料价值的作用,必要劳动决定商品价值。

马克思的劳动价值论建立在历史唯物论和辩证法的基础上,其观点主要有:第一,商品具有价值和使用价值二重属性,其中,价值是商品的社会属性,使用价值是商品的自然属性。马克思用价值和使用价值,准确地说明了商品的本质。第二,劳动具有具体劳动和抽象劳动二重属性,他认为,劳动是人类社会存在、发展的基本动力和条件,这是劳动价值论的精华部分。第三,社会必要劳动时间决定商品的价值。第四,价值规律。社会必要劳动时间决定商品价值,商品交换依据社会必要劳动时间进行。价格因商品供求而围绕价值波动是价值规律的具体表现形式。

在现实中,学者们对价值的概念、劳动的价值创造作用和价值的度量都有一些曲解,徐国君在他的著作《三维会计研究》中对此作了详细的分析,主要内容包括:第一,关于对价值概念的理解。他认为,价值应使用统一的含义去表达思想才不至于引起理论的混乱。这个统一的含义就是"价值"一词的原意或哲学概念。这样,价值其实至少表现为三个不同的具体形式:使用价值、交换价值和劳动价值。使用价值表示事物的有用性,属于事物的自然属性,它特别强调使用效能满足人的需要的程度;交换价值表示事物的交易性,属于社会属性,它因为交换而产生和存在,它具体还表现为交换总价值(用货币作为等价物时,即货币价格)、新增加价值(对某一主体来说,从流入的交换总价值中扣除投入的交换总价值后的余额,有可能是负值)和剩余价值(对某一主体来说,从流入的交换总价值中扣除投入的交换总价值、其他固定合约支付的价值后的余额,有可能是负值);劳动价值表示事物的劳动性,属于行为属性,它讲的是事物和人的劳动之间的关系,特别强调事物是否为劳动的产出。从而,一切混乱和争议就可以释疑解决。第二,关于劳动是价值的创造者的辨析。他认为,劳动可以作广义和狭义理解。广义的劳动是指消耗人的脑力和体力以完成某项具体工作的活动,如家庭劳动、生产劳动、文学创作劳动等。狭义的劳动仅指经济领域内消耗人的脑力和体力、以经济价值为目的的活动。这样,投资活动、管理活动、生产加工、营销活动、会计活动、宣传保卫等都可视为劳动。在此定义之下,没有劳动加于事物之上,该事物只具有使用价值,不会具有劳动价值和交换价值。使用价值可以不需要与交换和劳动关联而独立存在,但交换价值反映的是事物的所有者之间的关系,劳动价值反映的是人的劳动和事物之间的关系,两者是相互依存而成立的概念。第三,关于价值度量的难题。认为使用价值的量度是通过物理的、化学的、机械的、感性的等指标或方法去测度的;劳动价值的量度是通过社会必要劳动时间来测度的;交换价值的量度需要运用货币尺度来测度,主要表现为买卖双方的协议。

劳动价值学说是对当前物本财务制度的反论:其一,重视劳动在生产中的作用是一种传统,从早期配第提出劳动决定价值的基本经济学原理到当代学者对劳动价值理论的微观研究,都详细论证了劳动创造价值的理论。毫无疑问,劳动能力决定劳动的质和量,因此,价值最终体现在人的劳动能力上。基于劳动能力之上的人力资本产权,其价值属性得到了很好的诠释,但现行财务制度下企业终极价值的体现——剩余收益权的分配仅仅赋予了物力资本产权所有者,人的劳动在价值终极分享上直接被忽视。其二,其他资源(如资本和土地等)仅仅提供创造价值的条件,但基于物力资源稀缺时代发展起来当前仍在使用的企业财务制度在人才稀缺的时代没有进行调整,仍以物为本,制约了企业对资源的有效配置。在现实生活中,劳动所创造的价值往往被物力资源的拥有者享有,这除了背逆了企业发展的客观规律之外,同时也反映了严重的社会不公平。因此,基于劳动价值学说的经济学理论基础,企业财务制度应当对企业产权进行重新配置。就目前来看,劳动的提供者同其他资源提供者一样享有剩余权益分配权,至少应享有不低于其他要素提供者所享有的权益。在知识经济时代,劳动在经济社会中的作用突出地表现在价值创造行为上,价值创造行为是劳动在知识经济时代的提升。劳动价值学说为劳动提供者分享企业剩余收益进行了经济学角度的阐释。进行价值创造行为的人,基于其人力资本产权享有企业剩余权益,是人本财务法律制度所需确立的重要制度之一,劳动价值学说是人本财务法律制度经济学角度的理论源头。

2.3.4 管理学基础

1) 两权分离与委托代理理论

现代社会是经济社会,公司是经济社会的集中体现。基于两权分离和委托代理理论所建立起来的现代公司治理制度带有先天的不足：即所有者和经营者利益的冲突。而人力资本产权理论也许是该先天不足的天然良药，理论的演进也逐渐证明了这一点。

两权分离又称伯利-米恩斯假说，它是指在现代股份公司的微观经营机制中，由于股权的分散性，企业的控制权和经营权已经转入专业的经营管理者手中，而所有者是吃红利的资金提供者，该制度本身并不能提供一种内在的激励机制，使经营者自觉维护所有者的利益，甚至可能导致两者利益的背离。徐国君认为，"所有权与经营权分离是社会实践的产物，是大规模生产的必然要求，而非有效管理公司的制度安排"。① 他认为，所有权和经营权的分离是产权分散不得已的结果，在这种现实情况下，建立基于人力资本产权意义上的新的所有权，让劳动者以产权主体的形式加入企业，让人力资本与物力资本因为增值的共同利益而结合，建立激励约束规则，可以建立新的意义上的两权合一。

委托—代理理论于 20 世纪 30 年代由美国经济学家伯利和米恩斯基于企业所有者兼具经营者的弊端而提出，其倡导所有权和经营权分离，企业所有者保留剩余索取权，而将经营权利让渡。委托—代理理论是现代公司治理的逻辑起点。委托—代理理论认为，随着企业规模的扩大，企业所有者由于其知识、能力和精力的局限，不能很好地行使其经营权利；同时，专业化分工产生了一大批专业代理人，他们有精力、有能力代理行使好被委托的权利，于是产生了委托—代理关系。但在委托—代理关系中，委托人追求自己的财富更大化，而代理人追求自己的利益最大化，这必然导致两者的利益冲突。为降低该冲突产生的危害，学者们又作了以下研究：第一，格罗斯曼和哈特、哈特和莫尔等共同创立的所有权—控制权模型。该理论认为，物力资本的所有权是控制权的来源，物力资本是维护企业稳定性的关键。随着知识经济时代的来临，人力资本成为企业价值增值的本原和动因，物力资本所有权至上束缚了新经济的发展。第二，针对上述问题，拉詹和津加莱斯提出了关键资源理论。他们认为，关键资源控制权是权利的来源，关键资源控制者决定企业资源配置的权利的分配。因为物力资本不是企业唯一的关键资源，所以权利不仅限于源自物力资本所有权。这些在那些以人力资本为企业核心资源的企

---

① 徐国君. 三维会计研究[M]. 北京：中国财政经济出版社，2003：38.

业表现得更为明显。第三,徐国君提出的委托—代理—自理理论。为了从根本上解决委托—代理关系带来的效率损失,徐国君认为,与其在委托—代理的圈子里苦苦寻找途径,不如采用解决所有权与经营权分离问题的思路,在此基础上设计一种新的制度安排,将"委托—代理"关系变成"委托—代理—自理"关系,将"代理问题"转化为"自理问题",将劳动者为他人劳动的心态调整成为自己劳动的心态①。

通过上述对两权分离和委托代理理论的简要回顾,可以看出:所有权与经营权的分离是现代企业治理过程中亟待解决的一个重要问题,而所有权与经营权的统一是其发展的一个必然趋势。人力资本产权理论赋予劳动者以产权地位,变"代理问题"为"自理问题",应当可以很好地解决由于所有权和经营权分离而产生的问题。而劳动者产权地位的确定、相应权利之间界限的界定以及如何对该权利进行保障救济等问题都需要通过立法解决。人力资本产权立法是颠覆现代企业治理模式的重要举措。

2) 激励理论

作为心理学术语,激励指的是持续激发人的动机的心理过程。从管理学的角度,激励指的是调动被管理者的积极性。如何调动被管理者的工作积极性一直是管理学理论研究的核心问题之一。一是泰勒的激励理论。该激励理论是建立在"经济人假设"基础上的,该理论认为,激励员工努力工作的方式主要依赖于"效用最大化"的经济诱因以及强制性的制度监督和处罚。二是基于"经济人假设"的不足而提出的内容型激励理论。该理论围绕"人到底追求什么"这一主题深入探讨人性而形成,包括:马斯洛的需要层次论、赫茨伯格的双因素理论等。三是过程型激励理论。过程型激励理论是行为主义学者围绕"人追求的目标如何影响人的行为并最终影响人的绩效表现的"这一主题探讨人性而形成,包括弗洛姆的期望理论和斯金纳的强化理论等。四是基于上述理论的片面而提出的综合激励模式。该理论包括波特—劳勒模型、迪尔模型和勒温的场动力论等。

可以看出,激励模式的发展正在沿着一个多层次、多种需要和自我实现的方向发展。徐国君认为:"激励的内在机制是事先定好规则,只要行为人达

---

① 徐国君.三维会计研究[M].北京:中国财政经济出版社,2003:44.

到了某个目标,他就会得到相应的回报。可见,激励的四要素是:规则、行动、目标和回报。对人性的尊重是激励的核心,绩效导向是激励的关键。因为没有前者,激励是无的放矢,不起作用;而没有后者,激励无法兑现。""另外,通常人们在谈激励时,一般是高地位的一方给予另一方激励,激励的作用'就在于使经理人员尽其所能地努力经营,其实质是将经营者对个人效用最大化的追求转化为对所有者效用最大化的追求。'那么,能否将外在激励变成自我激励呢?因为任何外在的激励都不如自我激励的作用大。将经营者对个人效用最大化的追求转化为对所有者效用最大化的追求,除非把经营者变成傻子,否则实难实现。"①由此可见,建立一种满足多层次、多种需要以及达成自我实现的自我激励模式,能更好地解决激励中所面临的问题。而人力资产产权的确立,将为自我激励模式的建立提供一种有效路径。

2.4　实践基础

2.4.1　人本财务的实践

人本财务是以行为要素为核心的企业资源管理。现代企业实践中有很多企业都作了相关的尝试,而且大多数都卓有成效。稻盛和夫的阿米巴经营经验和海尔集团的自主经营体经营经验等都是其中的典型案例。

1) 稻盛和夫的阿米巴经营经验②

稻盛和夫是日本著名的管理大师,其首创的阿米巴经营是企业管理学界的经典。阿米巴经营是以"人心"为基础开展的经营,其管理理念是基于稳固坚实的经营哲学和精细的部门独立核算之上的,目的是让企业每个员工都能同甘共苦、共同分担经营重任。具体做法是把企业细分成一个个"阿米巴"小集体,明确其职能,并从企业选拔阿米巴领导,阿米巴小集体是能应对市场变化的灵活组织。阿米巴经营就是以各个阿米巴的领导为核心让其自行制订

---

① 徐国君.三维会计研究[M].北京:中国财政经济出版社,2003:46.
② 稻盛和夫.稻盛和夫　阿米巴经营[M].北京:中国大百科全书出版社,2009:1-227.

各自的计划,并依靠全体成员的智慧和努力来完成目标。每位员工都是企业的主角,主动参与经营,实现全员参与经营。在经营过程中,运用阿米巴单位时间核算的方式核算阿米巴经营绩效,通过精细的部门独立核算管理机制准确掌握各阿米巴的经营状况,而且企业经营信息对所有员工都是透明的,每个人都能清楚地了解每个阿米巴的经营状况。

稻盛和夫凭借其独创的阿米巴经营模式创造了一个个企业经营界的奇迹。1959年,稻盛和夫创立京瓷公司,起初员工仅有8人。10年后,京瓷公司在日本股票市场上市交易。京瓷公司历经现代经济史上四次经济危机而仍然高速发展,成为全球企业界的神话,也是日本所有大企业中的唯一公司。1984年,稻盛和夫创立电信公司"第二电电"。京瓷公司和"第二电电"这两家公司均通过阿米巴经营模式飞速增长,现在都是世界500强企业。2010年2月1日,稻盛和夫临危受命,出任亏损额约1 800亿日元、进行破产重建的日航董事长,到2011年3月底共出任424天。稻盛和夫通过阿米巴经营对日航流程再造,1年创造了日航历史上空前的1 884亿日元的利润,成为2011年全世界航空公司中利润第一的公司。

2)海尔集团的自主经营体经营经验

海尔集团以满足客户需求、挖掘每位员工潜力为理念确立了"倒三角"的管理模式。"倒三角"管理模式以客户需求为起点启动企业流程,企业一线员工面对企业客户,每个员工都是自主经营体,以满足客户需求为己任,拥有自主经营的权力。管理层不再以发号施令为己任,依据员工自主经营的需要,为员工提供支持,并建立以自主经营体为主体的核算体系,通过损益表、日清表、人单酬表对自主经营体进行核算,激发员工创新动力,创造客户价值,实现客户、企业、员工多赢,企业完成经营目标的同时实现了自身的高薪酬。

海尔集团管理模式和经营模式的转变,取得了丰厚的业绩。2007—2011年,海尔集团利润复合增长率为38%,是收入增幅的2倍多,现金周转天数(CCC)为负的10天[①]。海尔集团已经成为全球白色家电第一品牌,正在成长为行业的引领者和规则的制定者。

稻盛和夫的经营模式和海尔集团的经营模式都摒弃了现行财务以本金

---

① 参见海尔官网(http://www.haier.net/cn/about_haier/)。

为核心的价值运行理念,转而投向以员工为本的价值运行理念,抓住了企业运行的主要矛盾,都取得了企业经营的巨大业绩。但是应当看到,无论是海尔集团还是稻盛和夫的企业,其所有者都仅仅是物力资本出资者,人力资本所有者是企业的"外人",企业员工凭借其强大的道德约束和相较于其他企业稍好的人文环境与薪酬待遇,在为他人的企业辛苦工作。上述经营模式的财务背景仍然是物本财务,物力资本出资者才是企业的主人。这种做法在遇到企业英明领导时可以暂时掩盖企业员工与企业主人的矛盾,但这只存在于稻盛和夫经营的企业及现在的像海尔集团这样的企业个体。企业员工凭借其企业核心资源——人力资本产权的出资,毫无疑问应当成为企业的主人,这应当以法律制度的形式确定下来,这是本书所倡导并致力解决的问题。

2.4.2　出资及权益分享实践

1) 人力资产产权出资实践考察

截至 2005 年年底,上海市工商局浦东新区就已核准人力资本出资企业 37 户,人力资本出资为 3 094 万元。2006 年 9 月,温州市诞生了首批 3 家人力资本出资入股公司,共有 6 名人才以自身的人力资本出资入股,成为企业的股东。2007 年,温州市开发区共引进高层次人才 8 名,又有 5 家企业申报,以人力资本出资入股的 7 名人才,共有专利 14 项,主持省、市级科研项目 13 项。

2) 股票期权制度

股票期权是指企业物质资本所有者对经营者实行的一种长期激励报酬制度,它赋予企业高级管理人员一种权利,可在预定的时间内以预订的价格购买一定数量的公司股票。该制度诞生于 20 世纪 70 年代的美国并迅速普及,几乎 100％的高科技公司、90％以上的上市公司都有股票期权计划。20 世纪 90 年代中后期,股票期权在欧洲、日本也迅速推开。我国实施股票期权最早的公司是深圳万科公司,于 1993 年开始。上海仪电控股公司于 1997 年开始推行股票期权计划。1999 年,北京市出台《关于国有企业经营者实施期股试点的指导意见》,并在 10 家企业进行试点,四通、联想、方正等公司也纷纷引入该制度。

3）员工持股计划

员工持股计划是指一种使员工投资于雇主企业从而获得长远收益的员工受益计划，由企业内部员工以多种形式出资认购本公司部分股权，并委托员工持股会作为社团法人托管运作，集中管理。美国员工持股计划起源于 20 世纪 20 年代国会立法通过的养老金计划。截至 2005 年，美国大约有 11 000 个公司实施了员工持股计划，参与员工高达 1 000 多万人。员工持股计划在其他国家推行得很快。日本企业的员工持股基金主要来源于每月工资的扣除、员工奖励、职工补贴等，而英国职工的购股资金主要来源于公司的税前利润。在我国，员工持股制度起源于 20 世纪 80 年代的浙江温州、台州和山东周村等地的股份合作制企业中的职工持股制度，在得到政府和社会广泛认可后迅速推广。至 1991 年年底，我国 2 751 家股份制试点企业实行了内部员工持股制度。1994 年，国家体改委叫停了内部职工股的发行，但是员工持股制度仍然在企业中不断尝试和创新。目前，我国存在上市公司员工持股、定向募集公司员工持股、民营企业员工持股、股份合作企业员工持股等多种员工持股形式。

4）利润分享制度

利润分享制度是一种薪酬激励形式，它使员工薪酬的多少与企业利润直接相关，是员工参与企业税后利润分配的一种形式。目前，国外利润分享制度多采用以下三种形式：一是递延式利润分享。这种形式在法国、美国、新加坡都曾实施过，并延续至今。二是直接现金式利润分享。这是美国传统的利润分享形式。三是股票分配式利润分享。按一定标准以股票形式进行分配，但分配的必须是本公司或母公司的股票。利润分享制度作为我国薪酬设计的重要组成部分，日益受到各类企业的重视，多体现在以奖金为核心的福利制度中。目前，股票分配式利润分享、养老保险式利润分享等新形式也在企业中被大量应用。

5）管理层收购

管理层收购是公司管理层通过收购其所在的公司来达到控制公司，从而解决其内在激励的问题的目的。管理层收购于 20 世纪 70 年代发源于英国。90 年代，管理层收购作为减少公司代理成本的可行手段被美国的许多高新技术企业广泛采用。我国已有多家管理层收购的案例,其中民营上市公司成为先行者。国企改革采用管理层收购的方式导致了大量国有资产的流失,2005年,国资委、财政部叫停了大型国企的管理层收购。管理层收购的本质仍然是货币出资,其人力资本并不直接形成股权,出资金额最终来源于已提前形成的股权收益表示的人力资本租金。

6) 虚拟股票方案

虚拟股票市值公司授予激励对象一种虚拟的股票,激励对象可以据此享受一定数量的分红权和股价升值受益,但没有所有权和表决权,不能转让和出售,在离开企业时自动失效。美国的玫琳凯公司于 1985 年最早运用虚拟股票以应对公司销售额下降、财务困难等危机。20 世纪 90 年代以后,虚拟股票成为美国等发达国家上市公司和非上市公司广泛采用的薪酬激励方式。1999 年 7 月,上海贝岭正式推出虚拟股票期权计划,成为我国最早实施虚拟股票的上市公司。

2.4.3 立法实践

1) 国外法律

关于劳务出资,从世界各国出资方式的立法来看,大陆法系国家和英美法系国家有显著的不同。大陆法系国家奉行法定资本制,对出资方式的规定通常比较严格。比如,德国原则上所有可以移转的非现金财产都可以作为非现金出资,但其实行严格的现物出资检查制度,严格限制能够代替现物出资的各种手段,明确规定"现物出资或现物接受只能是可以确定经济价值的财物,劳务不能算作现物出资或现物接受"。法国公司法对现物出资的评估有严格的规定,要求公司章程必须载明对每笔现物出资所作的评估,经股东一致同意指定或由法院裁决任命评估员,评估员对实物出资的价值进行评估并对此负责,但对现物评估的决定性结论则由创立大会做出,体现了公司自治的特色。日本的规定与德国大致相同。韩国商法明确规定了有限责任股东不得以信用或劳务出资。建立在"真实价值"规则和"善意"规则基础上的英美法系国家,其出资方式的规定则宽松了许多。比如,美国《模范商事公司法》第 6.21 条第 2 款规定:"董事会授权发行股份可以采取的对价形式,包括任何有形的、无形的财产或可以使公司享有的利益,包括现金、本票、已经提供的劳务、劳务提供合同或公司的其他证券。"《加拿大商业公司法》规定,取得股份的对价包括现金、支票、有形或者无形的财产,或者先前提供的服务。非现金(财产或者服务)出资的价值通常被认为仅关乎董事会成员确定其价值时的善意判断,但许多州认为,一旦发生诉讼,则价值成为由陪审团决定的事实问题。但在大多数州,提供未来服务、利益的合同和期票并不是取得股份的好的对价。但是可能有许可这种未来对价的趋势。《英国公司法》第99~107条规定了股东的出资形式。公司发行的股份和股份溢价,可以以现金或具有金钱价值的非现金财产(包括商誉和知识产权)支付。但具体规定却分封闭公司与公众公司而有不同的立法要求。公众公司对于股份对价的类型要求更为严格:禁止公众公司接受任何人以提供劳务的承诺作为股份对价或者作为股份溢价的对价。

2)国内立法

我国2006年1月1日起施行的新《公司法》第27条规定:"股东可以用货币出资,也可以用实物、知识产权、土地使用权等可以用货币估价并可以依法转让的非货币财产作价出资;但是,法律、行政法规规定不得作为出资的财产除外。"同时《公司登记管理条例》第14条第2款规定:"股东不得以劳务、信用、自然人姓名、商誉、特许经营权或者设定担保的财产等作价出资。"

劳务出资,目前在负有无限责任的企业中已经没有什么问题。如我国《合伙企业法》第16条中规定:"合伙人可以用货币、实物、知识产权、土地使用权或者其他财产权利出资,也可以用劳务出资。合伙人以劳务出资的,其评估办法由全体合伙人协商确定,并在合伙协议中载明。"劳务出资目前在公司法里还不被允许。

知识产权等无形资产的出资实际上也经历了一个过程。我国1993年《公司法》第24条规定:"股东可以用货币出资,也可以用实物、工业产权、非专利技术、土地使用权作价出资。对作为出资的实物、工业产权、非专利技术或者土地使用权,必须进行评估作价,核实财产,不得高估或者低估作价。土地使用权的评估作价,按照法律、行政法规的规定办理。以工业产权、非专利技术作价出资的金额不得超过有限责任公司注册资本的百分之二十,国家对采用高新技术成果有特别规定的除外。"该规定要求无形资产的出资额不得超过注册资本的 20%。而随着经济发展的要求和企业的现实需要，2005 年修订后的《公司法》相应条款也放松了要求，如其第 27 条规定："股东可以用货币出资，也可以用实物、知识产权、土地使用权等可以用货币估价并可以依法转让的非货币财产作价出资；但是，法律、行政法规规定不得作为出资的财产除外。对作为出资的非货币财产应当评估作价，核实财产，不得高估或者低估作价。法律、行政法规对评估作价有规定的，从其规定。全体股东的货币出资金额不得低于有限责任公司注册资本的百分之三十。"依据该规定，无形资产的出资比例限制已经由 20%上升到了 70%。而 2014 年修订的《中华人民共和国公司登记管理条例》进一步放宽了该政策，不再限制股东的货币出资比例，即意味着股东可以根据企业经营的实际情况来决定无形资产的出资比例。

另外，新《公司法》还增加了职工持股计划的相关规定，如其第 143 条规定："公司不得收购本公司股份。但是，有下列情形之一的除外：……（三）将股份奖励给本公司职工；……"职工作为持股的对价不是货币或其他实物资产，实际仍然是劳务，只不过是"高质量"的劳务而已。

各地也先后制定了地方规范性文件来构建人力资本出资的法律框架。2005 年，上海市工商局为制定《浦东新区人力资本出资试行办法》①，贯彻国家人才战略，允许用人力资本向企业出资，以促进浦东新区的发展。该文件共10 条，围绕人力资本的定义、出资限额、出资评估和出资的规制几个方面构建了人力资本出资的法律框架。主要条款比如："一、人力资本的定义：指依附在投资者身上，能够给公司带来预期经济效益的人才资源，通过法定形式转化而成的资本。表现为：管理人才、技术人才、营销人才的知识、技能、经验等。""二、在浦东新区范围内登记注册的有限责任公司和股份有限公司（不含外商投资企业），属于以金融为核心的现代服务业、以高新技术为主导的先进制造业、以自主知识产权为特征的创新创意产业的，可以人力资本作价投资入股。以人力资本作价出资的金额不得超过公司注册资本的 35%。公司'营业执照'的注册资本栏中应注明货币出资的数额。""四、以人力资本出资登记的，股东应当将人力资本的出资方式、作价方式以及其他股东对人力资本出资部分承担连带责任等事项在公司章程中予以载明。""九、公司清算时，股东以其出资额为限对公司承担责任，公司以其全部资产对公司的债务承担责

① 参见：http://www.registerjz.com/news/? /528.html。

任。"2006 年,温州市也制定出台《温州市人力资本出资登记试行办法》和《温州市人力资本出资入股认定试行办法》支持人力资本较为集中及科技含量较高的先进制造业、现代服务业和创新创意性产业的发展。这两种试行办法与上海的规定有所不同。上海规定人力资本出资必须先经法定评估机构进行价值评估,然后经有权部门批准后向企业投资入股;有人力资本出资的企业的注册资本不能低于人民币 100 万元,且人力资本出资比例不能超过企业注册资本总额的 30%;人力资本不得重复入股,有人力资本出资形式的企业可以对外投资;人力资本出资股东通过协议与非人力资本出资股东明确双方权利和义务,而且非人力资本出资股东应当对人力资本出资的部分相关债务承担连带清偿责任。此外,深圳、江苏和青海都做相类似的规定,为今后人本财务法律制度体系的推出提供了宝贵的经验。

3 人本财务法律制度框架设计

价值取舍是任何法律制度构建时首先要考虑的重大问题,价值是法律制度设计的动力和原因。法律制度上的大量问题首先便是价值的问题,法律制度设计的失误首先便是制度的价值取舍出现了失误。现行财务法律制度的根本问题是其价值的问题。人本财务法律制度对传统财务法律制度的颠覆首先是价值观的颠覆,建立顺应经济社会发展的价值观体系是构建人本财务法律制度框架的基础。

3.1 人本财务法律制度价值考量

"法的价值是立法的思想先导,严格意义的立法活动都是在一定法的价值观指导之下的国家行为。"[1]法的价值的确认是法律制度设计的前提。进行人本财务法律制度研究先要对它的价值进行探讨。传统财务活动是企业经济活动的核心活动,其价值理念是基于"效率优先、兼顾公平"的考量,将公平与效率置于同一价值位阶。但是,公平是效率的基础,没有公平的效率是不能长久的,公平是企业价值运行的基石。人本财务认为,企业员工天生是企业所有者,将人力资本产权所有者纳入企业所有者范畴,是实现企业价值目标的基础。"效率优先,公平为本"应当成为人本财务法律制度的核心价值观。

3.1.1 法律元价值的思辨

1)法律价值体系的解读

价值,从广义的角度来解读,指的是用途或积极作用[2],可以理解为事物

---

① 卓泽源. 论法的价值[J]. 中国法学,2000(6):33.

② 中国社会科学院语言研究所词典编辑室. 现代汉语词典[M]. 北京:商务印书馆出版,2005:658.

对其主体的有用性,具体可以表示事物所具有的对主体有意义的、可以满足主体需要的功能和属性。法的价值就是法这个事物或客体对满足个人、群体、社会等主体需要的积极作用。一种法律制度有无价值、价值大小,归根结底取决于这种法律制度能否满足一定主体的需要和主体满足的程度。法律制度的价值是法律制度对主体的作用,该法律制度是否具有可以满足主体的需要的功能和属性。从法律的本源上来看,法律起源于人们之间发生矛盾时的定纷止争的需要,迄今为止,学者们认为法律制度的价值不是单一的,包括公平、效率、秩序和自由等在内的价值构成的体系是大多数学者公认的法律制度价值体系。

公平,即公正、平等。基于立场和观察角度的不同,对公平的理解会有所不同,很难达成一个普适性的定义。法理学者卓泽渊认为公平主要有以下几种理解[1]:其一,公平指一种德行,引导人们避免彼此伤害和受害的互利的约定;其二,公平意味着各得其所,即根据每个人的品质、才能、地位、身份以及贡献分配机会、财富和权利(权力),使每个人获得其应得的东西;其三,公平意味着一种对等的回报;其四,公平指一种形式上的平等,即给予属于同一范畴的人同样的对待;其五,公平是某种"自然的",从而也是理想的关系;其六,公平指法治或合法性;其七,公平指一种公平的体制,即建立一种体制调整人们之间的关系及行为,以使人们生活得更好。这些关于公平的观念都是从不同的角度所揭示的公平的内涵,而且公平的含义也是变化的,不同的时空条件下其注解会有所差异。但这些不同的理解会有一个底线:在现代社会中体现在对人的尊严的尊重。我国践行和谐社会过程中提出"人要有尊严地活着"是对公平理念的最好的诠释。

效率的价值是一个经济上的理念,是经济社会中人们对法律的特殊需要。效率在经济学上通常指的是资源配置的效率和收入分配的效率。资源配置的效率即优化资源配置,基于价值最大化的理念,将有限资源配置到最有效率的位置上去,这是对效率的基本理解。收入分配的效率指的是收入分配方式应当有利于调动积极性,提高效率,实现价值最大化。经济社会中立法时在某种程度上要注重强调法律对效率的作用。

秩序是法律的表现形式,也是法律所要达到的目的。设立法律制度,就

---

① 张文显.法理学[M].北京:高等教育出版社,2004:410.

是为了建立一种确定的、连续的和一致的规则,达成人们之间关系的稳定,形成一种相对安全的社会体系。这种规则的存在,是人类社会延续的前提。自由是"带着镣铐的舞蹈",是一个与秩序相应的价值属性,普适性的自由是建立在秩序基础之上的。秩序是形式,自由是实质,通过法律建立的秩序是自由的保障。

2)公平——法律的元价值

元,在此处可以做两种解释:其一,根本,根源。《吕氏春秋·召类》:"爱恶循义,文武有常,圣人之元也。"[1]《论衡·对作》:"《易》之乾坤,《春秋》之元,杨氏之玄,卜气号不均也。"[2]其二,指万物之本。《春秋繁露·重政》:"元者,为万物之本。"[3]元价值,即根本价值、本来价值。法律的元价值是法律价值体系中的王者,是其他价值属性基础。公平的理想状态是主体之间权利和义务的平衡,法律的公平状态就是法律主体权利和义务找到一个合适的均衡点,达到相对公平。权利和义务不能达到平衡的法律,必然会引起主体之间的冲突。一般来讲,冲突通常会导致双方妥协,权利和义务重新达到平衡。因此,从这个角度来说,公平是法律的灵魂,也即公平是法律的元价值。

其一,公平意味着依据每个人的品质、才能、地位、身份和贡献分配机会、财富和权利(权力),这同时也是资源配置效率和收入分配效率的内涵,公平是效率的前提。

其二,公平是指一种体制,通过这种体制确立人们之间相对稳定的权利和义务关系,调整人们之间的关系及行为,使人们和谐相处、生活得更好,这本身就是秩序的终极体现。

其三,公平是一种引导人们避免彼此伤害和受害的互利的相互妥协的一种约定,是某种"自然的"而且理想的关系,这同样描述了一种理想的、自由的状态。这种理想状态实际是一种主体之间的认同与妥协,是一种对群体存在状态认可情况下对自身权利的相对限制,坚持公平的价值理念同时应不陷入绝对公平的误区。

---

① 冯国超.吕氏春秋[M].长春:吉林人民出版社,2005:322.
② 蒋祖怡.王充卷[M].郑州:中州书画社,1983:130.
③ 余源培.哲学辞典[M].上海:上海辞书出版社,2009:75.

综上,公平的理念是法律制度的灵魂,浸透在法律制度的角角落落。没有公平,意味着效率是无本之木,公平的缺失必然会导致秩序的混乱,损害公平也不可能有自由的实现。公平是法律制度的元价值,是其他价值属性的基础。

3) 人力资本产权与公平

现代社会,对人的尊严的尊重是公平的底线。人力资本产权是人的价值体现,是人本经济社会最珍贵的资源。人力资本产权是人本经济社会人的尊严的基础,是实现公平的制度基础。

公平的理念里包含着资源配置、各得其所的意思。人力资本产权长期以来没有得到确认,甚至都没有被放到一个与物力资本产权相对等的位置,人力资本产权只是物力资本的附庸而已,这与人力资本产权的地位与贡献是不符的。人力资本产权在经济社会资源中没有被放到一个合适的位置上,人力资本产权的所有者没有得到应有的权益,这不符合公平的价值理念,从长远来看,这会影响经济社会进步的效率,破坏社会的秩序,损害人的自由发展。人力资本产权是现代经济社会长治久安的基础,我们亟待设计一套完善的制度体系来解决因人力资本产权缺失而导致的社会问题。

3.1.2　现行财务法律制度的价值探求

人们总是基于特定的目的来设计特定的制度,制度总是发挥这样或那样的作用来满足人们需要的,即制度对人们总是有这样或那样的价值的。现代财务法律制度中并没有一个明确的关于其价值的阐述,我们只能从相关的理论研究中来寻找。

1) 现行财务法律制度价值探求

现代财务理论没有对财务法律制度价值的研究,现代财务理论中最接近对其价值的阐述的可能就是财务的目标了。根据《现代汉语词典》的解释,目标指的是想要达到的境地或标准[①]。根据上文可知,价值指的是用途或积极

---

① 中国社会科学院语言研究所词典编辑室. 现代汉语词典[M]. 北京:商务印书馆出版,2005:971.

作用,从财务法律制度这一具体事物上来看,财务法律制度价值指的是财务法律制度的用途,财务法律制度目标指的是有权制定财务法律制度的主体希望通过财务法律制度达到的境地或者说满足主体的特定需要。两者的关系可以从事物及与事物发生关系的主体来解析,价值是事物的用途,目标是主体想要达到的需要,因此,目标可以看作是基于事物的价值所满足的需要,价值是目标的客观依据,目标是根据价值所做的主观判断。从这个角度来看,我们可以根据财务法律制度的目标来探求财务法律制度价值,财务法律制度价值是财务法律制度目标的客观依据。

财务法律制度的目标是通过规范财务活动、调整财务关系,以更好地实现财务目标,财务目标是财务法律制度的终极目标。主体财务活动的目标通常包含主体希望通过财务活动达到什么标准,从而满足主体的需要。因此,从这个角度来看,现行财务法律制度的目标与现行财务的目标具有等价性。财务的目标即人们希望通过财务达到的目标,并以此来满足自身的需要。财务的目标一直是学者们争论的热点,它决定着现代财务理论发展的方向。迄今,比较有代表性的有四种观点:利润最大化、股东财富最大化、企业价值最大化和利益相关者财富最大化。

利润最大化指的是企业利润(即企业新创造的财富)最大化。利润越多,代表企业的财富增加得越多,越接近企业财务管理的目标。股东财富最大化指的是通过财务上的合理经营,为股东创造最多的财富,实现企业财务管理目标。企业价值最大化指的是采用最优的财务结构,同时考虑资金的时间价值以及风险与报酬的关系,使企业价值达到最大,实现企业财务目标。利益相关者财富最大化指的是现代企业的组成不仅限于股东,是一个由多个利益相关者组成的集合体,财务管理目标应从利益相关者这一更广泛的角度出发来组织财务活动、调整财务关系,使利益相关者的财富最大化,实现企业财务目标。我们通过上述现代企业财务目标的研究来切入企业现行财务法律制度价值可以发现,无论是利润最大化、股东财富最大化、企业价值最大化的财务目标,还是利益主体更趋于泛化的利益相关者财富最大化财务目标,都贴上了"效率优先"的标签,利益最大化是利益主体的首要追求。从财务目标的这四种观点来看,无论哪种观点,尽管其最终都是或者利润或者价值或者财富(以下统称为"利益")最大化,但是利益的主体却发生了变化,从单一利益主体逐渐走向利益主体多元化。在上述财务目标中,如利益相关者财富最大

人本财务法律制度

062

化目标中,企业所有者基于公平与效率的考量,在利益分配上对企业不同资源提供者逐渐有所考虑,在为实现更大的企业效率的同时兼顾了对企业不同资源提供者的公平对待。从这些财务目标背后的财务活动来看,包括企业的筹资、投资、资本运营和企业最终的剩余权益的分配等,这些活动都是基于物力资本产权所进行的活动,主体财权的取得有赖于其背后所掌控的物力资本产权的大小。无论财务目标怎么变化,财务制度并没有发生根本性的变化,财务仍然是由企业物力资本产权所有者驾驭、以企业物力资本产权所有者的利益为根本利益的财务。这在知识经济时代,已经成为以人力资本产权为根本特征的现代企业发展的桎梏。由此可见,决定现行财务目标的财务法律制度价值被"物力资本产权至上"这种畸形的理念所扭曲,将人力资本产权置于从属地位,没有解决企业核心资源的公平对待问题,现行财务法律制度价值只是一个相对完善的追求"利益最大化"的、对企业物力资本产权相对公平、忽视了人力资本产权的公平对待的制度体系。

在这样的价值理念指导下,现行财务法律制度中企业人力资本产权所有者没有分享企业剩余权益的权利,制度设计中没有或很少考虑人力资本产权所有者的权益的保障,人力资本产权主体附属于企业物力资本所有者,在企业中没有独立的主体资格。鉴于企业财务利益主体的片面性(企业人力资本产权所有者附属于物力资本产权所有者),上述所有财务目标中的利益最大化都偏离了市场经济资源贡献大小与收益分配相匹配的基本原则,在知识经济背景下这一现象表现得尤为突出。在这一企业人力资本产权所有者被排除在企业所有者主体之外的前提条件下,企业最可贵的人力资本产权的配置机制严重失衡。企业人力资本产权所有者对公平的忽视是现行财务法律制度的主要缺陷。

随着经济社会的飞速发展,物力资本产权和人力资本产权的地位在知识经济时代发生了颠覆性的变化,现行财务法律制度没有或很少考虑人力资本产权所有者权益的保障的现实需要发生改变。企业的最终财务目标的实现,需要以人力资本产权为核心进行产权制度设计,现行财务制度是一种舍本求末的物权制度设计。建立在公平产权制度之上的企业产权主体利益最大化应当是人本财务法律制度的价值追求。现在已经有越来越多的企业通过各种制度设计来改变人力资本产权的不公平对待的现状,从而进一步释放企业人力资本产权的活力。基于新的产权架构之上的财务法律制度价值需要重新进行设计。

2）我国政策对财务法律制度价值的影响

国家政策通常是指执政党在治理国家过程中为实现一定目标而做出的政治决策。执政党的政策对法律的制定和实施能够产生的影响，国家的政治体制决定政策影响法律的程度。在我国，党的政策和法律在目标、原则、指导思想等很多方面都是高度一致的。因此，党的政策在过去常常取代法律发挥作用，自新中国成立之初、党的十一届三中全会之前，当时由于我们国家法律制度不健全，主要依靠党的政策来治理国家。

随着党的治理水平的提高，党的十五大提出"依法治国，建立社会主义法治国家"的战略方针，执政党将其政策通过立法加以落实，从而对国家进行有效治理。但与此同时，在法律缺失的地方，仍然是政策在发挥着实际的治理作用。

1993年，党的十四届三中全会通过的《中共中央关于建立社会主义市场经济体制若干问题的决定》提出了在社会主义初期阶段，我国实行"效率优先、兼顾公平"的收入分配政策，收入分配是经济活动的动因与目的，"效率优先、兼顾公平是我国社会主义市场经济体制确立的一个兼容经济的、政治法律的以及伦理道德的基本原则"①。这是我国社会主义市场经济的指导原则，是经济领域立法的基本依据。包括财务法律制度在内的相关经济法律制度，在立法精神上贯彻这一原则，"效率优先、兼顾公平"实际上是现行财务法律制度的价值基础。

3.1.3 "效率优先、兼顾公平"的辨析

1）"效率优先、兼顾公平"的解读

"效率优先、兼顾公平"是我们党根据改革开放初期我们国家贫困、落后的国家形势，而制定的发展社会主义市场经济的一项长期政策。其基本思想是大力发展经济，打破平均主义的束缚，鼓励一部分地区一部分人先富起来，走共同富裕的道路。

"效率优先"，无条件发展经济，经济发展优先，效率优先。"兼顾公平"，公平价值旁落，与效率冲突时，为效率让步，效率与公平地位不对等。

---

① 宋才发."效率优先、兼顾公平"是社会主义市场经济的基本原则[J].攀登，1995(5):36.

2）"效率优先、兼顾公平"的问题

"效率优先、兼顾公平"政策的落实,发挥了一定的作用,在短期内刺激我国经济的迅速发展。但随着经济的畸形发展,无公平的效率带来了很多社会问题:其一,社会贫富分化严重。"效率优先、兼顾公平"导致"效率有余、公平不足",国家也没有做好"兼顾公平"的本职工作。其二,为效率而效率,为效率不择手段,违法乱纪、社会腐败问题严重,基于"效率优先"的考虑,国家往往保持宽容。其三,以污染环境等牺牲国家和民族长期利益为代价来保证"效率优先"。

3）"效率优先、兼顾公平"的反思

为解决"效率优先、兼顾公平"带来的严重问题,党的十七大指出,"初次分配和再分配都要处理好效率和公平的关系,再分配更加注重公平"。这种政策只是针对社会贫富分化严重的补救,并没有把握问题的实质。

前文已经述及,效率与公平两种价值属性不应当属于同一价值位阶,公平是效率的基础。"效率优先、兼顾公平"的理念把效率与公平放在同一平台,导致效率失去了公平的内涵,背离了效率价值的本意,肯定不能发挥应有的作用,甚至导致严重社会问题的出现。我国经济发展过程中出现的一些问题一再证明了这一观点。

3.1.4　"效率优先、公平为本"价值理念的塑造

"效率优先、公平为本"的基本意思为经济发展以公平为基础,效率优先。其引申义为当效率与公平价值冲突时,效率应服从公平。

1）"效率优先、公平为本"的经济学解读

经济学中帕累托最优状态可以很好地阐述公平与效率的这种关系。帕累托最优是以提出这个概念的意大利经济学家维弗雷多·帕雷托的名字命名的。帕累托最优状态是资源分配的一种理想状态,在这种状态下,在没有使任何人境况变坏的前提下,不可能再使某些人的处境变好,即不可能不使任何其他人受损,而改善某些人的境况。帕累托改进是指既定的资源配置状态能够在其他人境况不变坏的前提下,通过重新配置资源,使得至少有一个

人的境况变好。帕累托改进是达到帕累托最优状态的路径和方法,帕累托最优状态也即不可能再有更多的帕累托改进的状态。

帕累托最优状态是经济效率的代名词。经济学理论认为,一个经济社会如果能满足帕累托最优状态,这个经济社会就是具有经济效率的;反之,不满足帕累托最优状态的经济社会就一定是缺乏经济效率的。在帕累托最优状态下,主体之间的利益达到了均衡,即任何一个主体的权利都没有受到损害,这是一个相对公平的状态,这种状态下经济效率最优,最优经济效率建立在公平状态的基础上。因此,经济学上常称帕累托最优状态是公平与效率的"理想王国"。

2)"效率优先、公平为本"的现实表现

效率价值在经济社会中通常体现在两个领域:资源配置与收入分配。效率价值的实现要建立在公平价值之上。

有效的资源配置应坚持以公平为基础,把资源按照其价值增值的能力和贡献分配,资源配置的效率价值理念不能背离公平。首先,要将有限资源配置到最有效率的地方,依据资源的效能和贡献来提供机会是公平的集中表现;其次,资源配置的效率不能牺牲国家与民族的长远利益,影响经济和社会的可持续发展;再次,资源配置的效率不能不择手段,以牺牲他人利益为代价,应当在法律的框架下、在公平原则的指导下进行资源配置。

收入分配要考虑很多标准,依据贡献的大小来进行分配是收入分配的基础标准。按照前面的分析,依据贡献进行分配既是公平的要求(使每个人获得其应得的东西),又是效率的要求(收入分配的效率指的是收入分配方式应当有利于调动积极性,提高效率,实现价值最大化)。从经济学的角度来看,效率缺乏公平的支撑(即一人效用增加另一人效用减少),会导致经济效率的降低。从收入分配领域来看,公平仍然是效率的基础。

3)人本财务法律制度的价值诉求

知识经济时代,人力资本较之物力资本而言对经济的发展起着决定性的作用,从这个角度而言,无论在资源配置中抑或在收入分配中,人力资本都应当居于核心地位。在现实中,在陈旧的物本产权制度下,只有物本产权才是资源配置和收入分配的依据,人力资本所有者的权益被物力资本严重侵蚀,破坏了经济社会均衡的发展条件,影响了经济发展的效率。显然,旧观念已经制约了经济的发展,效率要求我们恢复均衡,给人力资本以公平的经济地位,公平的恢复才会带来经济高效的发展。

人力资本产权的法律地位的确认,至少赋予人力资本产权与物本产权同样的法律地位,这是经济效率对社会公平的要求。从长期来看,要提高经济效率,必须实现社会公平。"效率优先、公平为本"是知识经济时代的价值基础。

人力资本产权在财务法律制度中的引进,首先是为了通过立法,使人力资本产权在资源配置和收入分配中具有与物本产权至少同等的地位;其次是为了通过会计核算,对人力资本产权进行量化,搭建相对公平的人力资本产权体系。财务法律制度作为经济制度中的核心产权制度,是人本经济时代对产权制度的迫切需求。在"效率优先、公平为本"的价值理念的指导下,建立完善的人力资本产权财务法律制度体系,给人力资本产权以公平经济地位,以取得经济社会的高效发展。

3.2 人本财务法律制度框架的设计思路

本书所论述的人本财务法律制度是一套基于法律体系的视野、以人力资本产权为主线的、自上而下的产权法律制度体系。该制度体系以"效率优先、公平为本"为价值指导。在这套产权法律制度体系中,人力资本产权的宪法保护位于上位法的顶端,统领下位法的相关规定。宪法层次的相关规定揭示的是经济社会的权利保护的主旋律,已解决了当下社会的权利公平问题。人力资本产权的财产法律规定是民事基本法的有效组成部分,主要规定关于人力资本产权的最基本的权利与义务关系,以解决民事社会的和谐、稳定。公平是其基本的价值理念,是实现社会稳定的基本依据。企业使用人力资本产权需要有建立在人力资本产权民事基本法律规定基础上的商事产权法律制度的直接支持。商事主体以营利为目的,效率是其基本追求。同时,民事基本法是商事产权法律的依据,公平是效率的前提。人本财务技术法律制度是在商事产权法律的支持下,财务主体以企业人力资本产权要素为核心要素进行的价值活动所需遵循的技术规则。人力资本产权财产法律制度体系是一套产权制度设计,制度设计意味着权利与义务复杂的配置关系。基于人力资本产权的特殊属性,以人力资本产权市场为平台构建的人本财务保障法律制度是人本财务法律制度的基本保障。

在我国立法实践中，法律依据制定机关的不同，拥有不同的法律效力。基于此，笔者也将财务法律制度分成以下几层：第一层是宪法层次的立法，由我们国家的最高立法机关——全国人民代表大会制定，宪法处于我国法律体系的最顶端，主要对我国经济生活、政治生活、社会生活中不同主体拥有的权利进行概括性的规定。此外，宪法还对国家政治制度、经济制度、国家组织机构等进行了规定，是国家的根本大法，具有最高的法律效力。第二层是狭义的法律层次的立法，主要指的是全国人民代表大会制定的《宪法》之外的其他法律，在国家《宪法》统领下拥有仅次于宪法的法律效力。第三层是全国人民代表大会常务委员会制定的法律，具有仅次于全国人民代表大会所立法律的效力。第四层是国务院及财政部等相关部委制定的行政法规及部门规章，行政法规及部门规章的制定依据是全国人民代表大会及其常务委员会所制定的法律。会计史学专家郭道扬在其所著的《会记史研究》（第二卷）的会计法律制度史研究中对会计法律制度有过界定："会计法律制度是指调整经济关系中有关的各种会计法制规范的总称，……本讲中对会计法律制度体系的研究，系以产权法制建立为主线，以产权方面的法律制度的统驭关系作为确定会计法律制度体系层次的依据，既主要研究会计、审计方面的专门法规，而又相关联地研究'宪法'中的'权利法案'与民商法、经济法方面的主要法律制度。"①财务活动是会计活动反映的主要对象，本书的研究受郭道扬的启发，将人力资本产权纳入财务法律制度体系，以人力资本产权法制建立为主线，以人力资本产权方面法律制度的统驭关系作为确定财务法律制度体系层次的依据，既主要研究财务方面的专门法规，又相关联地研究宪法中的权利法案与民商法、经济法方面的主要法律制度，基于人力资本产权的角度研究人本财务法律制度。

几个层次的财务法律制度是规制企业财产和保护股东权益的制度体系，财务制度隶属于产权制度，是关于企业财产运营的制度。产权制度是财产权利的制度，具体规定了财产的种类与依附之上的主体之间的权利和义务，并界定了相对于财产的主体之间行为的界限，包含财务制度在内的产权制度是经济社会最根本的法律制度。产权制度是人们基本权利的基础，需要包括宪法在内的国家根本法进行明确而又严格的规定。

---

① 郭道扬.会记史研究（第二卷）[M].北京：中国财政经济出版社，2004：1.

因此,人本财务法律制度构建以人力资本产权为基础。在整个产权法律制度体系中,人力资本产权作为一种新出现的财产,需要法律自上而下对其进行清晰的规范,从而为人本财务的实践提供法律依据。本书基于产权的角度对我国人本财务法律制度进行了梳理,以宪法为统领,以人力资本产权为主线,以企业法律制度为支持,以人力资本产权市场相关制度为保障,以人本财务技术法律制度为基石,构建人本财务法律制度。

3.3 人本财务法律制度框架的设计内容

借鉴郭道扬的产权会计法律制度体系的建设构想[①]和我国财务法律制度的立法实践,笔者构建了人本财务法律制度逻辑框架,如图3-1所示。

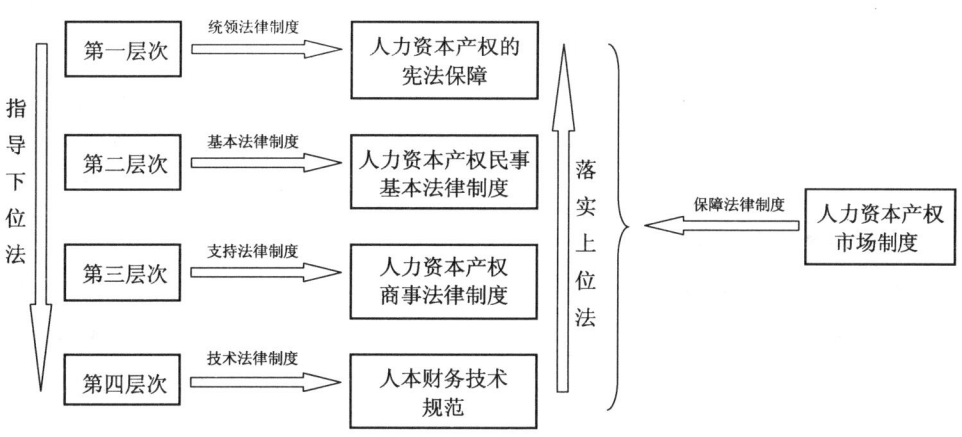

图3-1 人本财务法律制度逻辑框架

从图3-1中可以看出,人本财务法律制度框架由四个层次的法律组成:

第一层次是人本财务统领法律制度——人力资本产权的宪法保障。宪法是权利法案,其任务主要是对重要权利进行原则性的规定。在人本财务法律制度逻辑框架中,宪法及其相关法律制度起着统领和指导下位法的作用,人力资本产权应当在宪法中被规定,人力资本产权的宪法保护人本财务法律

---

① 郭道扬.论产权会计观与产权会计变革[J].会计研究,2004(2):8-15.

制度体系中最高层次的规定。

第二层次是人本财务基本法律制度——人力资本产权民事基本法律制度,它是现行财产法律制度的拓展。在人本财务法律制度逻辑框架下应当规定人力资本产权的确认与种类,规定人力资本产权的权利主体和义务主体,规定人力资本产权保护与限制的界限与方式、方法,最终达到对人力资本产权进行资源配置、提高经济效率、实现公平的目标。

第三层次是人本财务支持法律制度——人力资本产权商事法律制度,它包含企业出资制度、企业治理制度、企业资本退出制度和收益分配制度等。将人力资本产权作为核心资源引进财务法律制度体系,企业相关法律制度应当在上述方面作相应调整来支持企业人本财务法律制度的实施。

第四层次是人本财务技术法律制度——人本财务技术法律规范,它以人本财务规则为核心,应当对人本财务机制、人本财务管理体制、人本财务活动进行规则设计,是人本财务法律制度最终实施的技术手段。

上面四个层次的人本财务法律制度依靠人本财务保障法律制度——人力资本产权市场制度来保障实施。人力资本产权具有社会性和主动性等特殊属性,需要与物力产权不同的法律制度来进行保障,以人力资本产权市场为平台打造的包含征信制度、职业保险制度等在内的制度体系是人本财务法律制度实施的有效保障。

一般来说,上位法是抽象性的、原则性的规定,上位法是下位法立法的依据;下位法是具体的、可操作性的规定,下位法是上位法落实的保证。财务法律制度的研究与设计应当从上位法中寻找其法律依据,据此在法律体系中摆正自己的位置。

法律具有广义和狭义两种解释,狭义的法律专指由全国人大及其常委会制定的法律,其他立法部门所制定的法律分别称为法规、规章等;而广义的法律则泛指由国家所有立法机关制定的法,法规和规章等乃至制度性文件可以泛称为法律。本书基于研究的方便,取法律的广义解释,下文中如果没有特别指出,法律指的都是涵盖法规、规章及制度性文件等在内的广义的法律。

4 人本财务统领法律制度研究

宪法是权利法案,亦是国家根本法。以财产权利为基础的人权一直是现代宪法理论研究的重点,同时也是现代世界各国宪法应当着重规定和保障的重要内容之一。人力资本产权可以纳入财产范畴,人力资本产权的复杂属性和其对人的生存权、发展权的作用决定了它在财产权利中的核心地位,人力资本产权作为人权的权利基础应当是宪法权利保障的核心。现行《中华人民共和国宪法》规定:"本序言以法律的形式确认了中国各族人民奋斗的成果,规定了国家的根本制度和根本任务,是国家的根本法,具有最高的法律效力。""一切法律、行政法规和地方性法规都不得同宪法相抵触。""全国各族人民、一切国家机关和武装力量、各政党和各社会团体、各企业事业单位、都必须以宪法为根本的活动准则,并且负有维护宪法尊严、保证宪法实施的职责。"可以看出,宪法是其他任何法律的制定依据,是一切国家机关、社会团体和全体公民的最高行为准则。人本财务统领法律制度是宪法中有关人力资本产权规定的部分,对人力资本产权的基本保障决定了宪法的人本财务统领法律制度在整个人本财务法律制度体系中的地位。财务活动隶属于经济活动,是社会生活的一部分,宪法是其最高行为准则;财务法律制度作为重要的产权制度,应当遵循宪法的规定,以宪法为统领,不得同宪法相抵触。人力资本产权作为人权的核心和知识经济时代最重要的财产权利,应当在宪法中明确规定,其他法律、法规依据宪法进行具体规定,落实人力资本产权这一基本权利。

4.1 宪法与人权保障

4.1.1 国际宪法发展与人权保障

"人权"这个词最初是由古希腊作家索福克勒和意大利伟大诗人但丁先

后在作品中出于创作灵感而发明的①。而真正进入政治、法学领域是 17 世纪荷兰思想家、国际法学之父格劳修斯在《战争与和平法》一书中，以"人类理性"为法律渊源，从人道主义原则出发，提出保护"人的普遍权利"和人权。从此之后，"人权"成为西方各国最引人注目的一个政治辞藻。

宪法是民主制度的法律化，是近代资产阶级革命的产物，是当时新兴资产阶级对抗封建主义束缚的先进思想工具和法律武器。民主的核心是人权，人权专家徐显明教授指出："法治的真谛是人权，人权加法治等于民主。"②他认为，法治是民主的"表"，人权是民主的"里"，人权应当是民主的实质。因此，人权保障是实现民主的关键，人权是宪法的核心理念。人权需要法律的保障，没有法律保障的人权只是一个口号。人权保障是民主与法治的价值体现和最终归宿。

1776 年，美国《独立宣言》的正文开宗明义地说："我们认为这些真理是不言而喻的：即人是生而平等的，他们被造物主赋予了不可转让的权利，其中包括生命权、自由权和追求幸福的权利。为了保障这些权利，所以才在人们中间成立政府。而政府的正常权利，系得自被统治者的同意。如果遇有任何一种形式的政府损害这些目的，那么，人民就有权利来改变它或废除它，以建立新的政府。"《独立宣言》是人类历史上第一个重要的人权宣言。

1789 年，法国《人权与公民权宣言》进一步阐述了平等、自由、法律、权利的有关原则，以法律的形式肯定了资产阶级的人权概念。其第一条规定："在权利方面，人生本来是而且始终是平等的。"但同时，《人权与公民权宣言》也对行使人权规定了法律的界限。其第 4 条规定："自由在于不做任何危害他人之事。每个人行使天赋的权利亦必须让他人自由行使同样的权利为界限。这些界限只能由法律规定。"滥用这种自由而超过法律规定的界线是不允许的。《人权与公民权宣言》还对平等作了以下阐释，其第 6 条规定："在法律面前，所有的公民都是平等的，故他们都能平等地按其能力担任一切官职，公共职位和职务，除德行和才能上的差别外不得有其他差别。"因此，依据能力进行资源配置是平等或公平的应有含义之一。

1776 年，美国《独立宣言》的发表和 1789 年法国《人权与公民权宣言》的颁布，标志着人权理论正式得到了法律的确认。从此，人权进入法治轨道。

---

① 关今华. 人权保障法学研究[M]. 北京：人民法院出版社，2006：32.
② 徐显明. 法治的真谛是人权[J]. 学习与探索，2001(4)：44.

1945年通过的《联合国宪章》,被认为是联合国的基本大法,在联合国的法律体系中具有宪法地位。《联合国宪章》在序言中开宗明义地宣布:"欲免后世再遭今代人类两度身历惨不堪言之战祸,重申基本人权,人格尊严与价值,以及男女与大小各国平等权利之信念。"

1948年12月,联合国通过了具有历史意义的《世界人权宣言》。这份划时代的人权文件,超越了以英国、法国、日本为代表的古典人权体系,规划和提出了现代人权的新体系,该宣言同时采纳了苏联主导的生存人权观和美国主导的自由人权观。比如,《世界人权宣言》第1条规定:"人人生而自由,在尊严和权利上一律平等。他们赋有理性和良心,并应以兄弟关系的精神相对待。"其第3条规定:"人人有权享有生命、自由和人身安全。"

1966年,在《世界人权宣言》的引领下,联合国分别通过了两个具有约束力的人权文件:《经济、社会及文化权利国际公约》和《公民权利和政治权利国际公约》,它们都体现了各国人民对于人权的普遍要求。《经济、社会及文化权利国际公约》第一次以法律形式对经济、社会及文化权利加以确认。其中,第6条至第15条为《经济、社会及文化权利国际公约》的实质条款,具体规定了各项权利:工作权;享受公平与良好工作条件、同工同酬(特别是男女同工同酬)、晋升及带薪休假等休息权;自由组织和参加工会的权利、罢工权;享受社会保障的权利;婚姻自由、家庭权和妇女儿童权益;为自己及家庭获得相当的生活水准的权利,包括足够的食物、衣着和住房等;享有最高的体质和心理健康权利;受教育权;享受科学文化生活的权利等。从上述可以看出,《经济、社会及文化权利国际公约》对人的经济权利有了较为详细的规定,我国已于2001年加入该公约。《公民权利和政治权利国际公约》以法律方式具体规定了公民权利和政治权利等个人权利和基本自由,在国际人权领域具有重大影响。《公民权利和政治权利国际公约》在促进和保护人权方面具有积极意义,目前已为大多数国家接受,我国目前还没有加入该公约。

1977年,联合国大会通过了《关于人权新概念的决议案》。该决议案的通过是为了增进人权和基本自由的切实享受及完善联合国人权工作。其内容主要包括:一切人权和基本自由都是不可分割和互为依存的,对于公民权利和政治权利以及经济、社会和文化权利的执行、增进和保护,应当给予同等的注意和迫切的考虑;若不同时享有经济、社会和文化权利,则公民的政治权利绝无实现之日,实现人权如要达成长久进展,亦有赖于健全有效的国家和国际经济和社会发展政策;个人和各国人民的一切人权和基本自由是不可剥夺的;人权问题应当在全球范围内加以审议,同时要考虑到发生人权问题的各种社会的全面情况,以及关于促进人的充分尊严和社会的发展及福利的需要等相关内容。

1986年,联合国大会通过了《发展权利宣言》。该宣言确认了发展权是人权的应有内涵。其第1条规定:"人的发展权利意味着充分实现民族自决权,包括在关于人权的两项国际公约有关规定的限制下对他们的所有自然资源和财富行使不可剥夺的完全主权。"其第2条规定:"国家有权利和义务制定适当的国家发展政策,其目的是在全体人民和所有个人积极、自由和有意义地参与发展及其带来的利益的公平分配的基础上,不断改善全体人民和所有个人的福利。"其第8条规定:"各国应在国家一级采取一切必要措施实现发展权利,并确保除其他事项外所有人在获得基本资源、教育、保健服务、粮食、住房、就业、收入公平分配等方面机会均等,应采取有效措施确保妇女在发展过程中发挥积极作用,应进行适当的经济和社会改革以根除所有的社会不公正现象。"

4.1.2 我国宪法与人权保障

在我国,对人权的认识经历了一个艰难的历程。最终人权入宪是党和国家对人权问题正确认识的结果,是社会主义国家人权发展的重大突破。在新中国成立以后相当长的一段时期内,"人权"是一个绝对的禁区。"人权"被当成资产阶级自由化的思想加以批判,而且在实践中也不重视对人权的保护。我国自改革开放以后,逐渐正视人权,并为我们正确认识人权问题进行论证。20世纪80年代,邓小平曾经指出:"什么是人权?首先一条,是多少人的人权?是少数人的人权,还是多数人的人权,全国人民的人权?西方世界的所谓'人权'和我们讲的人权,本质上是两回事,观点不同。"[①]

1991年11月,我国发表《中国的人权状况》白皮书强调:实现充分的人权是我们国家社会主义所要求的目标,是国家长期的历史任务,我国将人权与中国的实际相结合,以"生存权是中国人民的首要人权"等为基本人权观点,树立起我们国家的人权观。

1997年9月,党的十五大明确指出:"共产党执政就是领导和支持人民掌

---

① 邓小平. 邓小平文选(第三卷)[M]. 北京:人民出版社,1993:125.

握管理国家的权力,实行民主选举、民主决策、民主管理和民主监督,保证人民依法享有广泛的权利和自由,尊重和保障人权。"尊重和保障人权被明确地纳入共产党的行动纲领之中。在2002年11月的党的十六大上,我国将"尊重和保障人权"确立为新世纪新阶段国家发展的重要目标。

2004年3月,第十届全国人大第二次会议通过了人权入宪的宪法修正案。该修正案体现了我国立法对人权进行保障的核心理念。此次修宪将人权保障增加在《宪法》第33条中,规定"公民在法律面前一律平等",强调"任何公民享有宪法和法律规定的权利,同时必须履行宪法和法律规定的义务",并申明国家尊重和保障人权是宪法的宗旨与原则,强调公民权利从实质上指的就是尊重和保障人权。

2005年6月27日,《人民日报》第9版刊发社论,提出"生存权和发展权是首要的基本人权",认为生存权和发展权是实现其他人权的基础和前提,没有生存权和发展权,其他一切人权都无从谈起。财产权是生存权和发展权的保障,没有财产就无法生存,没有财产不可能取得发展,财产权是人权保障的物质基础和重要组成部分。这在上述国际上的宪法文件中也都得到切实的体现。我国现行宪法对公民的财产权利进行了规定,用于保障人权的实现。例如,《宪法》第13条规定,"公民的合法的私有财产不受侵犯。国家依照法律规定保护公民的私有财产权和继承权"。

综上可知,无论是国际宪法还是我国宪法,对人权的保障是宪法或宪法性文件的基本含义,宪法的本意就是依据人们赋予和让渡的私权利组成公共权力组织制度体系来保障公民基本人权的实现。

4.2 人力资本产权与宪法

4.2.1 人权与人力资本产权

1)财产权是人权的基础

人权,即人的权利,包括政治权利、经济权利等。其中以包括人力资产产权在内的财产权利为基础的经济权利是人权实现的物质保障。1977年,联合国《关于人权新概念的决议案》指出:"若不同时享有经济、社会和文化权利,则公民的政治权利绝无实现之日。"

1789 年，法国《人权与公民权宣言》第 2 条规定："一切政治结合的目的都在于保护人的天赋的和不可侵犯的权利，这些权利是：自由、财产、安全以及反抗压迫。"其第 17 条规定："私有财产神圣不可侵犯。"这样，财产权作为重要的人权，就成为资产阶级法律保护的主要对象。

基于《联合国宪章》人权保障的理念，1948 年 12 月，联合国大会通过了《世界人权宣言》，其第 17 条规定："人人得有单独的财产所有权以及同他人合有的所有权。""任何人的财产不得任意剥夺。"

1966 年，联合国通过的人权文件《经济、社会及文化权利国际公约》对包含财产权利在内的公民经济权利作了较为详尽的规定。

1986 年，联合国大会通过的《发展权利宣言》第 8 条规定："各国应在国家一级采取一切必要措施实现发展权利，并确保除其他事项外所有人在获得基本资源、教育、保健服务、粮食、住房、就业、收入公平分配等方面机会均等。"

2005 年，我们国家提出"生存权是首要的基本人权"，这是对联合国《发展权利宣言》的重要补充。生存权是发展权的基础，没有生存权无从谈及发展。何谓生存权？顾名思义即活下去的权利，因此，基本的衣、食、住、行、医疗等财产权利就是人权。在此种状况下，人权的基本含义就是获得衣、食、住、行、医疗等基本的财产权利以能保障自己生存下去。

人权是公民包含经济权利、政治权利等在内的综合性权利。以财产权利为核心的经济权利是公民人权实现的物质基础。基于此，上述包括联合国在内的一些国家的宪法性文件都在关于人权保障的相关规定中将经济权利单独提出予以保护。没有包含财产权利在内的经济权利的规定和保障，人权保障只能是空谈。财产权利是人权保障中权利保护的前提与基础，以财产权利保护为基础的人权保障，其目的无非是公民自身人身权利的实现，进而获得安全富足的生活。由于财产权利贯穿于人权实现的整个过程并决定着人权的实现，因此，财产权利是人权的核心。

2）人力资本产权是人权的新内涵

前文已经述及，在人本经济时代，财产的概念的范围已经被大范围地拓展，人力资本产权作为一种新型的财产已经进入我们的视野。在现实中，包括华为等现代企业人力资本产权的实践导致这些企业经济效率的迅速提升，都充分证明了人力资本产权制度理念的先进性和制度的有效性。

人力资本产权是人最可宝贵的财产。从宪法的角度,人力资本产权是天赋人权,人力资本产权不但是人们生存的工具,更是人们发展的手段。人们通过人力资本的使用获得基本的生活资料,保证最基本的生存条件;人们通过人力资本的使用得到人力资本产权的升值并以此获得更大的发展空间。生存权与发展权是基本人权,人力资本产权是人获得生存权和发展权的基本权利基础。人力资本产权是人取得物力资本产权的前提,人通过劳动发挥其所拥有的人力资本产权的价值获取物力资本产权。人力资本产权是物力资本价值增值的前提,人通过人力资本产权获取其他财产权利。人力资本产权是人们对物力资本产权价值的评价基础,人们通过社会人力资本产权的平均使用时间——社会平均劳动时间来计算物力资本产权价值。人力资本产权是财产权利的依据与核心。通过上文论述可知,财产权利是人权的核心,因此,人力资本产权是人权的核心;反之,离开了人力资本产权保障的公民基本权利体系是不能成立的,没有人力资本产权,公民财产权利为无本之木、无源之水;缺少财产权利,又何来公民基本人权保障。

人力资本产权是特殊的财产,它具有主动性并且与其载体"生死相依"。它永远不会抛弃载体而去,它是人们最可靠的财产,当人们一无所有时,人力资本产权是人们最后的伙伴。人力资本产权主动性是人力资本区别于物力资本的本质,它内含着人的知识、技能、体力等能力和意志品质的推动。通常,它会在坚定的信念支持下,把握机会、挖掘潜能,取得价值的增值。它永远陪伴其载体,是人的其他一切权利的保障,从这个角度来看,人力资本产权是人最纯粹的人权。

4.2.2 宪法与人力资本产权保障

近代宪法诞生于封建社会末期对弱小的资本主义经济的保护。当时,封建贵族出于对自身利益的维护,加强专制,企图延续封建主义生产关系。资本主义市场经济的发展客观要求自由交易的市场和可以自由流动的劳动力。封建社会王权之上、限制人权的制度特点是资本主义经济发展最大的阻力,在这样的背景下,新兴的资产阶级提出"天赋人权"并通过宪法文件加以保障。比如,17世纪中期英国的《权利请愿书》《人身保护法》《王位继承法》等宪法文件都是资产阶级在同封建势力作斗争的过程中确立下来的,这些宪法文件适应当时资本主义经济发展的需要,要求限制王权、弘扬人民主权,保护新兴资产阶级的利益,代表了当时最先进的生产力的要求,是新兴经济社会的宣言书。

我国现行《宪法》于1982年12月4日正式通过并颁布。当时我国经济社会刚经历10年"文革"的浩劫,满目疮痍,百废待兴。为保护新中国社会革命的成果,指明当时社会发展的方向,通过宪法规定了我国的根本政治经济制度及任务,确定了国家的基本方针,任何人和组织都必须遵循宪法的要求活动,任何人和组织都不得有超越宪法的特权。同时,为了适应经济和社会的变化,我国又对《宪法》进行了4次修改和完善。这四次修订分别为:第1次修订是对私营经济的地位、作用的确认;第2次修订是对改革开放、建设有中国特色的社会主义、发展社会主义市场经济的确认,用于指导当时经济的发展;第3次修订将依法治国、国家基本经济制度和分配制度以及发展非公有制经济的重要作用等在《宪法》中进行规定,解决对法治国家和非公经济的困惑;第4次修订增加尊重和保障人权的规定,同时完善国家对私有财产保护的规定,明确国家对发展非公有制经济的方针等。

无论是近代宪法的诞生,还是我国对1982年《宪法》的4次修订,都是针对当时经济社会所遇到的根本性的问题进行明确,向人们指明前进方向。国家依据当前经济特点,通过宪法界定人们适应新经济形势的权利和义务,保障人们的权利在社会生活中的实现。因此,宪法的基本任务应当是通过规定人们在社会生活中的权利来推动政治、经济和社会的进步。

知识经济时代对生产要素提出了新的要求。在新的经济形势下,社会发展的动力源泉是人,人的权利决定人的能力的发挥。顺应新的经济形势,人力资本产权走到了经济社会的前沿。大量的人力资本产权的实践证明了人力资本产权对经济发展的重要性,人力资本产权已经成为现代经济社会进步的核心推动力量。现行宪法建立于物本社会经济之上,已经不能引领最新经济发展的方向。新的经济形态要求宪法确立新的经济理念,建立新的权利和义务关系,指导人们的行为,保护最新的经济发展的成果。人力资本产权亟待宪法的确立,推动新经济的发展。同时,宪法是人权保障书,人权的宪法保障是宪法的基本任务之一。人作为一个人的存在是脆弱的,没有法律的保障,人的权利随时都会面对包含公权力和其他强权势力的摧残。因此,人力资本产权作为纯粹的人权和人权的核心,如果缺乏宪法保障,其对经济社会的影响是严重甚至是致命的,这也要求人力资本产权尽快入宪。

4.3　人本财务统领法律制度的设计思路

对我国社会制度、国家制度、国家政权的组织以及公民的基本权利和义务等是我们国家宪法规定的主要内容,其任务主要是在宣示公民基本权利的基础上划清公民权利和国家权力的界限,并在此基础上设计国家的政治制度和组织制度。其中对公民的基本权利的确认和保护是宪法框架的逻辑起点。财产权利是公民基本经济权利的核心,是公民包含人身权利和政治权利在内的其他权利的基础。

鉴于宪法是国家根本大法,其在国家法律体系中的作用更多是象征性的,日常经济生活中很少有直接适用宪法的情况发生,在大多数情况下,在其下位法中寻找适用的法律规则。宪法的任务是对基本权利进行概括性的规定。通常发达国家在宪法中对财产权利的概括性规定包含有如下结构条款:权利不可侵犯条款、权利限制条款和权利征用补偿条款[①]。

我国现行《宪法》总纲第13条对公民私人财产权利进行了概括性的规定:"公民的合法的私有财产不受侵犯。国家依照法律规定保护公民的私有财产权和继承权。国家为了公共利益的需要,可以依照法律规定对公民的私有财产实行征收或者征用并给予补偿。"上述《宪法》规定的三句话表达了以下几个意思:第一,公民的合法财产权利的不可侵犯性;第二,国家对公民合法财产的保护义务;第三,国家对公民私有财产的征收或征用权;第四,公民私有财产征用后的被补偿权。这四种意思勾勒了一个相对清楚的基本的财产权利宪法制度框架:财产权利的不可侵犯性、国家的积极保护义务[②]、财产权利不可侵犯性的限制、财产权利征用补偿权。上述规定是宪法权利宣示作用的体现,宪法权利保护的概括性设计是权利宣示的形式表现,具体规则的设计由其下位法根据财产权利的特点进行详细的规定。具体来说,首先,宪法规

---

① 林来梵.论私人财产权的宪法保障[J].法学,1999(3):14.

② 这实际也是人本财务法律制度体系设计的法律依据,国家的积极保护义务通过立法体现出来;同时,这也暗示了其他主体对财产权利的消极义务,即行使自身权利的时候不得妨碍别人财产权利的行使。

定财产权利受宪法保护,具体财产权利保护的内容和规则的设计由下位法进行规定;其次,规定了国家对财产权利的保护义务,但具体义务的内容、义务履行的方式等有具体法律进行规定;再次,规定了基于公共利益的需要,国家对公民财产权利可以进行征收或征用,但公共利益的具体的内容由具体法律进行规定;最后,规定财产权利的征用应当补偿,补偿的标准和方式方法由下位法具体规定。

人力资本产权作为一种特殊的财产权利纳入国家财产法律的范畴进行保护,宪法作为国家根本法,其权利宣示的作用极为重要。宪法权利的宣示作用实际是通过一种基本规则的概括性规定来表现的。通过上述现行宪法对财产权利的概括性规定,笔者认为,宪法至少应从以下几个方面对人力资本产权进行概括性规定:其一,规定人力资本产权的不可侵犯性;其二,规定国家对人力资本产权的积极保护义务;其三,规定基于公共利益的需要,国家权力对人力资本产权的限制;其四,规定人力资本产权征用补偿权。我国《宪法》中关于人力资本产权的概括性规定如图 4-1 所示。

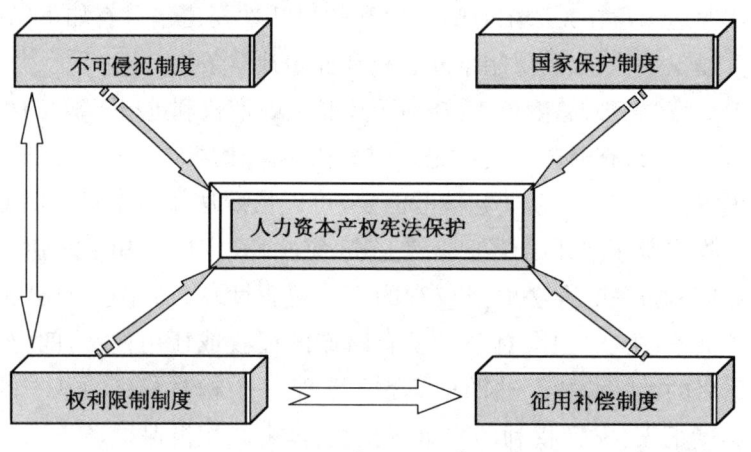

图 4-1　人本财务统领法律制度

人本财务统领法律制度即人力资本产权的宪法保护制度,它包含不可侵犯制度、权利限制制度、征用补偿制度和国家保护制度。其中,不可侵犯制度是基本制度;权利限制制度是不可侵犯制度的例外,划清了不可侵犯制度的界限;征用补偿制度是权利限制制度的补充,基于公共利益对人力资本产权的限制(征用)要依据法律规定进行补偿;国家保护制度是人力资本产权的宪法保护以国家保护为基本原则的制度。

4.4　人本财务统领法律制度的目的与原则

4.4.1　人本财务统领法律制度的目的

著名法学家耶林认为，"目的是全部法律的创造者。每条法律规则的产生都源于一种目的，即一种实际的动机。"①按照《辞海》的解释，目的是指想要达到或希望得到的预期地点或结果，此处取后面的解释："希望得到的结果"。因此，目的是主体的主观愿望在行为上的表达。从法律的角度，法律来源于法律的创造者，法律创造者的动机通过其塑造的法律规则体现出来。在实际的立法实践中，有权立法者通常是发现了某一个社会问题需要通过制定法律规则来规范人们的行为从而解决相应的社会问题。问题怎样解决较好？通过问题的解决要达到一个什么样的效果？这实际上需要立法者的主观判断。这种主观判断受有权立法者的价值理念主导。人的价值理念或价值观是人们对客观事物的评价和看法，这种看法形成于人们的生活环境，将人们的这些看法抽象化、概括化，可以形成理论。基于此，我们可以认为法律的目的是主导法律形成的主体在其价值理念的主导下，希望通过法律制定得到的结果。

现代宪法形成的理论基础是自然权利理论和社会契约理论。自然权利理论认为人的权利是基于人的自然本性的需要，具有强大的现实基础和力量的支持。在自然状态中，人们拥有自然的权利、享有自然的平等和自由。但是，在自然状态下，人们的权利缺少界限，人们在行使自身权利时难免会侵犯他人的权利或受到他人的侵害。为定纷止争，人们通过契约组成政府，将权力赋予政府，由政府制定规则维持秩序，以便更好地保障人们的自然权利的行使。这个契约应当是现代宪法的雏形。由此可见，宪法的本义是通过将私权赋予公共权力主体，由公共权力主体通过制定规则、维持公共秩序的方式来保障公民权利的行使。因此，宪法的目的在于对公民合法的私权的保障。人本财务统领法律制度作为宪法中对人力资本产权进行宣示和保护的制度，

---

① 转引自：E·博登海默. 法理学：法律哲学与法律方法［M］. 邓正来，译. 北京：中国政法大学出版社，1999：109.

毫无疑问,其目的是确认人力资本产权并保障产权主体人力资本产权的行使。

4.4.2 人本财务统领法律制度的原则

宪法中基本原则的设定源于立宪主义的精神本源,是立宪的价值判断通过宪法规范文本体现出来的指导性规定。由上文论述可知,这种指导性规定或者说立法本意可以归结为自然权利和社会契约两个意思。同样,人本财务统领法律制度的原则源于将人力资本产权引进宪法并对其进行概括性规定的立法本意。首先,这种本意指的是人力资本产权纳入财产权利进行规制的合理性在哪里,即人力资本产权的渊源;其次,人力资本产权需要遵循法律规则的规定。基于此,笔者认为人本财务统领法律制度的原则可以分为人权原则和法治原则。

1) 人权原则

人权原则指的是人权是宪法要求保障的公民的基本权利,国家应当保护人权,非经正当法律程序不能剥夺公民这一基本权利。人权原则是宪法的核心原则,宪法作为权利法案,人权原则是其基本依据。基于人力资本产权的宪法保障的人权原则主要包含以下几层含义:首先,包括人的人身权利、经济权利及政治权利等在内的人权是人的基本权利,包含了人之所以为人的所有含义。"天赋人权"说明了人的最基本的自然属性,人拥有了这些权利才有可能生存并进一步谋取发展。人力资本产权包含有人生而有之的权利,人力资本产权是天赋人权。其次,人力资本产权作为产权的核心不限于其自然属性,人力资本产权的社会属性是人权原则的另一层含义。人力资本产权不仅来源于人自身,也来源于社会。社会赋予了人力资本产权作为基本人权的合理性。

人权原则对人本财务统领法律制度的设计提出了如下要求:第一,基于人力资本产权是天赋人权而赋予人力资本产权在宪法人权体系中的核心地位,宣示人力资本产权的法律地位。现行宪法体系中对人力资本产权规定的缺失违反了人权原则,导致在现行法律制度下国家对公民基本人权保护的严重不足。第二,应当规定国家在人力资本产权保障中的义务,确定人力资本产权国家保障的强制性义务。公权力来源于公民基本人权,人力资本产权的公权力保障是人权原则的另一项制度要求。第三,人力资本产权是普遍性的,无序状态下人力资本产权的行使必然会使不同主体间发生权利冲突。人力资本产权的行使有界限,不能侵犯其他主体的合法权益是人权原则在具体制度设计中的第三项制度要求。

2) 法治原则

法治原则即"法的统治",指的是公权力维持人权秩序要严格按照宪法规定依法行使。法治原则是社会契约理论的集中体现。法治原则主要包含以下几层含义:第一,从现代宪法理念的角度而言,政府治理是依法治理。依据法定程序和依法授权制定的法律制度是依法治理的唯一依据。第二,私权利的行使在法律面前是平等的,任何主体都没有超越法律之外的特权。实现主体之间的平等应当是法治的基本内涵,法治是实现公平的最终制度保障。特权意味着对别人的应当平等享有的权利的限制。第三,对权利的限制必须严格依照法律的规定,非经法律规定,任何主体都无权限制别人合法的私权利。

法治原则对人本财务统领法律制度设计提出如下要求:第一,人力资本产权是法定保护的权利,自然权利的法律保障是法治原则对制度设计的要求之一。在法治社会没有纳入法律体系的权利不会得到有效的保护。第二,与权利相应的义务的强制性法律规定,是法治实现权利保障的重要手段,权利实现与强制性义务是相辅相成的。第三,基于公共利益的需要,可以依法征用人力资本产权是法治原则对人权原则的限制,同时也是法治原则对人权原则的保障。

4.5　人本财务统领法律制度的基本内容

根据上文分析,人本财务统领法律制度主要分为不可侵犯制度、国家保护制度、权利限制制度、征用补偿制度 4 个部分进行制度设计。

4.5.1　不可侵犯制度

人本财务统领法律制度中的不可侵犯指的是公民的合法的人力资本产

权受法律保护,不受任何主体的侵犯。在知识经济时代,人力资本产权作为一种新型的财产权利,是宪法所要求保护的基本人权的基础权利。不可侵犯制度确立了对财产权利中的核心权利——人力资本产权的宪法保护。

不可侵犯制度是自然权利思想在宪法中的具体体现,不可侵犯制度具体包含以下制度要求:第一,宪法对人力资本产权的宣示条款。宪法应当规定公民享有人力资本产权。人力资本产权是人的基本权利,是人生存、发展的基础,缺乏人力资本产权保护的宪法,人权保障失去了对人之根本的诉求的维护,不会使宪法发挥应有的作用,维护人的有尊严的生活。第二,公民应当平等享有人力资本产权。宪法应当规定公民平等地享有人力资本产权,任何主体都不得有超越法律规定的特权。法律面前人人平等,这也同样包含公民平等地享有人力资本产权、平等地履行自己的义务。第三,不可侵犯是自然权利而引致出来的制度保护。宪法应当规定公民合法的人力资本产权不受侵犯。人力资本产权在宪法中的宣示和人力资本产权中的平等性内涵,必然会带来对合法权利的强制性制度保障这一结果。从这个角度来说,人力资本产权不可侵犯是权利宣示和平等保护的制度条件。

4.5.2　国家保护制度

人本财务保障法律制度中的国家保护指的是国家依照法律规定保护公民的人力资本产权。社会契约理论是国家保护的理论渊源。根据公民的授权而组建政府是公权力取得的逻辑,国家取得公权力的根本目的是公民私权利的平等维护,国家保护是公民作为整体赋予国家的权力,公民授权是国家保护的合法性基础。国家保护制度在此处并不是一个具体执行的制度,只是规定了人力资本产权的保护责任主体,相应的具体制度由其下位法进行规定。

国家保护制度具体包含以下制度要求:第一,国家是人力资本产权宪法保护的法定义务主体。国家通过公民授权取得公权力并同时平等地保护公民权利的行使是宪法的逻辑主线。在新的经济背景下,人力资本产权纳入公民基本权利范畴进行保护,国家同样是人力资本产权的宪法保护的义务主体。第二,国家对人力资本产权的保护是国家的强制性义务。公权力的行使带有强制性,同样公权力的取得也是带有强制性的,宪法赋予国家权力保障的义务是国家存在的合法性基础。第三,国家履行保护公民的人力资本产权的义务时,应当严格按照法律规定的程序和方式方法来进行。较之于公民的私权利,国家权力是庞大的,不受法律限制的公权力对私权利的危害是可怕的。具体的国家行使人力资本产权保护的程序和方式方法等由其下位法进行具体规定。

4.5.3　权利限制制度

人本财务保障法律制度中的权利限制指的是公民人力资本产权的行使不能侵犯其他主体的合法权益,并且基于公共利益的需要,国家可以依法对人力资本产权进行征收和征用。解决不同主体之间行使权力过程中的权利冲突是现代宪法形成的原因,宪法的任务就是建立一个基于多数人的利益出发、依照大多数人的意志解决私权利冲突、定纷止争的大的制度框架。其中,权利限制主要包含两层含义:其一是私权利之间的限制,公民之间私权利的行使有一个内在的界限,界限被打破则主体之间的冲突产生;其二是公共利益对私权利的限制,公共利益即公共的利益,一般被认为是不特定的多数人的利益,当公共利益与个体利益发生冲突时,冲突的解决通常需要对不同主体的利益进行权衡,在牺牲部分主体的利益为唯一解决方式的时候,牺牲个体利益、维护公共利益是一个相对公平的规则设计。

权利限制制度具体包含以下制度要求:第一,公民人力资本产权的行使是有边界的,权利不是无限制的,权利一定要有相应的义务相匹配。有边界的人力资本产权是和谐、稳定的制度体系的具体要求。第二,私权利之间的界限是权利行使的常态,在宪法宣示私权利界限的基础上,其下位法应对权利的取得、权利的变更、权利的灭失等进行具体的规定,这些具体规定是权利行为的规则依据。第三,公共利益对私权利的限制是权利限制的特殊表现,但这种限制不是泛泛而谈,公共利益的内涵、公共利益对私权利限制的范围等在其下位法中做出清楚的限定;否则,庞大的国家机器就有可能成为碾压公民私权利的凶器。

4.5.4　征用补偿制度

人本财务保障法律制度中的征用补偿指的是国家根据公共利益的需要

征用公民的人力资本产权时必须予以相应补偿的制度设计。人力资本产权作为公民的基本权利，其重要性不言而喻。即便基于更大的利益维护的需要，在征用公民的人力资本产权时，也必须给予相应的补偿，以保证宪法权利保障义务的实现。没有相应的补偿，即便是维护更大的公共利益的需要，也不能对人力资本产权进行征用。征用补偿制度是不可侵犯制度的进一步延伸，对人力资本产权征用必须补偿的严格的法律规定从另一个角度同样论证了人力资本产权的不可侵犯。

征用补偿制度具体包含以下制度要求：第一，该制度的前提是基于公共利益的需要。私权利之间对人力资本产权的使用与报酬支付属于合同约定的范畴，是权利主体之间的一种权利自由处置的意思表示的体现。只有基于公共利益的需要，对人力资本产权的征用才是宪法保障的任务。第二，相应的补偿指的是征用主体应当支付与占用的利益相对等价的补偿，而且，人力资本产权是支持公民生存权和发展权的基本权利，因此，除相应补偿外，征用人还应支付产权人依据人力资本产权能取得的合理的收益。

综上，我们根据人本财务保障法律制度的要求在宪法体系内设计了不可侵犯制度、国家保护制度、权利限制制度和征用补偿制度4层制度结构体系。其中，第一层的不可侵犯制度确定了人力资本产权宪法保障的一般前提；第二层的国家保护制度确立了产权宪法保护的义务主体，具有强有力的执行力；第三层的权利限制制度则旨在对公民的人力资本产权的保障加以适当的限制；第四层的征用补偿制度又进而对人力资本产权的限制进行制衡。上述4层制度结构体系既维护了不可侵犯制度所确立的对人力资本产权宪法保障的前提，又为权利限制制度在宪法内部提供了恰到好处的缓冲机制。这4层结构逐层展开，逻辑上相互承接、相辅相成，形成一个相对严密的制度结构体系。基于如上的制度设计，建立起了相对完善的人本财务统领法律制度体系。由此，人力资本产权可以在人本财务统领法律制度的基础上、在产权法律体系框架内进行推演。

5 人本财务基本法律制度研究

人本财务统领法律制度是从国家根本大法的高度宣示人力资本产权是公民的基本财产权利，包含国家在内的任何主体非经法定程序都不得侵犯人力资本产权，基于公共利益的需要对人力资本产权进行征用，应当进行相应的补偿。但应该指出，人本财务统领法律制度作为国家根本的大法，只能对人力资本产权进行原则性的规定。在法律体系中承接国家根本大法的人本财务基本法律制度，是基于权利宣示的基础上对依附于人力资本产权这一基本法律范畴之上的法律关系的限定。整套人本财务法律制度围绕人力资本产权展开，在该制度体系中，依附于人力资本产权之上的不同主体之间的基本的权利和义务关系的界定是人本财务法律制度的核心。基于人力资本产权这一基本范畴展开的如何确认及取得人力资本产权、人力资本产权的基本分类、人力资本产权主体、人力资本产权主体权利和义务关系等构成了不同主体之间最基本的权利和义务关系，由此而形成的人力资本产权最基本权利和义务的法律规定是人本财务基本法律制度。

5.1 人本财务基本法律制度的设计思路

进行人力资本产权立法先要厘清其立法的逻辑基础。人力资本产权立法是基于人力资本产权这一特殊事物来进行分析、界定、展开，从而建立制度体系，人力资本产权的本质属性是人力资本产权立法的逻辑基础。同时，人力资本产权立法要围绕立法目的而展开，立法目的是人力资本产权制度设计的主线。

人本财务基本法律制度是以人力资本产权立法为核心，涵盖民事、刑事基本法的制度建设，法律制度设计的基本依据是人力资本产权的本质属性。前文已述及，人力资本产权的本质属性在于其自然性、社会性和主动性。首先,人力资本产权具有自然属性。人力资本产权与其自然载体之间的这种特殊关系决定了人力资本产权主体具有特殊性,人力资本产权的取得都离不开其自然载体,通过人力资本产权自然载体的间接控制是人力资本产权变动后的基本存在形式。同时,区别于其他财产权利,人力资本产权部分权利转移之后,相应带来的是其自然载体的义务的变动,人力资本产权的保护与限制与其自然载体之间有特定性。其次,人的本质在于其社会性,这是人区别于其他生物的本质属性。同样,人力资本产权以人为载体,具有人的本质属性,这主要表现在人力资本产权的形成和使用都离不开社会的环境。包括经济的、政治的、思想的、家庭的诸多社会因素都会直接或间接对人力资本产权发生影响,其中经济是社会的基础,经济的影响是根本的。人力资本产权作为财务的核心要素,对其把握不能局限于物力资本产权的范式,而应从社会的范式进行综合考量。另外,还要从历史发展的角度来探寻人力资本产权,特定的时代会有特定的需求。对人力资本产权的重视是知识经济时代超越物本经济时代的特定需求,这就要求将人力资本产权纳入财务要素范畴,建立适应时代要求的新财务管理体系。通过上文论述我们已知道,社会性和主动性是人力资本产权的基本属性,其主动性和社会性的属性通常可以通过社会信用评价显示出其价值等级,信用性是人力资本产权特殊属性的延伸属性。信用是社会立人之本,社会人需要信用评价,信用是人价值评价的基本依据。社会性是人的信用性的合理解释,信用性是社会性的必然延伸。基于人的各种内部素质而表现于外的行为是对人力资本产权进行价值评价的基本方式,其中信用性是衡量人内外表现是否统一的重要手段。人力资本产权基于社会性而具有信用性,人力资本产权信用性是基于社会性而延伸的人力资本产权法律制度设计的依据。再次,人力资本产权的本质在于其主动性。区别于物力资本产权的被动性,人力资本产权个体会按照自己设定的目标积极行动,人力资本产权主动性的发挥直接决定其价值增值的程度。人力资本产权法律制度需要结合人力资本产权的主动性和价值增值的财务目标来进行设计。人力资本产权的自然性、社会性和主动性是其区别于物力资本产权的特殊属性,人力资本产权的特殊属性是人力资本产权法律制度设计的基本依据。

对人力资本产权进行界定,确立各方主体围绕人力资本产权的使用过程中的权利和义务,在经济生活中发挥人力资本产权的作用是人力资本产权立法的目的。因此,制度设计首先要界定人力资本产权,解决"是什么"的问题,包括人力资本产权的确认及分类等;其次要建立制度解决"谁来做"的问题,围绕人力资本产权的权利和义务主体有哪些;再次要建立制度解决"怎么做"的问题,沿着产权使用的主线包括权利的取得、变动、保护与限制等。

人本财务核心法律制度只对人力资本产权最基本的权利和义务关系进行规定。上述设计思路如图 5-1 所示。

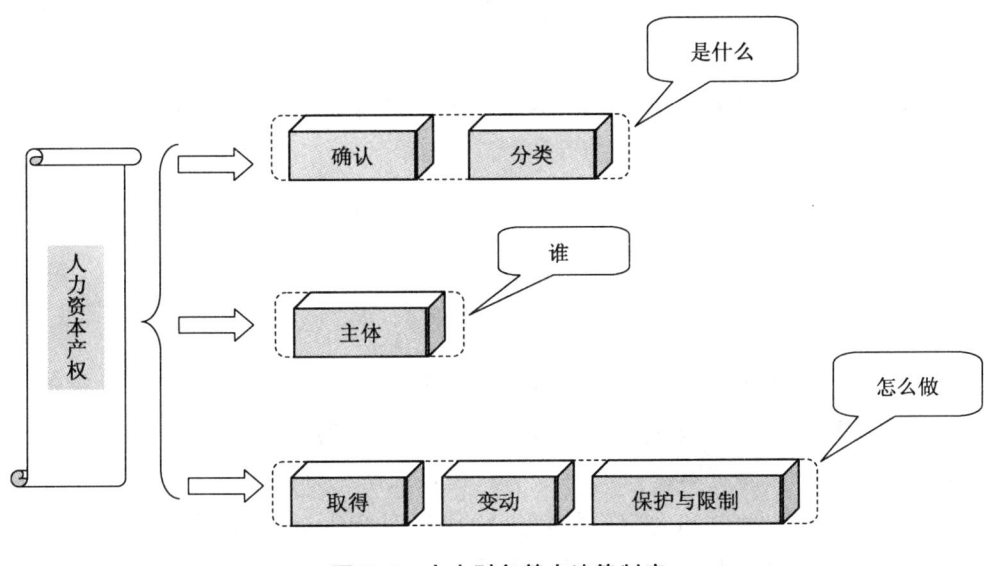

图 5-1　人本财务基本法律制度

5.2　人本财务基本法律制度的目的与原则

5.2.1　人本财务基本法律制度的目的

人本财务基本法律制度是关于人力资本产权的民事法律基本规定。根据此制度确立包括取得与变动、保护与限制等围绕人力资本产权基本的权利与义务在内的一般性的制度框架,并以此指导其下位法的制定。人力资本产权纳入财产范畴是知识经济时代对资源配置的特殊要求,人本财务基本法律制度作为人力资本产权的一般性权利规定,维护知识经济的健康发展应当是其根本目的。

人本财务基本法律制度通过确立人力资本产权的归属及其利用的基本规则,规范产权主体围绕人力资本产权活动而产生的相应的产权关系,由此,保障产权主体的义务并维护产权交易秩序,为知识型企业服务。通过人本财务基本法律制度,可以明确人力资本产权归属,建立具有法律效力的产权归属的规则,可以使得产权清晰,可以有效减少因人力资本产权而产生的争议,从而有效地发挥知识经济背景下人力资本产权的效用。同时,资源配置是将资源通过规则配置到能使其尽可能发挥效能的位置上,根据人力资本产权的特点将其权利和义务进行分类细化,从而可以合理、有效地利用该资源,使人力资本产权在权利的各个维度上都能发挥作用。

5.2.2 人本财务基本法律制度的原则

1) 法定与约定相结合原则

人本财务基本法律制度的人力资本产权法定与约定相结合原则,指的是财产权利的种类由法律规定,而具体权利的内容等由当事人约定的原则。该原则是基于人力资本产权的特点而对物权法定原则的修订。物权法定原则指的是物权的种类和内容只能依据法律规定产生,不允许当事人自由创设。物权法定原则源自罗马法,形成于资产阶级革命时期,是与封建社会既有的物权制度斗争的过程中,当时代表社会先进生产力的资产阶级为打破既有制度的束缚,通过资产阶级民法正式确立。但随着现代经济的深入发展,经济形式愈来愈多样化,与此相应的产权形式也随着经济主体的经济实践创新而丰富多彩起来,从这个角度而言,完全的物权法定原则已经不适应现代经济的发展。人力资本产权就是基于经济实践的需要而由经济主体在其实践中应用的产权形式。人力资本产权作为一种内涵丰富的财产权利,根据产权主体之间的需要和不同约定可能有多变的权利和义务设定,该种设定同时也是挖掘人力资本产权潜力、发挥人力资本产权效用的必备条件。

法定与约定相结合原则的具体制度要求主要包括:第一,财产权利的种类由法律规定。财产权利的种类是随着经济社会的变化而进行调整的。从奴隶也作为财产,到单纯的有形物产,到无形财产,直到本书所研究的人力资本产权,财产权利种类的变动经历了一个漫长的过程。但毫无疑问,财产权利的每一变动都对经济生活发生着深远的影响,并深刻地影响着人们之间的权利与义务。基于此,财产权利的种类法定比较符合我们对经济社会的稳定发展的需要。第二,财产权利的具体内容可以在种类法定的大的权利框架下由权利主体根据经济实际进行约定。人力资本产权作为一种制度设计,权利约定在人力资本产权的适用上体现得特别明显,对人力资本产权具体内容的约定意味着主体之间权利和义务的细化,细化的权利和义务约定可以使得人力资本产权更好地发挥效用,这与经济学中资源有效配置的理念不谋而合。

2)公示公信原则

人本财务基本法律制度的公示公信原则,指的是人力资本产权的取得与变更需要履行相应的信息披露的程序,因此而产生公共信用的作用,进而保护产权交易安全、维护产权交易秩序相对稳定的原则。产权交易安全及产权交易秩序稳定是相应的财产权利能否发挥其资源配置、提高经济效率的作用的前提。一个可以使交易双方信息共享的制度设计至关重要。产权交易主体基于对相对完备、共享的产权信息信任的基础之上而发生的交易,可以消除其背后因信息缺乏而导致的风险。

由于人力资本产权与其自然载体之间的特殊关系及其人力资本产权本身的特殊属性,基于人力资本产权的主体之间的权利和义务信息的披露分外重要。从人力资本产权交易的角度,公示公信原则的具体制度要求有以下方面:第一,人力资本产权的取得与变动应当依据法定的程序进行信息披露,没有履行法定信息披露程序的人力资本产权行为不会得到法律的保护。区别于物力资本产权,人力资本产权具有内涵丰富且易变的特点,因此,建立一个参数相对完备、产权数据动态变动的信息平台是人力资本产权能否有效发挥作用的前提。第二,依据公示程序披露的产权主体推定其为真正的产权主体。人们依据公示的、经过法定的信息披露程序的人力资本产权而进行的产权交易行为,基于保护人们对公共设定的法律制度的信赖,即便该产权有瑕疵,该产权主体为虚假,法律也确认该产权交易的法律效力。第三,公示是公信的前提,基于公示而产生的公共信用是该制度设立的主要目的。

5.3 人本财务基本法律制度的基本内容

5.3.1 人力资本产权的确认与分类

基于前文的分析,笔者认为,判断事物是否属于财产,关键看是否符合财产的属性。财产包含可支配性、价值性和排他性几个属性。在这几个属性中,可支配性是其前提,价值性是其实质,排他性是其保障。在事物或权利符合财产价值性这一本质属性的情况下,如果其他两个属性可以通过制度设计进行规制,那么该事物就符合财产的含义。但制度设计时不能违反强制法的规定,违反法的基本原则,需符合社会价值的基本导向。有价值性的事物或权利如果可以通过制度设计使其可支配且具有排他性,在不违反法的基本原则的情况下纳入财产法的体系进行规制是顺理成章的事。在此基本分析框架下,人力资本产权这一特殊权利形式可以通过制度设计纳入财产法律体系进行规范。

前文已述及,人力资本产权是包含人力资本占有权、人力资本使用权、人力资本收益权及人力资本处分权等在内的一组财产权利。其中,人力资本占有权是权利人对于人力资本实际上的占领或控制。人力资本实际的占领是人力资本承载者天然的权利,人力资本占有权与其天然载体不可分离。但是,人力资本的占有不意味着对人力资本的绝对控制,占有权更多地意味着一种劳动的义务。人力资本的控制权可以通过协议约定来取得。基于此,人力资本占有权具有有限的可交易性。人力资本使用权是使用人力资本的权利,使用权的目的是对人力资本产权收益的控制。通过与人力资本承载者协商,可以约定在特定的时间、地点排他性地使用其人力资本,受让其人力资本使用权,因此,人力资本使用权可以被交易。人力资本收益权是基于拥有人力资本而取得的利益,他人可以通过对人力资本其他部分权利的享有而依据协议的约定取得部分收益权。通常,人力资本收益是多个主体基于其所有权的不同而有限制的分享。人力资本处分权是决定人力资本事实上和法律上命运的权利,人力资本的最终处分权天然属于人力资本承载者,但取得人力资本控制权、使用权和收益权的权利人可以通过与人力资本承载者协议的方式部分处分相应权利。

　　鉴于人力资本产权的特殊属性及上述权利束的含义界定,笔者认为,人力资本产权的限制使用符合经济社会的实际情况。基于此,笔者依据对人力资本产权支配范围的不同,将人力资本产权分为人力资本所有权和限制人力资本产权。其中,人力资本所有权是全面支配人力资本的财产权利,全面涵盖占有权、使用权、收益权及处分权;限制人力资本产权是支配人力资本某一方面的权利,即拥有人力资本权利束中的部分权利。在现实经济生活尤其是企业经济活动中,由于人力资本与其载体的不可分性,限制人力资本产权的适用是企业经济活动的常态。并且,企业中的人力资本产权通常是不能独立存在的,从这个角度出发,我们可以将人力资本产权分为人力资本主权利和人力资本从权利。其中,人力资本主权利是指能够独立存在的人力资本产权;人力资本从权利是指必须依附于其他权利才能存在的人力资本产权,如企业所取得的人力资本产权通常是依据合同而取得、企业团队合作为使用自己的人力资本产权必须借助于使用别人的人力资本产权等。

5.3.2　人力资本产权主体分析

　　区别于物力资本产权,基于人力资本产权的特殊属性,人力资本产权的主体有所不同。按照人力资本产权的属性可以将其主体分为自然主体、社会主体和合同主体等。首先,人力资本产权具有自然属性,在不发生经济社会活动的情况下,人力资本产权作为整体天然属于其载体,同时,其自然属性也是影响人力资本产权价值的首要因素之一。人力资本产权载体是人力资本产权的自然主体,载体的灭失必然导致人力资本产权的灭失。其次,人力资本产权具有社会属性,其形成、使用都离不开社会环境,社会环境是人力资本产权形成、使用的不可或缺的条件。国家作为代为行使社会职能的机构,为人力资本产权的形成、使用等提供基本的医疗卫生、教育培训等条件,这些条件的创设是人力资本产权的基本保障,国家基于其在人力资本产权形成和使用中所起到的社会管理职能成为人力资本产权的社会主体。再次,人力资本产权可以依据合同的约定而进行交易。通过合同约定,将人力资本产权的控制权置于不同主体的控制之下,从而产生人力资本产权占有权、使用权、收益权及处分权等不同程度的变动。依据合同约定,掌握人力资本产权的主体是人力资本产权的合同主体。

5.3.3 人力资本产权的取得与变动

公示公信原则是财产权利取得和变动的基本原则。公示原则是指财产权利的取得与变动均须通过法定方式公示,公示的目的在于使人"知"。在现行财产法律框架下,不同财产规定了不同的公示方式,如不动产以财产登记作为权利取得与变动的公示方法、动产以占有作为权利取得与变动的公示方法等。公示的目的在于公信,公信原则指的是只要财产权利的取得与变动符合法定的公示条件,即对社会公众产生公信力,公信的目的在于使人"信"。区别于物力资本产权,人力资本产权作为一种相对特殊的财产权利具有社会性和信用性。基于信息系统平台,人力资本产权市场可以为信息使用者提供人力资本产权的各种信息(包含信用信息、价值信息在内)供使用者选择。通过人力资本产权市场进行登记产生公示效果,对社会公众产生公信力,是人力资本产权取得与变动方式的较好选择。

1) 人力资本产权的取得

按照通行的法学的分类观点,财产权利的取得可分为原始取得和继受取得。其中,原始取得指非基于他人既存的权利和意志取得财产权利;继受取得指基于他人既存的权利和意志取得财产权利。区别于一般的财产权利,人力资本产权的原始取得取决于人力资本产权的特殊属性,人力资本产权具有社会属性及其特殊的自然属性,其取得方式也有极大的差别。

首先,人力资本产权具有自然属性,具有两方面的含义:其一是人力资本产权受遗传等自然因素的影响,这些自然因素的影响甚至决定了人力资本产权价值的大小;其二是人力资本产权的行使与其载体天然具有不可分性。人力资本产权具有不同于非人力资本产权的特殊性,其所有权不能脱离人力资本承载者而独立存在,人力资本产权可以通过契约进行有限分解。作为人力资本价值承担者的知识、技术、经验、信息等是以特定的人为载体的,某一个人所拥有的知识、技术、经验和信息通常不能在不同人力资本个体进行分解,即使是企业投资所形成的知识和技术,也只能由接受投资的人所拥有。因此,人力资本产权从完整意义上来说不具有可转让性。人力资本产权的自然属性是人力资本产权原始取得的依据,人力资本产权自然主体基于其自然属性原始取得相应权利。

其次,人力资本产权具有社会属性。人力资本产权的社会属性指的是人力资本产权的形成离不开其所生存的社会,具有完善制度的社会系统对人力资本产权价值的大小有极大的影响。知识、能力、道德品质等是人力资本产权的内涵,这些都依赖于社会医疗、教育等福利制度建设情况。行为作为人力资本产权的外在表征,其作用的发挥则取决于社会经济、政治、司法等制度的完备及运行是否流畅。人力资本产权的社会属性是税收等财务法律制度确立的合法性依据之一,是社会原始取得部分人力资本产权的依据,国家作为人力资本产权的社会主体,基于其所提供的人力资本产权形成及使用的社会条件原始取得相应人力资本权利。

人力资本产权继受取得是企业等其他主体取得人力资本产权的依据,基于合同等法律行为是企业等其他主体取得人力资本产权的主要方式。继受取得,因取得的权利系继受而来,而权利人不得将大于其拥有的权利让与他人,因此存在于人力资本产权上的相应义务将继续存在,由继受取得权利的主体承担之。人力资本产权可以继受取得的特性是人力资源配置的重要法律依据,人力资本产权继受取得是市场经济尤其是知识经济时代取得人力资本产权的常态形式。

2) 人力资本产权的变动

人力资本产权的变动指的是人力资本产权主体的变动、内容的变动及人力资本产权的消灭。其中,主体的变动指的是人力资本产权在不同主体之间的转移;内容的变动指的是人力资本产权的内容发生的某些变动;人力资本产权的消灭指的是人力资本产权的丧失,即人力资本产权与其主体的分离。

人力资本产权主体的变动主要是通过订立合同的方式发生,属于人力资本产权的继受取得。此外,国家非常时期的征用及相关法律文书等也是人力资本产权主体变动的缘由。人力资本产权主体的变动的实质是控制权的变动,通过控制权的合同约定,打破人力资本产权的人身依附性,这是人力资本产权变动的主要形式。通过合同约定,可以就人力资本产权不同主体之间的权利和义务进行约定,达到人力资本产权控制权转移的效果。

人力资本产权内容的变动是人力资本产权区别于其他财产权利的一个

重要方面,基于人力资本产权的主动性,人力资本产权载体可以通过参加培训等方式改变人力资本产权的质与量;同样,基于人力资本产权的自然属性,人力资本产权既可因为其载体的阅历的增加而变动,又可因为其年龄或伤病等缘由而发生变动。此外,合同约定是人力资本产权内容变动的基本方式,主体可以通过合同约定变动其权利的内容。

人力资本产权的消灭主要包括人力资本产权的法定消灭和约定消灭两种形式。法定消灭是基于法律规定事由的出现而导致人力资本产权的消灭的情形,如人力资本产权载体的死亡或丧失行为能力、具有法律效力的公共文书的裁判等;约定消灭主要是基于约定事由的出现或约定期间到期等导致人力资本产权的灭失。

5.3.4 人力资本产权的保护与限制

人力资本产权的取得和有效使用离不开对人力资本产权保护与限制的制度设计。通过保护与限制的制度设计,权利人可以在制度框架内行使自己的权利,可以保证人力资本产权制度的顺利实施。

1) 人力资本产权的保护

人力资本产权的保护指的是对人力资本产权权利所有者的保护,人力资本产权是一种对世权。对世权是一个法学概念,是指权利的效力及于一切人,即义务人为不特定的任何人,任何人均承担不妨害权利人实现其权利的义务。对世权的主要特点在于,权利人可向任何人主张权利,权利人不必借助义务人的积极行为就可实现其权利。对世权的主体一般不必通过义务人的作为就可实现自己的权利。各种人身权、所有权和财产权等都属于绝对权。人力资本产权主体基于原始取得或继受取得的情形,取得人力资本产权,即意味着权利人拥有了向任何人主张相关权利的权利。任何人都不得防止权利人行使相应权利,否则就要承担相应法律责任。

人力资本占有权、使用权、收益权及处分权的内容都可以通过合同约定在不同主体之间进行分配,合同一经达成并履行了相关的法律登记等程序,即意味着权利人拥有了相应权利的对世权。权利人得以控制权利的使用、收益及处分等,任何人都不得防止权利人行使相应权利,否则就应当承担相应的法律责任。

2）人力资本产权的限制

人力资本产权的限制指的是人力资本产权的权利人行使权利时不能滥用其权利地位，损害其他权利人的利益。

人力资本产权作为对世权，具有绝对性、排他性等特点。但其对权利的行使仍然不能滥用，如权利行使时不能故意损害他人、选择有害的方式。在人力资本产权权利人行使使用权时，不能仅追求收益从而损害人力资本占有权人的人身权。权利人行使权利时，有义务公平地考虑对方的基本权益，遵循诚实信用的原则。此外，基于法律规定的包含国防、公共安全、重大社会利益等公共利益的需要，国家对权利人相关财产权利的征用也是对人力资本产权的限制，在此情况下，对人力资本产权的限制符合法律的公平原则，但事后应按照相关标准对权利人进行补偿。

综上所述，本书构建了包含人力资本产权确认和种类、人力资本产权主体、人力资本产权的取得与变动、人力资本产权的保护与限制等在内的人本财务基本法律制度框架。这些关于人力资本产权的基本制度规定，首先解决了人力资本产权是什么的问题，其中包含对人力资本产权的确认与种类；其次与物力资本产权相比较，本章又解决了基于人力资本产权与其自然载体之间的特殊关系之上的产权主体问题；最后解决了对人力资本产权进行资源配置所需要的基本规则（包含取得与变动、保护与限制等），明晰产权主体之间的权利与义务。这些关于人力资本产权的基本制度是围绕人力资本产权进行资源配置的基本规则，其下位法的规定不能与此相违背。

6 人本财务支持法律制度研究

人本财务基本法律制度对一般民事主体的核心财产——人力资本产权做出规定，隶属于民事基本法，适用于一般民事法律关系。该民事基本法适用于企业这一商事主体，鉴于企业商事法律关系与一般民事法律关系的不同，该适用需要有企业相关产权法律制度的支持。现行的企业产权法律制度包括公司法、破产法、证券法和税法等相关法律在内，是建立在物力资本产权基础之上的法律体系，是财务法律制度的支持制度。这些相关法律涵盖了出资制度、运营制度、资本退出制度、企业治理制度、收益分配制度等相关方面。基于人力资本产权特点的考虑，人本财务支持法律制度设计思路主要体现其出资及其使用过程中的特殊性，体现全程的法律保障。总体来说，人本财务支持法律制度也应该涵盖出资制度、运营制度、资本退出制度、企业治理制度、收益分配制度等。考虑到人力资本产权纳入财务体系后，会对企业税务产生方方面面的影响，可将税收法律制度纳入收入分配制度当中。这些不同制度之间存在着一定逻辑关系，即出资制度、运营制度、资本退出制度是人本财务所涉及生命周期的流程主线，而治理制度是核心、收益分配制度是社会保障。人本财务法律制度引进人力资本产权，这些支持制度的修改是必要的；同时，人力资本产权制度的引进也对这些制度产生了根本性的改变。作为人本财务技术法律制度的上层法律设计，人力资本产权企业相关法律制度框架是人本财务法律制度的有效支持。本章旨在对这些制度进行梳理，建立与人本财务技术法律制度相配套的人本财务支持法律制度。

6.1 人本财务支持法律制度的设计思路

人本财务支持法律制度是基本法律制度在民事领域抽象化的法律表现在经济领域具体化的结果。区别于民事领域的产权活动的稳定社会秩序的特点,以企业为核心主体的经济领域的产权活动是以营利性为目的的行为,以企业为核心主体的经济主体通过连续性的商业经营达到营利性的商业目的。围绕企业整个经济活动过程,主体的产权活动主要体现在经济活动中的出资活动、经营活动、收益分配活动、资本退出活动、企业治理活动等。

人力资本产权作为新的产权形式进入经济活动领域,以人力资本产权为核心的产权活动与物力资本产权活动相比发生了很大的改变。这种改变体现在以企业为主体的整个产权活动全过程。出资活动、经营活动、收益分配活动、资本退出活动、治理活动等产权活动形式,可以相对完整地体现企业经济活动过程随人力资本产权的引入而基于其特殊性进行相应的调整。本章围绕上述企业产权活动过程展开,构建人本财务支持法律制度。

上述制度设计思路如图 6-1 所示。

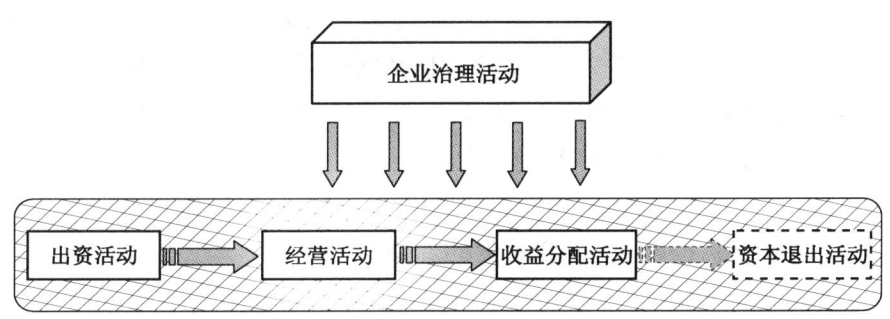

图 6-1　人本财务支持法律制度

图 6-1 将包括企业出资、经营、收益分配、资本退出和企业治理等在内的基本产权活动表示了出来。这些产权活动是民事基本法律在商事领域的特殊表现和所做的相应调整。同时,该相关产权活动为企业人本财务技术法律制度提供直接的产权制度支持。

6.2　人本财务支持法律制度的目的与原则

6.2.1　人本财务支持法律制度的目的

人本财务法律制度是一个自上而下的法律体系,最终其实施落脚于人本财务技术法律制度。人本财务基本法律制度对人力资本产权的民事活动领域的基本规则进行了规定。人本财务技术法律制度对人本财务基本法律制度在企业经济活动的实施中需要有相关企业产权法律制度的支持。以人力资本产权为核心的企业相关产权制度是人本财务技术法律制度的基础,同时也是人本财务基本法律制度在经济领域的具体化的法律表现。人本财务支持法律制度在整个人本财务法律制度体系中就起到了一个承上启下的作用。

上文已对人力资本产权在民事领域纳入财产立法的范畴进行了系统的论述,但人力资本产权能否参与企业经济活动? 企业如何对人力资本产权这一企业财务要素进行配置? 人力资本产权主体如何参与企业治理? 人力资本产权主体如何参与收益分享? 人力资本产权主体如何退出企业? 上述问题都需要对人力资本产权在企业产权制度这一层面结合企业经济活动进行研究,通过将人力资本产权纳入企业产权制度后对相关的产权制度重新整理而形成人本财务支持法律制度。该制度为人本财务技术法律制度提供以人力资本产权为核心的企业产权制度支持。

6.2.2　人本财务支持法律制度的原则

人本财务支持法律制度的原则集中体现了以人力资本产权为核心的企业产权法律制度的特点,为实现人本财务支持法律制度的目的而设计的调整企业产权关系的基本准则。根据企业的产权活动过程及人力资本产权的特点,笔者认为,人本财务支持法律制度的原则可以包括鼓励投资原则、企业自治原则、股东平等原则和社会责任原则等。

1) 鼓励投资原则

鼓励投资原则指的是鼓励经济主体通过各种形式进行创业投资、设立企业的原则。企业是市场经济中最为活跃的经济细胞,是市场中以营利为目的的最主要的经济主体。通过制度设计鼓励投资,可以有效推动经济主体的设立并促进市场的发展和繁荣。企业产权法律制度是企业产权活动的界限,要求企业产权活动在界限内活动。在市场经济条件下,各国经济的竞争最终要落实到制度竞争上去,一个促进企业资源配置的产权法律制度体系可以为企业提供更为广阔的经济舞台。

在以人力资本产权为核心的企业产权法律制度体系中,鼓励投资原则主要围绕以下方面提供制度指导:第一,应当制定规则允许人力资本产权出资。人力资本产权具有财产属性,能为企业带来增值收益,允许人力资本出资设立企业,使得企业资源能够被充分利用,可以有效地促进企业资源的配置,促进经济市场的活跃。第二,人力资本产权作为企业核心资源,要有效发挥人力资本产权的作用,应当结合人力资本产权的特殊性进行制度设计。第三,在对人力资本产权进行配置的同时,应当防止人力资本产权对物力资本产权的侵害。企业人力资本产权所有者较之于企业物力资本产权所有者更加熟悉企业的经营,具有获取人力资本产权超过物力资本产权收益的基本条件(即掌握企业实际运营)。企业运营实际是企业人力资本产权与物力资本产权相辅相成的结果,两者不可偏颇。如果没有一个有效制度的限制,物力资本产权所有者的权益就不能得到有效的保障,从而最终影响企业目的的实现。

2)企业自治原则

企业自治原则指的是允许企业在法律规定的范围内,自主决定企业经营事宜,法律只对涉及他人及公共利益的相关事项进行管理的原则。法律规范通常分为强制性规范和任意性规范。其中,强制性规范或法律中的强制性条款是必须不折不扣执行的条款;任意性规范或法律中的任意性条款是企业可以自主决定的条款。企业自治主要指的是对强制性条款之外的相关规定的约定,这些约定的集中体现是企业的章程及股东会、董事会决议等。企业自治原则是现代企业治理的趋势,根据企业和市场的实际而自主做出的决策通常最有利于现代企业实现企业经营目标。

以人力资本产权为核心的企业产权法律制度体系中,企业自治原则主要围绕以下方面提供制度指导:第一,人力资本产权纳入企业产权法律制度体系,使得企业人力资本产权所有者成为企业自治的主体,人力资本产权主体与物力资本产权所有者共同主导企业治理,是人本财务支持法律制度区别于既往企业产权法律制度的主要特点。第二,物力资本产权所有者主导企业治理的作用主要体现在股东会层面,而企业人力资本产权所有者除在股东会层面发挥作用外,其在企业管理执行层面更是发挥着直接的作用。

3）股东平等原则

股东平等原则指的是企业的人力资本产权股东和物力资本产权股东在基于股东资格而发生的法律关系中,应享有同样的权利并承担同样的义务,不能实行差别待遇的原则。股东平等原则是现代企业治理制度的基本原则之一,是基于调动投资者的积极主动性、保护投资者利益的需要而设立的。包括人力资本产权所有者在内的企业投资者及其需要是企业成立的依据,是企业发展的原始推动力。股东平等原则的本义是维护企业投资者成立企业的原始冲动。

以人力资本产权为核心的企业产权法律制度体系中,股东平等原则的制度指导作用主要体现在:第一,应根据企业人力资本产权所有者的作用而赋予其相应的股权,一旦股权确立,人力资本产权股东应当与物力资本产权股东享有同样的权利、承担同样的义务。第二,鉴于人力资本产权所有者在企业治理中发生的直接作用较之于物力资本产权所有者的优势地位,制度设计中应当考虑对物力资本产权所有者的保护。第三,依据股东自愿,可以自行协商股东权利的范围。股东权利的范围与其应承担的义务是相应的。

4）社会责任原则

社会责任原则指的是企业不仅对股东负有责任,而且应对社会负有责任的原则。企业资源来源于社会,而且社会为企业提供了生存与发展的平台,企业应当负有社会责任。人力资本产权具有社会性,较之于物力资本产权,其社会性体现在其形成的社会性、其载体生存的社会性、其评价的社会性等几个方面,企业对人力资本产权的整合离不开社会的支持。

以人力资本产权为核心的企业产权法律制度体系中,社会责任原则的指导性主要体现在:第一,企业人力资本产权制度体系的建立离不开社会信息平台的支持,通过社会信息平台对人力资本产权的形成和使用情况建立信息档案,这是人力资本产权实施的重要技术手段。第二,由于人力资本产权形成和存续过程中与社会的特殊依存关系,一个相对完善的社会人力资本产权形成与发展制度是企业产权制度的基础,没有社会产权形成与发展制度的支持,企业人本财务法律制度很难得到有效的实施,从而至少从制度层面就不能保证企业目标的顺利实现。

6.3　人本财务支持法律制度的基本内容

6.3.1　企业出资制度

1）我国企业出资法律规定的演进

我国企业出资制度经历了一个不断演进的过程。首先,我国的知识产权等无形资产出资。我国1993年《公司法》第24条规定:"股东可以用货币出资,也可以用实物、工业产权、非专利技术、土地使用权作价出资。对作为出资的实物、工业产权、非专利技术或者土地使用权,必须进行评估作价,核实财产,不得高估或者低估作价。土地使用权的评估作价,按照法律、行政法规的规定办理。以工业产权、非专利技术作价出资的金额不得超过有限责任公司注册资本的百分之二十,国家对采用高新技术成果有特别规定的除外。"该法规定无形资产的出资额不得超过有限责任公司注册资本的20%。而随着经济的发展和企业现实需要的要求,2006年《公司法》第27条规定:"股东可以用货币出资,也可以用实物、知识产权、土地使用权等可以用货币估价并可以依法转让的非货币财产作价出资;但是,法律、行政法规规定不得作为出资的财产除外。对作为出资的非货币财产应当评估作价,核实财产,不得高估或者低估作价。法律、行政法规对评估作价有规定的,从其规定。全体股东的货币出资金额不得低于有限责任公司注册资本的百分之三十。"可以看出,无形资产的出资比例限制已经由20%上升到了70%。而2014年颁布实施的新《公司法》已经取消了公司货币出资和其他资产出资的比例的规定。其次,人力资本出资的相关规定。我国的合伙企业法中普通合伙企业是允许劳务出资的,现行《合伙企业法》第16条规定:"合伙人可以用货币、实物、知识产权、土地使用权或者其他财产权利出资,也可以用劳务出资。"但是关于有限合伙企业的规定中,禁止了有限合伙人的劳务出资。《合伙企业法》第64条规定:"有限合伙人可以用货币、实物、知识产权、土地使用权或者其他财产权利作价出资。有限合伙人不得以劳务出资。"由于无限合伙人是对企业债务以其实物资产承担无限连带责任,在此处,人力资本出资没有发挥其应有的作用。新《公司法》还增加了职工持股计划的相关规定,其第143条规定:"公司不得收购本公司股份。但是,有下列情形之一的除外:⋯⋯(三)将股份奖励给本公司职工;⋯⋯"职工作为持股的对价不是货币或其他实物资产,实际仍然是劳务,只不过是"高质量"的劳务而已。除此之外,我国经济发达地区为吸引人才,也做了一些立法的尝试。2005年,上海市工商局为贯彻"科教兴国""人才强国"战略,支持浦东新区的发展,促进人才资源通过法定形式转化为资本,制定《浦东新区人力资本出资试行办法》。该文件共10条,围绕人力资本的定义、出资限额、出资评估和出资的规制几个方面构建了人力资本出资的法律框架。2006年,温州市也制定出台《温州市人力资本出资登记试行办法》和《温州市人力资本出资入股认定试行办法》,支持人力资本较为集中及科技含量较高的先进制造业、现代服务业和创新创意性产业的发展。此外,深圳、江苏和青海都做了相类似的规定。应当承认,地方立法的这些做法为人力资本出资提供了有益的经验和数据,但是从立法的角度来看,这些立法因为违反上位法的禁止性规定都应归为无效。国家立法应当对此进行借鉴,对现行产权法律进行改造,为经济的发展提供有益的制度支持。

2) 现行企业实践的尴尬

知识经济时代,人力资本产权对经济发展的核心作用引起了人们的重视。愈来愈多的盈利性很好的企业没有什么物力资本在支撑,只是几个专业人士在经营自己人力资本产权而已。现行法律制度的规定导致在社会实践中存在很多下面这样的案例:某甲拥有资金和对低压电力线载波行业的看好,欲成立一家有限责任公司进行研发,但苦于没有专业技术。某乙系某一科研院所技术骨干,欲成立公司将苦心研究多年的载波技术推向市场,但苦于没有资金。某甲看中了某乙的技术能力,于是某甲与某乙商定由某甲替某乙出资,两人各入股50万元注册成立某有限责任公司,根据公司盈利情况按持股比例年终分红。

在该案例中,该有限责任公司的成立究其根本,实际是某甲出资100万元,某乙以人力资本产权出资,两人达成合意合资成立。但苦于上述现行法律的人力资本产权的出资禁止,因此才出现该案例的出资情景。由此可以看出,该案例实际是为了公司的顺利成立而对当前法律规定的规避。当前,像上述案例中的情形实际是大量存在的。著名哲学家黑格尔曾经说过:"存在即合理。"物力资本出资者是以营利为目的的,上述案例中的出资是物力资本出资者基于利益最大化的目的而做出的符合市场规律的自利行为。人力资本产权所有者凭借其拥有的人力资本产权从而占有企业一定比例的股份,弥补企业的不足,并且分得企业收益,这实际是市场选择的结果。这种现象的存在,反映了企业的一种需要,并给企业带来了利益,为何法律不给它应有的地位?为何不直接规定可以以人力资本产权入股?这些都是需要我们深入研究的问题。

3)人力资本产权出资

知识经济时代,人力资本产权作为企业最宝贵的资源不可或缺,现行法律规定与人力资本产权的经济地位不符。依据现行法律的规定,出资制度主要解决两个问题:其一是企业运转的基本条件;其二是所出资本的担保功能(包含对债权人和其他出资者的担保功能)。对于第一个问题,人力资本产权毫无疑问是符合的,而且是现代高新技术企业运行的必备条件,而物力资本有时倒是可有可无的。关键是所出资本的担保功能,对这个问题学者们有不同的看法。比如,张维迎认为,人力资本与其所有者的不可分离性意味着人力资本不具有抵押功能,这表达了以下几层含义:其一,人力资本的所有者不具有为其他成员提供保险的能力;其二,非人力资本所有者的承诺比人力资本所有者的承诺更值得信赖,因为他的资本可以被其他人拿走,而人力资本所有者违约,无资本可拿,其他人对他实在没有什么好办法;其三,对人力资本所有者来说,其收益和风险是不对称的,失败的成本由别人承担,而成功的收益自己占有。[①] 其实张维迎忽略了人的社会属性,作为一个社会人,他永远生活在社会这个系统中,随着社会信用系统的完善,人的信用评级将伴随着人的一生,人的信用将会成为人价值的体现,一个信用价值低的人同时也意味着他生存的空间越来越小。知识经济时代同时也意味着社会分工的进一步细化,人力资本产权的专用性是社会分工的具体体现。人最大的风险可能是长时间在同一个企业用专业知识提供服务,企业经营失败后,物力资本所有者仍然可能有时间进行别的投资,而人力资本产权所有者可能就是终生的失败,人力资本产权所有者的风险远远大于物力资本所有者。

---

① 张维迎.所有制、治理结构及委托—代理关系——兼评崔之元和周其仁的一些观点[J].经济研究,1996(9):9.

至于出资对债权人的担保作用,有人认为人力资本产权缺乏对债务偿还的能力。该种观点认为,人力资本产权作为资本太"虚",由于人力资本产权的人身依赖性,企业往往不可控。债权人感觉自己的债务在这样的企业中没有安全感。实际上,这是对企业的一种误解。企业的偿债能力不应该体现在注册资本的状况上,而应体现在企业的运行情况、企业的偿债能力上。现在世界上经济比较发达的国家和地区,其公司法都做了修订,以使其更加适合企业的发展。例如,日本于 2005 年公布的《日本公司法典》废除了最低资本金制度;美国于 20 世纪 70 年代起,其示范公司法及大多数州的公司法废除了关于最低资本金的规定;英国公司法对不公开发行股份的公司注册资金没有要求;法国已经废除了有关有限责任公司最低注册资本的规定;我国香港特别行政区的公司法也无最低资本额的规定。我国 2014 年《公司法》也取消了注册资本的要求。随着公司的经营,注册资本的债务清偿作用应当让位于公司的净资产。在通常情况下,公司经营存续的时间越长,注册资本与其净资产的差额也会越大。"以至于资产与资本可能会完全脱节,从公司资本无以判断公司的资产,从公司的资产也无以判断公司的资本,一个 100 万元资本的公司可能拥有几千万元、甚至上亿元的资产,而一个资本几千万元的公司可能只剩下几百万元、甚至几十万元的资产。而公司赖以对外承担财产责任的恰恰是公司的资产,而不是公司的资本。公司资产的数额就是公司财产责任和清偿能力的范围。公司的资本再大,也不能扩大公司的责任范围;公司的资本再小,也不能缩小公司的责任范围。因此,从实际的清偿能力而言,公司资本几乎是没有任何法律意义的参数,以资本为核心所构筑的整个公司信用体系根本不可能胜任保护债权人利益和社会交易安全的使命。"[①]因此,企业的运行依靠的是资产信用而不是资本信用。可以设想,随着企业持续的经营,企业的资本慢慢成了一个符号,转变成公司的资产投入公司的运营。因此,一方面,债权人应该关注的是"资产-负债"的大小,即净资产的多少;另一方面,真正决定企业偿债能力的,恰恰是人力资本的价值创造能力。而且,既然企业可以取消最低资本额的限制来成立公司,以人力资本产权作为出资形式当然也不应该有什么问题。人力资本产权引入的目的是为了给其拥有者取得公司剩余利益的权利,从而使其得到有效激励,最终更好地实现企业目标。

---

① 赵旭东.从资本信用到资产信用[J].法学研究,2003(5):113.

如果企业利益得到保障,则作为其负债的承担者——公司实有资产也就有了保障。由此可见,人力资本产权的引入对企业的偿债能力只有保障而没有坏处,如果配套法制健全,反而有利于企业目标的实现,可以更好地实现债权人的权益。

人力资本产权出资已经在实践中形成变通的做法,也具有了立法的可行性和必要性。进行人力资本产权出资法律制度的建设,应该做好以下几个方面的内容:一是上位法要进行明确的规定,建立人力资本产权出资法律制度,规范企业人力资本产权的基本事项;二是在分析和完善目前地方性立法基础上,建设和完善中位法中的人力资本产权出资法律制度。三是引导具体企业的财务制度对人力资本产权出资法律制度进行响应。人力资本产权出资法律制度的建设应重点解决以下具体问题:人力资本产权的估值科学性和信用度评价、人力资本产权出资的代偿性保障、人力资本产权出资与物力资本产权出资的股权比例分配等。

6.3.2　企业运营制度

1)企业运营制度现状

现行的企业运营制度主要包括资产运营和资本运营。其中,资产运营指的是通过调整企业各种资产的配置,提高企业相关资产的使用效率和效果,以实现企业价值增值的目标;资本运营指的是对持有的资本通过买卖及杠杆控制的策略进行运营,以实现企业的资本增值。企业运营是企业依据自身的经营理念而进行的自主企业运营行为。它所依据的原理是通过企业资源的有效配置从而实现企业的价值增值,是一种依据经济规律而进行的理性行为。就企业这一经济主体内部来看,企业与其运营的资产或资本的出资者之间是通过协议约定的方式来获取权利,只要企业在协议的框架内进行资产运营或资本运营,法律对此通常是不另作限制的。而从企业与其外部主体的关系来看,我国在《中华人民共和国反垄断法》《中华人民共和国反不正当竞争法》《中华人民共和国产品质量法》《中华人民共和国消费者权益保护法》等相关法律中对企业运营进行了规定。其中,《中华人民共和国反垄断法》第5条规定:"经营者可以通过公平竞争、自愿联合,依法实施集中,扩大经营规模,提高市场竞争能力。"其第6条规定:"具有市场支配地位的经营者,不得滥用市场支配地位,排除、限制竞争。"该法对包含各种企业在内的经营者的垄断经营行为进行了限制。《中华人民共和国反不正当竞争法》第2条规定:"经营者在市场交易中,应当遵循自愿、平等、公平、诚实信用的原则,遵守公认的商业道德。本法所称的不正当竞争,是指经营者违反本法规定,损害其他经营者的合法权益,扰乱社会经济秩序的行为。"该法并在第二章对包含企业在内的不正当竞争行为进行了具体的限定。《中华人民共和国产品质量法》第2条规定:"在中华人民共和国境内从事产品生产、销售活动,必须遵守本法。本法所称产品是指经过加工、制作,用于销售的产品。"其第4条规定:"生产者、销售者依照本法规定承担产品质量责任。"该法对包含企业在内的生产者、销售者的产品质量义务进行了详细的规定。《中华人民共和国消费者权益保护法》第3条规定:"经营者为消费者提供其生产、销售的商品或者提供服务,应当遵守本法;本法未做出规定的,应当遵守其他有关法律、法规。"其第4条规定:"经营者与消费者进行交易,应当遵循自愿、平等、公平、诚实信用的原则。"该法在第三章对包含企业在内的经营者对消费者的义务进行了专门规定。

从上文可以看出,在现行的法律框架下,企业的自主运营首先要遵循公平竞争的市场规则,不能滥用市场地位排斥竞争。公平竞争的市场规则是企业财产运营的界限,各种市场垄断行为及其他不正当竞争行为通过法律进行了明确的规定。其次企业要对其提供的服务及销售的产品的质量对最终使用者承担相应的义务。除了上述法律规定外,法律还对企业在包括金融市场内的具体市场规则有具体的规定,如国家关于反洗钱的规定、银行关于企业资金的监管等。由此可见,我国已建立了相对完备的对企业财产运营进行管理的制度体系,但应当指出,上述规定还是建立在物力资本产权运营的基础之上。在知识经济时代,将人力资本产权纳入企业财产运营的范畴,由于人力资本产权的特殊属性,在现行运营制度体系下可能会存在以下问题:其一,人力资本产权主体对市场公平竞争秩序的破坏;其二,区别于物力资本产权,针对人力资本产权运营时可能会存在人力资本产权自然载体的人身权利的侵害。

2)人力资本产权运营

促进产权依照市场规则流动并配置到具有较高价值增值率的位置,是市场设立的目的。区别于物力资本产权的市场流动，人力资本产权作为一种具有能动性的特殊财产权利，流动时其产权被赋予新的信息，本企业的大量信息（包含技术秘密、商业秘密等）都包含在其中，在产权流动时，如果对此不加限制，实在有违市场公平竞争的本意。在现行的制度体系中，该相关规定是通过竞业禁止协议和保密协议等有关职业的约定来加以规范的。人力资本产权纳入企业财产运营的范畴后，上述包含技术秘密和商业秘密在内的相关信息成为人力资本产权的一部分，是对人力资本产权进行价值评价的依据，因此应当通过人力资本产权相关制度进行约束。基于此，人力资本产权在退出企业时，企业根据人力资本产权的信息情况并结合企业实际，同人力资本产权主体协商人力资本产权上述秘密信息部分的购买价格及占用时间，来维持一个相对稳定的人力资本产权交易的市场。

区别于物力资本产权，人力资本产权与其自然载体有着天然的特殊关系。但应当指出的是，自然载体（即作为活体的人）的财产权（此处指的是人力资本产权）和人身权具有明确的界限，人力资本产权指的是自然载体的知识、技能及道德品质等体现出来的综合能力，而人身权指的是与人身不可分割的非财产性权利，通常包括生命权、健康权、配偶权等。财产权是人身权的物质基础，有了财产权，生命权、健康权等人身权才有保障，人身权是对财产权进行价值评价的重要指标，尊重人身权是财产权实现的前提条件。但同时，财产权的使用过程中可能会存在对基本的人身权利的侵害，为实现人力资本产权的保值增值，应通过制度设计避免财产权对人身权的侵害。在现行的劳动法及劳动合同法中含有对相关权利的保护，但在这些法律中，财产权和人身权没有一个明确的界限。在人力资本产权运营制度设计时，由于人力资本产权、人身权同其自然载体的特殊关系，应至少包含以下规则：第一，当有证据证明人力资本产权的运营同人身权相冲突且只能作唯一选择时，人身权优先；第二，对公民的基本人身权予以规定，同时设立人力资本产权自我保值、增值的人身权指标体系，为人力资本产权运营提供数据支持。

6.3.3 企业治理制度

1）企业治理制度现状

现代企业的治理是建立在两权分离的假设之上的，建立起了相对完善的、各个机构相互制约的公司治理制度体系：物力资本出资者成立股东会，股东会是企业最高权力机关；由股东会投票选出董事会，董事会是公司的执行机构，负责执行股东会授予的权力；由董事会选任公司管理层即高级管理人员，负责公司的日常经营；股东会设置监事会，与董事会相对应，负责对董事会和管理层进行监督；由股东会选任与公司及大股东无关联关系的独立专业人士为公司的独立董事，主要针对公司的重大关联交易等事项进行监督，发表独立意见。我国《公司法》通过国家立法的方式对此进行了规定，要求公司设立股东会、董事会或执行董事、监事会或执行监事，符合条件的公司还要有独立董事，这样通过公司各个机构之间的相互制约，以解决两权分离带来的公司经营困境。现代企业治理制度是基于物本经济的理念而建立起来的，物力资本所有者拥有企业的最终决策权。

2）现代企业治理制度的反思

现代企业这样一种治理制度的建立实际是一种历史性的选择，发挥了不可低估的积极作用。但随着企业的发展，所有者和经营者的利益得不到很好的调和统一，企业基于此而得了"大企业病"，已经严重制约了企业的发展。同时，在知识经济时代，人力资本产权成为企业最可宝贵的资源，人力资本产权所有者对物力资本出资者的唯一企业所有者地位也提出了挑战。

为了解决人力资本产权贡献和地位不相称，同时也为了解决两权分离引致的问题，不少学者对委托—代理理论进行了重新解读。美国学者拉古拉迈·拉詹和路易吉·津加莱斯提出了关键资源理论，认为对企业关键资源的控制才是其权力的来源，拥有这种权力的一方可以赋予另一方"进入权"。[①] 关键资源可以是一个想法、好的客户关系、一种新工具或更为优越的管理技巧，"进入权"就是利用关键资源的能力或者是同关键资源一起工作的能力。由于物质资源并不是企业的唯一关键资源，所以权力不仅仅来自物力资本所有权。因此，企业并不能够完全由物力资本所规定，特别是那些人力资本已经成为企业存在和发展的关键性要素的新型企业更是如此。它们把企业定义为既包括独特的资产（物质资产或人力资产），也包括对这些资产拥有进入

---

① 拉古拉迈·拉詹，路易吉·津加莱斯. 从资本家手中拯救资本主义：捍卫金融市场自由创造财富和机会[M]. 余江，译. 北京：中信出版社，2004：46.

权的人的集合,强调企业并不是一个简单的物质资产集合,而是这样一个集合:不仅包括那些被共同所有的关键要素、天才和创意,还包括那些获得这些关键要素使用权并且为之进行了相应的专用性人力资本投资的人们,企业是围绕关键性资源而生成的专用性投资的网络。

3) 人力资本产权所有者治理理论的提出

在关键资源理论的基础上,我们认为,人力资本产权是企业的关键资源,应赋予其所有者以权力——企业所有者的权力,因此,我们在企业中引进人力资本所有者。徐国君提出了"委托—代理—自理"理论,以从根本上解决委托—代理关系带来的效率损失。这一理论是人本财务与人本会计的理论基石之一,人力资本产权所有者的引进使得企业成为"企业家的企业",降低了企业的委托—代理成本,提高了企业的效率。

基于以上分析,人力资本产权具有所有者治理的理论和实践条件,将人力资本实现与物力资本同等的所有权地位,从立法上进行保障,是十分必要的。越来越多的事实表明,物力资本所有者单方面享有所有权的观点,并不符合企业所有权结构发展变化的现实。一个重要理由是非物力资本所有者其实也是企业专用性资产的出资者。公司的出资不仅来自股东,而且来自公司的债权人、雇员、供应商和客户,这些主体提供的不仅仅是物力资本,还有人力资本、社会资本或者信息资本这一类的专业性资产投资。这些主体既然向企业进行了专用性投资,同时承担了不同程度的风险,自然应该分享企业的剩余控制权和剩余索取权。因此,杨瑞龙和周业安(1996)认为,应该将集中对称的剩余索取权和剩余控制权变为分散对称。他们以雇主(非人力资本所有者)和雇员(人力资本所有者)在企业所有权方面的较量为例进行了分析。他们认为,企业在建立初期,由于人力资本的难以度量以及劳动力市场不够完善和非人力资本产权的可抵押性等,剩余索取权和控制权集中于非人力资本产权方,但是,随着雇员在企业中重要性的增加,雇员们的共同利益促使其采取统一行动,其人力资本有效、突出地显示出来。在此前提下,雇员能够拥有企业所有权并参与企业治理,最终就形成剩余索取权和剩余控制权分散在不同的产权主体之间的结果。

人力资本产权治理制度的建设应该立足于解决立法层面上的治理角色定位问题,即人力资本产权参与治理、分享所有权的法律制度保障,而上述谈及的出资立法制度在一定程度上解决了这一问题。因此,人力资本产权治理制度的建设重点放在治理制度的构架、维护以及如何在现有物力资本公司治理制度基础上的嵌入问题。

6.3.4　资本退出制度

1)资本退出制度现状

资本退出制度是解决公司出口问题的重要制度。现行《公司法》规定了物力资本的退出制度。《公司法》第三章规定了有限责任公司资本退出的三种情形及办理程序:"有限责任公司的股东之间可以相互转让其全部或者部分股权。股东向股东以外的人转让股权,应当经其他股东过半数同意。……""有下列情形之一的,对股东会该项决议投反对票的股东可以请求公司按照合理的价格收购其股权:……""自然人股东死亡后,其合法继承人可以继承股东资格;但是,公司章程另有规定的除外。"《公司法》第五章第二节规定了股份有限公司资本的退出:"股东持有的股份可以依法转让""公司不得收购本公司股份。但是,有下列情形之一的除外:……"可以看出,物力资本的退出实际是物力资本所有者的退出,物力资本所有者出卖自己拥有的份额,企业的物力资本是保持不变的。

2)人力资本产权退出制度

人力资本产权所有者成为企业的所有者是知识经济时代企业的一大特点。《公司法》应当对人力资本产权的退出进行明确的规定,以建立与人力资本产权的引进相配套的公司人力资本产权退出制度。人力资本产权的退出实际是在人力资本产权所有者退出的情况下,基于人力资本产权与其所有者的不可分性而导致的同时退出,其退出制度可作以下尝试:其一,完善人力资本产权市场,丰富人力资本资源,增强人力资本产权的可替代性,通过人力资本产权的替代来完成企业原有人力资本产权的退出。其二,通过物力资本产权的替代。企业通过对企业人力资本产权是否充足的把握,来决定是否用物力资本产权来补足人力资本产权退出而出现的资本缺口。其三,通过清算减资来实现人力资本产权退出,人力资本产权归属于其个人所有,其所持的人力资本产权股应履行《公司法》规定的减资程序,从公司资本中予以减除。其四,在人力资本产权退出时,应对人力资本产权所占相应股权比例的债务对内按比例承担偿付责任,对债务人则以出资额为限承担连带清偿责任。

6.3.5　企业清算制度

1)现行企业清算制度

企业清算制度是企业终止的必备制度。企业清算制度主要包括企业解散清算制度和企业破产清算制度。清算的目的是企业通过该程序终结相关主体之间的权利和义务关系,其中这一时期企业一个重要的工作包含企业债权债务的清理。企业的清算包括无限责任企业和有限责任企业的清算,现行《公司法》第十章详细规定了企业解散清算的原因、程序和清算组的相关规定;现行《破产法》第十章规定了破产清算从宣告到终结的程序。清算时,无限责任企业所有者以其所有财产对企业债务承担偿付责任,有限责任企业所有者以其出资额为限对企业债务承担偿付责任。

2)人力资本产权的清算

人力资本产权出资者集中在其对债务的偿付上,基于其资本的虚置,对其偿债机制的设计是我们设计清算制度时需要重点关注的。无限责任公司股东承担无限连带责任,对人力资本出资者来说,需要以其所有财产甚至终生能力来承担责任。因此,出资额只是利润分配的依据,而非承担有限责任的依据。但是对有限责任公司来说,对人力资本估价之后形成的出资额,则不仅是分配剩余收益的依据,也是人力资本股东承担有限责任的依据。

如果没有相应的物力资本和相关制度作支撑,人力资本股东可能会危害债权人的权益。结合其他制度,笔者初步提出以下制度构想:其一,人力资本出资公示公信制度。将企业人力资本出资情况在企业执照中载明,对外公示,交易方可据此了解企业情况,从而决定是否与其交易。其二,结合职业保险制度设计保险偿付制度。此制度与信用制度、市场禁入制度和个人破产等制度配套,当保险代偿时,降低信用等级,记入信用档案。影响达到某一标准时,市场禁入和个人破产机制启动。人力资本所有者的生命在于其信用,信用评价的降低意味着其人力资本估价的降低,甚至市场的禁入。人力资本出资者可以通过补齐保险偿付额来获取信用升级。其三,民事、刑事责任制度。

为了避免人力资本所有者有意侵害债权人利益的情况,应通过制度设计让其承担民事赔偿责任或是追究刑事责任,这样会形成一个人力资本与物力资本循环的机制,使得人力资本机制可持续。

6.3.6 收益分配法律制度

1)现行收益分配法律制度

现行收益分配制度是基于物力资本产权所有者是企业唯一所有者而设立的收益分配制度体系。现行企业收益分配包括两个层次的内容:一是企业经营相关人员对收益的分配,包含企业的所有者、企业员工、企业债权人等;二是政府主体基于社会管理者的身份对企业征收的相关税费。在现行收益分配制度体系下,人力资本产权的收益计入企业的成本费用之中,通过工资及奖金的方式表现出来。其中,生产工人的工资计入产品成本;生产管理人员的工资计入制造费用;销售人员的工资计入销售费用;企业管理人员的工资计入管理费用等。人力资本产权所有者根据自己工资状况按照国家税收的规定缴纳个人所得税等。企业收入扣除相关成本费用后,如果还有剩余则按照国家规定缴纳企业所得税。缴纳企业所得税后的剩余为企业剩余收益,剩余收益缴纳相应的税费后归企业所有者所有。企业人力资本产权所有者没有分配企业剩余权益的权利。

人力资本产权纳入企业财产权利范畴后,人力资本产权所有者凭借其人力资本产权出资成为企业的所有者,企业的收益分配制度也发生了相应的变化,这些变化主要体现在个人所得税和企业所得税方面。人力资本产权纳入企业资产进行管理后,人力资本出资者成为企业股东,原先的工资性收入改变为两部分:一部分是维持个人日常生活的工资性收入;另一部分是企业剩余收益分配。从会计与税法的角度来看,人力资本股东的日常保障花费列支在人力资产的长期摊销中,这一部分是维持企业日常运营的成本,应当税前扣除;而人力资本股东分享的剩余收益是企业收益的一部分,应当缴纳个人所得税,分配的次序列在企业缴纳企业所得税之后。这样会导致企业所得税计税基数变大,最终会造成企业较以前承担了更重的税负,势必影响人力资本产权制度的实施。因此,相应的税法应当作相应的调整,以利于人力资本产权制度的引进。

2）人力资本产权收益分配法律制度

　　人力资本产权所有者参与企业剩余收益分配的法律制度可以从以下几方面进行考虑：首先，个人所得税方面。人力资本产权所有者参与企业剩余收益分配后，人力资本产权的收入可以主要分为两个部分：其一是维持其基本需要的工资收入，其二是基于人力资本产权所享有的资本收入。在工资收入中，从社会公平的角度和个人所得税调整收入分配的功能出发，根据个人社会平均收益水平，应当确定不缴或少缴个人所得税的征收原则。至于人力资本产权的资本收入即其所享有的剩余收益，则是政府征缴个人所得税的主要方面。其次，企业所得税方面。从上文论述可知，人力资本产权所有者参与企业剩余权益分配可能会引起企业所得税税负的增加，从而会引发人们对人力资本产权的排斥。由此笔者认为，可以建立企业所得税分级税率，高人力资本产权投资比例采用低税率征收，根据企业人力资本产权和物力资本产权的不同比例来确定不同的企业所得税税率，从而达到通过税收调整收益分配、激励人力资本产权投资的目的。

7 人本财务技术法律制度研究

人本财务技术法律制度是人本财务法律制度具体实施的应用性规范。传统财务中与人本财务技术法律制度相对应的制度是现在正在实施的《企业财务通则》。人本财务技术法律制度指的是规定人本财务运行"谁来做""做什么""怎么做"的法律制度规范。人本财务技术法律制度应当以上位法为指导,具体制定和实施都不能违背上位法的规定。

7.1 人本财务技术法律制度概述

7.1.1 人本财务技术法律制度的目的

目的指的是希望得到的预期结果。人本财务目的可以理解为通过规范人本财务活动"希望得到的结果"。人本财务技术法律制度的目的指的是通过规则设计,保障人本财务目的的实现。人本财务技术法律制度规范财务活动、调整财务关系的最终目的是为了实现人本财务目的。因此,研究人本财务技术法律制度的目的首先必须弄清人本财务的目的。厘清财务的目的,可以指明财务活动的方向,引导不同主体力往一处使,并且是主体绩效考核的标准,可以及时反馈考核信息,对主体产生激励或约束的作用。如果财务目的确定得不恰当,则财务活动可能偏离正确的方向,导致企业资源的浪费,不能有效满足企业真正利益主体的需要。

随着人们对财务认识的深入,人们对财务的目的的认识也经历了一个过程。归纳起来主要有以下四类[①]:①利润最大化。②股东财富最大化。③企业价值最大化。④利益相关者财富最大化。

---

① 汪平.财务管理——理论·实务·案例[M].北京:经济管理出版社,2007:24.

利润最大化指的是反映在企业"利润表"中的税后利润总额的最大化。以利润最大化作为财务目标,可以反映当期经营活动中投入与产出对比的结果,在一定程度上体现了企业经济效益的高低,有利于鼓励企业加强管理,改进技术,提高企业劳动生产率;在企业自主经营的条件下,利润的多少不仅体现了企业对国家的贡献,而且与企业及其职工的利益息息相关,利润最大化对国家有利,并且有利于调动企业和职工创造利润的积极性;利润最大化有利于纠正"只要出东西,赔赚没关系"的错误的企业经营思路。但利润最大化也存在一些问题:首先,其中的利润额是绝对数,它不能反映出所得利润额同投入资本额的关系,因此没有科学地说明企业经济效益水平的高低;其次,片面强调利润额的增加,可能使得企业产生追求短期利益的行为。

股东财富最大化指的是基于委托代理下的受托责任,经营者应最大限度地谋求股东或委托人的利益,而股东或委托人的目标则是增加股东财富,实现权益资本的保值增值。股东财富最大化全面地反映了投入与产出的关系,可以较好地考核企业经济效益的水平,能客观地考察企业权益资本的增值情况,较好地满足投资者的需要。但股东财富最大化容易导致经济利益过分向股东倾斜,不利于协调所有者与债权人、经营者之间的利益关系,忽略了劳动者的权益;也容易使得经营者为追求自己短期利益而牺牲企业的长期利益。

企业价值最大化指的是采用最优的财务结构,同时考虑资金的时间价值以及风险与报酬的关系,通过对企业未来现金流量进行折现来衡量企业价值,使企业价值达到最大,实现企业财务目标。企业价值最大化着眼于企业未来的价值生成与分配,可以体现企业经营层掌控未来的能力。但在物本财务框架下,企业的唯一所有者是物力资本所有者,企业价值最大化的主要问题在于可能存在企业价值和劳动者价值的背离,不利于企业实现其长期利益。

利益相关者财富最大化指的是现代企业的组成不仅限于股东,是一个由多个利益相关者组成的集合体,把企业看作是利益相关者多个合约的联结,股东不处于公司治理的核心位置,且不起主导作用,利益相关者都有影响决策和收益分配的权力。财务管理目标应从利益相关者这一更广泛的角度出发来组织财务活动、调整财务关系,使利益相关者经济利益最大化,实现企业财务目标。利益相关者财富最大化的主要问题是企业决策和受益主体的泛化,缺乏企业所有者产权依据,不明确企业核心所有者的利益,不利于企业核心权益的维护。

基于现行财务理论研究及实践中所界定财务目的的各种不足,徐国君在行为价值管理框架下,提出行为价值管理的目的是实现企业经济价值和人的经济价值的协调发展,实现共有价值的最大化[①]。笔者认为,价值创造行为是行为价值管理的核心要素,其同样是人本财务的核心要素,以这一理念为前提,实现物力资本与人力资本价值增值的协调发展,进而实现共有价值的最大化应当是人本财务的目的之所在。依据行为人天生具有的权利和义务相对等的原则,行为人在履行义务的同时,自然就享有与此相对应的权利。在物本财务框架下,企业劳动者在实现企业价值增值的过程中发挥了核心作用,但是并没有得到相应的回报,其收益与其付出不成比例。这种现实情况的存在,不但侵犯了人力资本所有者的天赋权利,也没有有效利用企业的核心资源为实现企业价值增值服务。人本财务学者所提出的共有价值最大化的财务目标在保护了劳动者天赋权利的同时,也把握住了企业价值增值的本原要素,可以有效地发挥其作为财务目标的引导和激励作用。为实现人本财务的目的,徐国君认为关键在于对价值创造行为的管理,主要体现在:第一,把握影响行为价值的动因,探索人的行为规律;第二,增加增值的、高附加值的行为,减少不增值的、无效的行为;第三,行为增值与行为减值相匹配,实现行为净值的最大化[②]。

人本财务的目的从某个角度来说就是人本财务技术法律制度的立法目的,即通过规则设计保障人本财务共有价值最大化目的的实现。更进一步,人本财务技术法律制度的目的是依据其规范的对象要素的内在的规律进行相应的制度设计,最终确立主体的权利和义务,使得财务活动在一个合适的制度环境下完成其自身的使命。现行《企业财务通则》第1条对其立法目的进行了规定:"为了加强企业财务管理,规范企业财务行为,保护企业及其相关方的合法权益,推进现代企业制度建设,根据有关法律、行政法规的规定,制定本通则。"此处主要规定了现行《企业财务通则》的四个目的:一是加强企业财务管理;二是规范企业财务行为;三是保护企业及其相关方的合法权益;四是推进现代企业制度建设。可见,现行财务规则是以实现行政管理为目的的。现行《企业财务通则》第4条规定:"财政部负责制定企业财务规章制度。各级财政部门(以下通称主管财政机关)应当加强对企业财务的指导、管理、

---

①② 徐国君.行为价值管理论纲[J].财务与会计,2009(21):25-27.

监督……"这条规定可以很清楚地说明财务规则的目的,即通过行政管理的手段实现财务目标。此外,现行财务通则也是被动管理的典范。物本财务要素是被动要素,接受上层指令、执行指令的企业自上而下的财务运行方向,清楚地表达了物本财务技术法律制度的被动管理的特点。

在人本财务目的的框架下,企业价值创造行为是企业价值本原,围绕价值创造行为进行制度设计,可以有效实现共有价值最大化的人本财务目的。由此,为实现这一目的,应当将价值创造行为作为核心资源依据其本身规律进行规范,进行规则设计时应当考虑以下方面:其一,价值创造行为具有可预测性、可控制性,行为有迹可查,有规律可循;其二,行为具有增值性,价值增值能力往往取决于行为人的知识、经验和各种素质等;其三,行为具有自主性、创新性,规则设计时应注意激励机制的人性考量。因此,人本财务是自主性、主动性管理。自主性、主动性的管理,要求人本财务技术法律制度应当以保护行为主体的自主性和主动性为立法目的,建立一套能顺应财务要素运行规律来进行管理的制度体系,业务执行的主导性和上层管理的辅助支持构成了人本财务的制度架构,确定这样的制度架构是人本财务技术法律制度的目的。

7.1.2 人本财务技术法律制度的原则

人本财务技术法律制度的原则是指人本财务管理中必须普遍遵循的,具有全局性的、根本性的准则。该准则是从人本财务活动的基本规律中总结出来的,贯穿于人本财务技术法律制度始终。人本财务技术法律制度的原则包括基本原则和技术原则,合法性原则和合理性原则是基本原则,其他原则为技术原则。

1) 合法性原则

合法性原则指的是人本财务技术法律制度的立法和执行必须符合上位法律,不能违背上位法律规定的原则。合法性原则是人本财务技术法律制度合法存在的依据,同时也是企业价值运行的限制和保障。只有符合上位法律的规定,才是对企业产权最好的保护。合法性原则要求人本财务运行主体应当合法成立,财务运行不能违反强制性法律规定等。

2）合理性原则

合理性原则是指人本财务技术法律制度的设计和执行应当符合实际、符合企业价值运行一般道理的原则。人本财务技术法律制度是主动管理、自主管理、以人为本的管理，其管理对象的价值表现会随环境的变化而变化，具有复杂性、多面性、常变性的特征，同时也是可预测、可控制的，因此，规则的设计与执行必须符合管理对象原本的道理。遵循本原则应当注意处理好一般和个性的关系，具体执行时尊重个体差异性，个体差异是创新性的基础，尊重个性，才能激发个体活力。忽视个性，就是不尊重创新性，可能挫伤一个个具有很大潜力的员工的积极性。这也是财务运行调控的基本要求。

3）资源优化配置原则

资源优化配置原则是指根据财务要素的个体特征来确定资源使用的原则。行为要素是主动性、自主性、创新性要素，对于不同的行为主体，其驾驭资源的能力是不同的，同时这也是对行为主体价值评价的依据之一。全面收集行为主体信息，包含货币量化的数据和非货币性信息，如行为主体的知识技能、心理特点、行为习惯、人际关系、工作环境、需求结构、家庭关系等，分析和掌握人的行为规律，据此进行资源配置。依据财务要素个体特征进行资源配置，可以有效保障资源的有效使用，同时也可以激发行为主体的活力，资源匹配是达到预期价值目标的基础。

4）价值与要素匹配原则

价值与要素匹配原则指的是企业的价值产出要与财务要素尤其是行为要素建立关联的原则。行为要素是价值本原要素，行为要素在具备资产要素条件下通过价值运行导致价值增值或减值的结果。资产增值与减值、行为增值与减值、权益增值与减值之间的对应匹配可以使行为主体即时自我评价，价值产出与行为的匹配是激发行为主体活力的有效手段，是人本财务运行的基础机制。

5）即时性原则

即时性原则指的是人本财务活动是动态的活动，行为要素、资产要素、权益要素随时都在变化调整当中，企业要建立信息随时更新的信息平台的原则。对财务要素及其价值运行进行即时管理是人本财务对信息传递的要求。行为主体应能及时获取价值变动的信息,并对行为过程做出诊断,确定进一步的行为方案。这也是人本财务区别于物本财务的一个重要特点。现行技术的发展保证了即时性原则具有可操作性。

6) 行为核心原则

行为核心原则首先指的是行为是价值的本原,其他要素是价值的条件的原则;其次指的是人本财务同时也是行为财务,要加强对行为要素的研究和管理的原则。人是企业运行成功与失败的决定性的因素,任何轻视人力资本、片面强调物力资本重要的做法,都是注重眼前利益的短视行为,没有抓住企业发展的关键因素,最终只会在企业经营失败中吸取教训。

7) 自理为主、代理为辅的原则

自理为主、代理为辅原则指的是在人本财务框架下,企业主要的价值活动是企业人力资本产权出资者的员工作为企业主人进行的活动,该活动是自理活动;辅助的价值活动是代理物力资本产权出资者进行的活动,该活动是代理活动。在行为调控与监督时,应注意当行为主体面对的利益高于其能获取的剩余收益时,所可能导致的对其他产权主体的侵害。该原则是约束性原则,是对财务行为的纠正。

8) 算管结合原则

算管结合原则指的是行为—价值的管理要以算为基础,管理指导核算、核算支持管理,不能把核算与管理的内在联系割裂开来的原则。核算时应着重注意要素与价值产出的匹配,用于支持价值运行的管理。

9) 立体性原则

立体性原则指的是财务要素基于其在价值运行中的作用不同,应当以行为要素为核心,以资产要素为条件,以权益要素为结果,在企业空间中进行立体反映价值运行的本质,去还原现实景象的原则。立体性原则是价值运行管理的重要原则,是价值调控与诊断的手段。

10）未来性原则

人本财务是面向未来的财务。企业的预期收益和风险都在未来,行为要素是具有成长性的要素,具有可预测性、可控制性。对行为的把握是企业收益和风险确定的基本原则。人本财务技术法律制度要基于对未来的判断,将事前、事中、事后判断有机地结合起来,一环扣一环地系统对待,是实现价值运行的有效管理。

7.1.3 人本财务技术法律关系

人本财务技术法律制度规范财务活动的目的是调整人本财务技术法律关系[①]。现行的研究都是关于财务关系的论述,鲜有关于财务法律关系方面的研究。在传统财务理论中,财务关系通常指的是(财务主体)在财务活动中所形成的各种经济关系[②]。企业在进行资金筹集、投放、使用、收入分配等财务活动中,必然与内外各方面发生经济关系,这种关系通常是财务主体之间的权利和义务关系。这种财务关系包括企业及其所有者之间的财务关系、企业和债权人之间的财务关系、企业和债务人之间的财务关系、企业和其被投资单位之间的财务关系、企业内部各单位之间的财务关系、企业和员工之间的财务关系、企业和税务机关之间的财务关系等。这种财务关系在无制度约束的情况下,通常处于一种无序的状态,财务主体之间的权利和义务可能只是双方的一种约定,其内容并不清晰。为规范财务活动,需要从财务活动本身的规律出发,制定相应的规则对财务活动进行约束,以形成特定的财务关系。这样,通过财务规则约束财务活动而形成的有权财务主体之间的权利和义务关系就是财务法律关系。同其他法律关系一样,财务法律关系由主体、客体、内容三要素构成。其中,财务法律关系的主体是指在财务法律关系中享受权利或承担义务的人或组织;财务法律关系的客体是指财务法律关系中权利和义务共同指向的对象;财务法律关系的内容是指主体在财务法律关系

---

① 人本财务技术性法律关系是技术性规范在规范人本财务活动过程中而发生的主体之间的权利和义务关系,财务法律制度调整的主要关系就是技术性法律关系,基于行文的方便,以下将人本财务技术性法律关系简称财务法律关系。

② 郭复初. 中国特色财务理论研究[M]. 成都:西南财经大学出版社,2010:16.

中享受的权利和承担的义务。财务法律关系厘清了不同财务法律主体在财务活动中的权利和义务,便于赏功罚过,顺利实现财务目的。但在物本财务框架下,财务法律关系没有针对财务本原要素进行规范,偏离了正确的方向,其在财务规范的效果上所发挥的作用有限。

物本财务认为企业的核心资源是企业的物力资源,因此,财务法律关系的客体是企业的物力资源,财务法律关系的主体围绕企业物力资源进行财务活动。在物本经济时代,企业物力资源在企业的经济运营中发挥相对重要的作用,物本财务基本能够反映企业经济运营的实际情况。随着知识经济时代的来临,拥有先进知识、技能和足够体力的人力资源成为企业的核心资源,企业经济活动实际就是基于企业人力资本产权的运营。在这种情况下,物本财务使得财务法律关系主体的权利和义务仍然附着于物力资源中,企业的人力资本产权在经济活动中的核心作用却没有反映在企业经济活动信息中。人力资本产权的缺失导致财务法律关系主体的权利和义务背离企业经济活动的实际,不能更好地为企业服务。

物本财务在企业经济活动中不能真实地反映企业信息,关键在于人力资本产权作为企业核心产权并没有纳入财务体系。人力资本产权作为企业的核心产权应当成为人本财务法律关系的客体,财务法律关系主体围绕人力资本产权进行财务活动,这样就抓住了企业经济活动的实质。

法律关系是法律规范调整的权利和义务关系,在法律制定之前需要先根据所需规范具体行为本身的规律确定的,整个法律体系是基于对法律关系的调整而建立起来的。人本财务通则是调整人本财务法律关系的,人本财务法律关系是制定人本财务通则的基础,对人本财务通则的研究需要先对人本财务法律关系进行清晰的界定。

人本财务法律关系是指受人本财务技术法律制度调控的因人本财务活动而形成的人本财务法律关系主体之间的权利和义务关系。人本财务法律关系应确立以价值创造行为为核心的人本财务要素,各财务法律关系主体围绕人本财务要素进行财务活动并形成权利和义务关系,各主体受权利和义务关系的约束来指导、调整自己的行为。人本财务法律关系通常应当具备以下几个特点:其一,人本财务法律关系是一种合法的法律关系,它是具体法律规范的实现形式,是法律规范的内容在现实生活中得到的具体贯彻。现实的经济要素的变化引发主体之间权利和义务的变化。其二,人本财务法律关系的确立具有滞后性,人本财务法律关系的调整通常是经济活动的发展引起法律的调整,人力资本产权纳入财务要素后,以人力资本产权为核心的企业资源配置会产生新的权利和义务关系调整的需求,法律的调整最终才会落实到人本财务法律关系上。

人本财务法律关系同样由主体、内容和客体三个要素组成,但由于人力资本产权的引入,企业财务法律关系主体自主性、创新性意识的增强,人本财务法律关系的主体、内容和客体三要素较之在物本财务框架下有着明显的差异。

1) 人本财务法律关系的主体

人本财务法律关系的主体,主要有企业、财务人员、所有者、债权人、债务人、国家有关监督管理部门、有经济业务往来的其他单位、相关投资者等。在企业自主经营、自负盈亏的经济民主思想的推动下,随着人力资本产权在企业的引入和其他相关法律制度的日益健全和有效运行,财务法律关系的主体的行政强制色彩将被淡化,人本财务通则应当顺应人本财务相关要素的内部规律,加强物力资本所有者、人力资本所有者、债权人等直接利益参与者的规制。

2) 人本财务法律关系的内容

人本财务法律关系基于财务法律规范而产生,以规范人本财务活动、实现企业目的为核心。保证人本财务活动符合其本性,顺应其管理对象本身的规律进行规范是人本财务通则的最终目的。人本财务法律关系的内容指的是人力资本产权纳入财务要素体系后,主体作用于新的财务要素体系时相互之间的权利、义务。人力资本产权作为财务要素中的本源要素,使得人本财务活动指向的对象发生了根本性的变化,人本财务法律关系主体之间根据财务活动而明确的相互之间的权利和义务的界限是其主体财务活动的依据,同时对行为对象产生重要影响,从而最终决定价值增值目的的实现。人力资本产权的引入对财务法律关系主体之间的权利、义务关系产生了根本性的影响。不同主体利益的趋同,变代理为自理,变为他人实现为自我实现。从人性的角度出发,每个主体在权利放大的情况下,必然要付出更多的努力去维护自己的权利。

3）人本财务法律关系的客体

人本财务法律关系的主体之间的权利和义务的履行就是财务活动,财务活动应当指向企业核心资源的运行,反映企业经济活动的实质。只有这样才能抓住企业经营的实质,抓住企业价值增值的"牛鼻子",事半功倍,实现企业的财务目标。因此,人本财务法律关系的客体应当是企业的核心资源,围绕核心资源进行财务活动才是有实质意义的。人本财务法律关系的客体是以价值创造行为为核心的财务要素系统。

7.2　人本财务机制

7.2.1　机制的含义及其运行

研究财务机制,先要对"机制"有一个清晰的界定。根据《现代汉语词典》,机制是一个机械术语,本义指的是机器的构造和工作原理,如计算机的机制①。对机制的本义可以从以下两方面来解读:其一,机器由哪些部分构成? 构成的原理是什么? 其二,机器是怎样工作的? 工作的原理是什么? 人们把机制的含义引申到其他领域,就形成了机制的不同定义:一是引申到医学领域,指的是肌体的构造、功能和相互关系,如动脉硬化的机制;二是引申到自然科学领域,指某些自然现象的物理、化学规律,如优选法中优选对象的机制,也叫机理;三是引申到社会科学领域,泛指一个工作系统的组成或部分之间的相互作用的过程和方式,如市场机制、竞争机制等。

从以上机制的各种定义可以看出,从机制的角度来研究某一事物,至少要把握住以下两点:一是事物的构成要素及其原理,事物的运行是其构成要素的协调运行,把握事物的构成要素是研究机制的基础;二是事物怎样运行及其原理,这离不开对事物运行的结构把握,即事物的结构系统如何相互作用。因此,机制可以理解为事物的构成及运行的规律,是事物本身固有的基

---

① 中国社会科学院语言研究所词典编辑室. 现代汉语词典[M]. 5 版. 北京:商务印出版社,2005:628.

因。事物机制是构建事物体制和制定相应制度的理论依据,研究事物机制的目的是为了掌握事物的构成及运行的规律,然后顺应其本身的规律进行管理。事物机制厘清后,在此基础上构建体制,确立组织职能和具体岗位职责,并制定相应的规章制度,事物机制才有可能在实践中得到体现。事物体制及其制度不能有效地支持事物的发展,通常是因为我们对事物机制没有清楚地掌握,在此基础之上构建的体制和制度"水土不服",不能有效支持甚至会制约事物的有效运行。因此,为解决事物的体制和制度问题,先要研究事物的构成及运行机制,在此基础上,改变体制和制度,实现事物机制的有效运转。在确立新的事物机制时,一定要顺应机制原理进行体制和制度建设,机制的变化需要相适应的体制和制度来支持。

7.2.2 现行财务机制的问题

财务是一个人造系统,但财务也有其自身的规律,财务机制是财务运行规律的反映。不同的学者基于自身的研究逻辑提出了自己的财务机制观点。学者们对财务机制的研究主要集中在财务机制的含义及其组成方面。

朱于平从财务活动要素的角度对企业财务机制进行了研究。他认为,企业财务机制是企业财务活动诸要素的有机结合;财务机制的基本功能是促进和调控企业经营活动,保证企业实现经营目标;企业财务机制主要由财务导向机制(财务目标机制)、财务动力机制、财务风险机制、财务控制机制和财务约束机制所构成[①]。杨淑娥从本金流动的角度对财务机制进行了阐述,她认为,企业财务仍然在筹资决策、投资决策、内部控制、资金调度等方面存在着困惑,如何摆脱困惑,除了继续加强对财务活动的各环节管理,提高财务管理的质量外,应重点转向企业内部财务机制的建立和完善上。为此,她提出了应从建立和完善财务平衡机制、自我扩张与自我约束机制、风险防范机制三个方面来完善企业内部财务机制[②]。鲁继从系统论以及管理的角度对财务机制进行了研究。他认为,财务机制就是从系统论的角度出发,把企业内部各

① 朱于平.试论企业财务机制[J].财会通讯(综合版),1989(12):6-7.
② 杨淑娥.企业财务管理的变革、困惑与展望——兼论企业内部财务管理机制的形成与完善[J].当代经济科学,1991(2):34-36.

部门及各生产经营环节有机地联系在一起,形成一个综合、联动、高效的财务运行体;财务机制是各种有效功能的充分利用,其目的是促进财务管理更好地围绕企业发展的目标发挥控制和调节作用,它所发挥的作用应当远远超过各功能环节的迭加;符合现代企业制度要求的现代财务机制的内容,主要包括企业财务自我平衡机制、自我扩张机制、自我约束机制和风险防范机制①。张兆国、孔庆贵和谭业富从机制的含义和基本特点出发对财务机制进行了逻辑推演,他们认为,"机制"是指事物与其他事物之间以及事物内部各要素之间相互联系、相互作用的方式、结构和功能;机制具有整体性、结构性、动态性、功能性特点;企业财务机制是企业财务管理活动及其构成要素之间得以协调发展的动力;财务机制应当包括动力机制、循环机制和约束机制几部分②。郭复初从经济机制和本金运动的角度出发对财务机制进行了论述。他认为,财务机制是一种经济机制;经济机制是由相互联系、相互制约的特定部分所构成的经济活动体系,它具有对再生产运行的某一方面的调节与控制功能;财务是一种经济活动体系,由本金投入与本金收益两个基本部分构成,并紧密联系、相互制约;基于此,财务机制是由本金的投入与本金的收益活动等相互联结的部分所构成的财务活动体系,是社会再生产运行的自动调控系统之一,是经济机制的重要组成部分;财务机制主要有主体机制、动力机制和制衡机制几部分构成③。2007年1月1日正式实施的《企业财务通则》不再延续1992年颁发的通则关于反映企业财务状况、核算财务收支的规定,而是基于财务运行的角度,按照企业建立"激励规范、约束有效"的财务运行机制的要求,从企业财务决策、财务控制、财务激励和财务监督四个方面建立健全财务运行机制,以促进企业完善法人治理结构④;其中,企业财务监督包括内部监督和外部监督,内部监督是建立有效的内部制衡的重要方面,它体现在财务对业务的监督、审计对财务的监督、职工对管理层的监督、投资者对经营者的监督;外部监督主要包括财政监督、国家审计监督和社会监督。

从以上学者的论述和 2007 年《企业财务通则》制定的精神来看,现行的财

① 鲁继.谈建立现代企业的内部财务机制[J].社科纵横,1995(3):50-51.

② 张兆国,孔庆贵,谭业富.试论现代企业财务机制的构造[J].武汉大学学报(哲学社会科学版),1998(5):49-50.

③ 郭复初.财务机制的构成与作用[J].四川会计,1999(1):7-9.

④ 财政部企业司.《企业财务通则》解读[M].北京:中国财政经济出版社,2007:11.

务机制的研究有以下特点：其一，财务机制是以物本财务理论为基础来进行研究的，围绕着本金运动过程所构建的，体现了对财务过程的整体系统控制；其二，现行财务机制的研究注重对财务运行环节的研究，关注财务运行的结构及其状态；其三，现行财务机制是一个动态机制，注重财务运行的自我控制；其四，现行财务机制的研究以实现企业运营目标为起点，按照财务运行过程的特点进行职能分工。现行财务机制从理论上已经能够建立起有动力、有运行、有激励、有约束的机制体系。

基于物本财务基础构建的现行财务机制体系至少存在以下问题：其一，现行财务机制的研究是对财务运行的宏观的研究，缺乏从微观上对财务要素之间的关系的研究，不能细致有效地对财务运行发生作用；其二，现行财务机制是基于物力资本而建立的运行机制，以本金作为机制运行的动力，没有抓住企业价值增值的本原；其三，财务机制应当是财务要素自我治理机制，上层的管理应当顺应财务运行的规律进行，现行财务机制具有行政管理特色，背离了财务运行的本质；其四，现行财务机制缺乏支持企业财务协调运行的结构性安排，使企业财务运行的状态简单，主体职能陷于混乱。

7.2.3　人本财务机制的理念

1）人本财务机制的含义

人本财务机制是以行为要素为核心的财务要素之间的相互作用关系与方式，即依据以人为核心的财务要素之间而确立的财务要素运行的财务活动体系及顺应财务要素活动的财务支持体系。较之于传统财务机制，人本财务机制的含义应关注以下几个特点：首先，以财务要素作为财务机制的起点，财务机制规定的是财务的构成及其运行的原理，财务由财务要素构成，财务的运行就是财务要素的运行。财务要素及其之间的相互关系是财务机制的基础，只有对财务要素及其关系展开细致有效的研究，才能打开掌握财务运行规律的大门。其次，行为要素是人本财务的核心要素，是企业价值的本原。行为要素具有主动性，行为要素纳入企业财务要素体系后，企业价值增值找到了源头，财务机制才具有了活力。再次，财务机制是包含财务自我运行、自我完善机制在内的财务自我治理机制，管理要顺应事物本来的规律进行制度建设，财务管理的任务是为财务机制提供体制和制度支持，而不是在传统财务里担当财务主导的角色。最后,在人本财务中,要素活动和财务管理活动分属不同的层次,有不同的职责要求,立体化的职责分布是人本财务的主要特点,基于此,财务机制的分层设计很有必要。

人本财务机制的有效运行要靠相应的体制和制度作为载体来落实,同样,一套行之有效的人本财务体制和人本财务制度必须以人本财务机制为灵魂。因此,人本财务体制的框定和人本财务制度的制定要以厘清人本财务机制为前提。徐国君指出,管理就是"以道理为基础的规范",体制和制度作为管理的工具,一定要顺应道理而定。人本财务机制就是人本财务体制和人本财务制度的核心道理;反之,人本财务机制的运行不畅,导致企业价值目标不能有效地达成,通常是因为人本财务体制或机制出了问题。找出人本财务体制或制度中不相适应的部分、顺应人本财务机制进行调整是解决问题的关键。

2）人本财务机制的特点

人本财务机制的特点是人本财务机制的特殊性之所在,是人本财务机制的核心理念的基础,是人本财务机制的法则和标准的依据。人本财务机制的特点主要体现在以下方面:

（1）以人为本。以人为本是人本财务的核心。行为是行为主体的行为,要挖掘行为的潜力,实现企业价值目标,必须以人为本、以行为主体为本。以人为本表现在很多方面,但是其核心体现在:行为主体是在为自己做事。赋予行为主体以产权地位,行为主体成为企业的主人,是从根本上解决问题、实际企业价值目标的方式;依据企业行为主体行为与其产出的配比而调整人力资源的权益,是驱动行为带来更大的价值增值、实现企业价值目标的另一种方式。此外,企业人力资本产权所有者应当承担企业亏损甚至破产的相应责任。财务机制应注意以人为本,保障企业员工的权益,并进行机制设计以对行为主体权益动态调整,及时驱动行为主体产出价值,享受权益。另外,企业应当从其他方面给企业员工以人文关怀,注重员工生活的质量等。

（2）主动性。行为要素是企业价值活动的本原要素,行为要素具有主动性,这是人本财务区别于传统财务的主要特点。行为要素的主动性由行为主体的需要、动机等决定,财务机制的设计应能激发企业员工进取的动机,引导员工产生"饥饿感",调动员工迸发出正能量,最终为企业价值增值做出贡献;否则,企业员工在企业价值活动中没有动力,有时甚至会产生负能量,最终导致企业价值减值。此外,主动性是企业行为主体创新能力的源泉,创新性是企业获取超额利润的保障。因此,围绕主动性属性来设计财务机制中的动力机制模块是动力机制有效的关键。

(3)自主性。行为要素的主体具有理性,自主管理的能力是他的一个突出特点。行为要素是财务要素的本原要素,对财务活动参与引起资产价值增值或减值,导致人力资本权益的动态调整,并反作用于行为要素进入下一轮价值活动循环。整个流程是一个自主管理的流程,对企业上层管理者来说,在定好财务战略,选好价值实施单元的团队成员之后,最好的管理就是"无为而治",其他作用只是为财务自主管理提供支持和资源。因此,财务机制设计时,应当将动力机制及调控机制与财务运行机制一体化构建,自我驱动、自我调控是自主性管理实现的关键。

(4)价值性。财务以企业价值产出为目标,财务机制的设计不能背离企业价值增值的目标。价值性目标首先要保证价值活动的动力,其次要有正确的价值运行模式,再次要有即时的价值调控手段。上述财务机制模块的设计保证了财务沿着价值增值的方向运行。

(5)立体性。财务要素是立体的,财务机制也是立体的。行为要素是财务要素体系中的本原要素,是财务要素的核心;资产要素在行为要素控制下活动,产生价值增值抑或减值;权益要素因行为要素对资产要素的作用而进行相应的调整,并反作用于行为要素。财务机制以财务要素之间的相互作用的关系为基础机制,以财务要素运行为基本机制,以财务要素的自我调整机制为支持机制。三个机制位于财务运行的不同层次,财务机制应当以财务要素之间的关系为基础对这三个层次分别进行机制设计。

(6)动态性。传统财务机制的设计同样以动态性为其基本属性,但是物本财务是被动管理,其自身财务要素在没有财务行政管理介入时,财务要素是静态的,财务机制也只能是静态机制。行为要素彻底改变了财务要素的架构,财务要素活动是一个自主、动态的过程。现代信息技术的发展,企业信息的即时反映早已不存在技术难题,在现行信息技术的支持下,财务机制设计应当为财务运营提供即时的信息反馈,随时依据信息对财务运行进行动态调控,提高财务运行的效果。

(7)信用性。信用是人力资本产权制度的基石,人力资本产权市场从某种程度而言就是信用交易的市场。信用性是人本财务制度的灵魂,对以行为为表象的行为主体来说,信用是其生命。财务机制设计应当考虑行为主体对信用信息的呵护,信用信息的及时披露对行为主体的激励约束作用是不言而喻的。

7.2.4 人本财务机制的构建

依据人本财务机制的属性,从人本财务机制的层次出发,笔者将人本财务机制分为人本财务基础机制、人本财务基本机制、人本财务服务机制。其中,人本财务基础机制指的是人本财务要素之间的相互关系与作用;人本财务基础机制是人本财务机制的基础,决定人本财务基本机制和人本财务服务机制,人本财务以行为要素为基本要素,人本财务基本机制包括行为动力机制、行为运行机制和行为调控机制,人本财务基本机制是人本财务机制的主体,是价值活动的主要表现;人本财务服务机制是企业财务管理机制,包括管理决策机制、管理激励机制和管理监督机制,人本财务服务机制为人本财务基本机制提供支持。

1) 人本财务基础机制

通过上文阐述我们已知,机制是事物的构造及工作原理,其中,事物的构造是事物工作的基础。人本财务是由财务要素构成的。人本财务要素系统是一个价值生成系统,围绕企业价值活动主线,其中,行为要素是价值本原要素,资产要素是价值存在要素,权益要素是价值归属要素。人本财务机制中财务要素之间的相互关系是人本财务其他机制模块设计的基础,其他机制模块的设计就是为了协调人本财务要素关系,维护人本财务要素良好的价值关系互动。财务要素系统是为实现企业价值目标而建立的人造系统。在这个系统中各个要素选用的目的不同,各个要素在系统中的职能也不同,应根据要素的特殊属性匹配相应的职能,系统构建人本财务基础机制。

行为具有主动性、创新性、自主性、可预测性和可控制性等特性,这些特性同时也构成了行为要素的特点,决定了其在企业财务活动中的职能。行为具有主动性,在企业经营活动中,行为主体以创造价值为目标。围绕价值目标,行为主体从本身能力的主动提高、商业机会的主动把握、目标价值的积极追逐等方面显现出来。主动性是行为主体自我发展的依据与动力,也是行为主体自我约束追求更大价值增值的自觉自愿;创新性是行为要素追逐超额收益的根源所在,行为主体通过自身或团队的超常思维及合作,决定企业价值增值的效率;自主性是指财务机制是一个自主管理、自我更新的体系,其自我运行机制的源泉在于行为要素的自主性的特性;可预测性和可控制性是指通过满足行为的运行条件,行为轨迹是可以控制的,行为的结果也基本是可以预测的特性。

资产要素是企业价值存在要素。资产是对企业价值的经济学解读,体现了企业的资源属性,企业的资源以资产的形式表现出来,并在行为作用下发生增值或减值。资产要素是企业价值存在的形式,资产要素为行为要素提供条件,同时也是行为要素作用而导致的结果;资产要素来自权益要素,同时又是权益要素的依据。

权益要素是企业价值归属要素。权益是企业所有者之间权利和义务的法律界限,它体现了谁是企业真正的主人。人力资本产权的确认赋予企业员工以主人翁地位,唤起了他们劳动的积极性。权益要素的激励作用是显而易见的,从“要我干”到“我要干”,态度的转变反映了行为能量的变化。权益变化所引起的价值的主动追逐同时也是对权益主体的约束,只有有约束的权益行为在市场体制下才可能获得预期的收益。

人本财务基础机制是财务要素相互作用的价值循环过程。行为要素附加于并作用于资产要素,使得资产要素价值增值或减值,权益要素依据资产要素的增值或减值,并将其归属于资本主体,权益随之作相应调整。资本主体尤其是人力资本产权主体的权益的调整会反作用于其行为,影响新的一轮价值循环。

2)人本财务基本机制

(1)行为动力机制。行为要素是人本财务的本原要素,人本财务动力机制的核心是行为,价值活动的运行靠行为的驱动。人本财务动力机制是价值活动的发动机,发动机的发动离不开产生动力的燃料。行为要素是人本财务活动的发动机,研究动力机制就是寻找行为的燃料或者说行为的动力。

根据心理学的有关研究,行为的驱动机制是:体内失衡状态→需要→动机→行为。行为主体失衡的状态引发了需要,需要激发了动机,动机引起并强化或弱化行为的实施,追求需要的满足,使失衡的状态重新达到平衡。不同的主体有不同的需要,会产生不同的失衡状态。根据心理学家马斯洛的需要层次理论,人的需要是分层次的,由低到高分别是生理需要、安全需要、社会需要、尊重需要和自我实现需要。其中,生理需要是人们衣、食、住、行的需要,是人们最原始、最基本的需要;安全需要是职业安全稳定、生活安全有保障的需要,比生理需要高一级;社会需要是人们对友情、信任、温暖、爱情等的需要,它受人的生活环境的影响很大,是一种基本的感情需要;尊重需要是人们自我尊重、自我评价、对他人尊重的需要,人们对感情的需要不仅是一种渴求,而且是一种参与;自我实现的需要是充分发挥自己的能力,完成与自己能力相称的工作的一种需要,自我实现的需要不仅是参与,更是一种成功并实现自我的需要。马斯洛认为,人都潜藏着这几类需要,但在发展的不同阶段对各种需要的迫切程度是不同的,人的最迫切的需要才是激励人行动的主要原因和动力,人的需要是从物质需要或生理需要向精神需要或心理需要的转化过程。

首先,产权的确立及其明晰是市场规则的基本要求,依据产权归属获取市场收益是市场主体的经济本性。行为要素纳入财务要素的前提基础是人力资本产权的确立及其明晰。人力资本产权确立及其明晰后激发了产权主体的经济本性,基于产权收益最大化的物质需要或精神需要,发挥自己运作资产的能力,获取自己基于产权归属而确定的收益,形成良性的行为—资产—价值的循环。人力资本产权确立及其明晰是人本财务的动力依据之一。

其次,人力资本产权主体在企业中是一个自我发展、自我成熟的过程,通常都会按照从满足低级需要向满足高级需要的阶段发展。行为是有自主性的,行为主体为满足自身需要,会自主地寻找工具获取满足。行为主体的自我教育是行为主体认识自身需要并满足自身需要的重要工具。人本财务动力机制的设计除满足人力资本产权的确立及明晰的要求外,还要实现对人力资本产权主体需要的辨识、引导与满足。从满足初级需要的"做职业"到满足高级需要的"做事业",人的工作观经历了一个转变。人力资本产权主体动力机制形成的理想状态就是从"做职业"满足物质需要的骚动不安转化成"做事业"满足自我实现需要的稳定长远。从"做职业"到"做事业",个人需要层次的提高只是一个倡导,此外,人力资本产权主体对企业文化的认同,通过企业文化对产权主体进行教育是企业引导产权主体需要的主要工具,通过企业文化的引导可以有效地实现产权主体自我实现和企业发展的统一。

(2)行为运行机制。行为运行机制是行为附加于资产之上产生价值增值或减值的运行轨迹,价值创造行为的运行是行为主体基于价值判断的角度所进行的目的明确的价值活动。行为的过程是一个系统的过程,每个行为的环节都是相互作用、相互影响的,行为运行机制的设计要有目的、有计划、有步骤、有结果。根据理性行为或成功行为的规律并结合企业价值创造行为的特点,人本财务可以确定发现、策划、决策、规划、实施、核算、报告的行为运行机制。

行为价值的发现环节指的是通过商业及相关信息的分析和对自身财务三要素配置规律的认识,找寻、挖掘商业领域里能够通过行为附加释放出价值产出的商业机会的环节;行为价值的策划环节指的是在发现的基础上,对企业财务要素围绕行为要素的实际进行配置,运用超常思维和智慧围绕行为价值问题所作的系统设计与安排的环节;行为价值的决策环节指的是对策划的多个方案进行优化选择、做出决定的过程的环节,这成为实际执行的前提;行为价值的规划环节指的是在决策的基础上,按照实施步骤分经营阶段(如年度、季度、月度)做出具体可操作性的统筹谋划安排的环节,它为实际执行提供了具体行动指南;行为价值的实施环节指的是按照规划所定下的操作步骤,通过行为要素推动其他财务要素,逐步推进企业价值运营的环节;行为价值的核算环节就是按照行为的实施过程进行行为及其相应的资产、权益要素的增值、减值、净值的核算的环节;行为价值的报告环节指的是在上述环节的基础上,编制以三维平衡表、三维增减值表、三维现金流量表为主表的行为价值报告[①]的环节。从开始的以行为要素为本原要素的发现环节到最终的人本财务的报告环节,环环相扣,相互影响、相互促进,形成了一个相对完整的人本财务行为运行机制。

(3) 行为调控机制。人本财务行为调控机制是行为前进的方向盘,是行为纠偏机制。为保障行为的运行沿着预定的方向发展,行为调控机制是不可或缺的制衡环节。以生物体的调控机制为例,在正常情况下,生物体是按照自然规律新陈代谢的,当生物体出现病症的时候,体内先有一个信息的反馈,根据收集的信息,生物体进行自主诊断,按照病症确定调控方式,最终排除病症,实现机体正常。行为调控机制在此处也是一个自我调控的机制。在价值创造行为运行出现异常(如无效或低效)时,运行主体先收集信息进行诊断,确定行为无效或低效的原因,再根据发现的"病症","对症下药",进行有针对性的调控,使行为运行回到正确的轨道上来。

---

① 徐国君.行为价值管理论纲[J].财务与会计,2009(21):25-27.

行为调控机制至少要包括行为诊断和行为纠偏两个环节。其中,行为的诊断环节指的是行为主体调查、分析企业的行为运行活动的实际状态,判断其问题、特点及其程度,并提出合理化的改进方案,其本质是发现企业行为运行中的问题,核心是判断价值增值的品质与效率。行为的纠偏环节指的是根据行为诊断的结果和改进方案,对行为运行过程的偏差进行监督、调整、指导、干预、控制等的活动。它保证了行为价值规划的顺利实施。行为的诊断和纠偏是在信息技术的支持下,组成的一套系统的调控机制。在这套机制的调控下,能保证企业沿着微观正确的方向运行,为企业价值目标的实现奠定基础。

3）人本财务服务机制

（1）管理决策机制。人本财务管理决策要素（一般应当包含财务战略定位、财务战略目标、财务战略实施几个因素）。其中,财务战略定位指的是收集行业信息,结合企业实际进行行业分析,确定企业的行业地位及现在企业资源的优势、劣势。财务战略目标是在战略定位的基础上,确定企业价值运行预定的收益。确定财务战略目标先要通过战略分析确定企业所应解决的问题,只有明确企业问题,才有可能准确地把握解决问题的关键,有效通过行为运行实现战略目标。财务战略实施指的是以战略目标为基础,根据企业的优势和劣势合理配置资源,将战略目标详细地分解并拟订战略方案,展开各项战略部署,以实现战略意图和目标。通过战略定位来寻找企业问题,通过明确战略问题来确定战略目标,通过战略目标来制定战略实施方案,形成一个完整的人本财务管理决策机制。

管理决策机制是对行为运行机制的支持。行为运行机制在管理决策机制的引导下运行,行为运行不能偏离管理决策的方向。管理决策机制以行为运行机制为基础,管理决策依据行为运行的效果来确定决策目标和方向。

（2）管理激励机制。激励是驱动行为运行的工具。较之于行为动力机制,管理激励机制是一种外力的驱动,而行为动力机制是内省的激发。管理激励机制主要是通过环境与制度创设,唤醒行为主体内在的主动因素,为行为动力机制提供制度支持。

管理激励机制的设计最首要的是企业制度中包括权益制度的设计。权益制度包括出资制度和权益动态调整制度,人力资本产权主体拥有企业所有权,这是人本财务区别于传统财务的主要标志。人力资本产权主体拥有企业所有权是企业物质激励的重要方式,物质激励既可以满足企业员工的物质或生理需要,同时也往往是员工精神或心理需要的标准。权益动态调整制度则是价值创造行为良性运行的制度保障之一。此外,企业制度中的人事晋升制度,也是制度激励的有效工具,员工的职务晋升既可以满足员工的物质需要,也可以满足员工的精神需要,在企业实践中得到了广泛的运用。管理激励机制设计还应当考虑建立企业内部员工继续教育制度,通过继续教育统一思想、统一行动。有共同价值观的群体,其行为是易于统一的,员工劲往一处使,统一行为,可以有效推动企业的价值运行。

激励的实现通常要通过以下环节来实现:首先是收集企业员工信息并向员工传达企业信息。通过收集信息,一方面管理人员可以了解员工的个人需要、事业规划等;另一方面员工才会知道企业制度、企业文化、行为规范等,明白需要怎么干才能获得激励,满足自身需要。其次是根据信息沟通,确定员工岗位、职责等。再次是通过行为价值核算,进行阶段性评价,寻找问题,明确下一步努力方向。通过信息沟通、确定行为目标、定期评价管理激励系统,可以配合行为动力机制,有效实现对员工的激励。

(3)管理监督机制。企业价值创造行为的效果直接决定企业的成败,管理监督机制是对企业价值创造行为的监督。较之于行为调控机制,管理监督机制是管理层的纠偏,而行为调控机制是行为主体的纠偏。在"要我干"变为"我要干"的新的企业时代,行为自身调控是主要纠偏方式,管理监督机制是行为调控机制的有效补充。

管理监督机制主要是基于授权关系而进行的执行监督。首先应当包含物力资本所有者对人力资本所有者的监督,以人为本的企业是以自理为主、代理为辅的企业,其中的代理主要是指人力资本所有者对物力资本所有者的代理,这种监督可以通过委托第三方审计的方式来进行,主要关注人力资本所有者是否有利用自身参与经营的权力侵害物力资本所有者权益的情况。其次包含其他监督如股东会对董事会的监督、董事会对管理层的监督、管理层对其他员工的监督等。

管理监督是关于企业价值运行状况的检查与督促。其机制设计主要包括管理检查和督促纠偏。管理检查指的是管理主体调查、分析企业自身财务要素配置的规律以及行为主体参与价值运行的实际情况,找出问题,并查找问题产生的具体原因。督促纠偏则是依据查找的问题原因，有针对性地提出解决方案，对价值运行过程进行指导、调整、控制等，保证价值活动沿着正确的方向运行。

上述分层设计的人本财务机制可如图 7-1 所示。

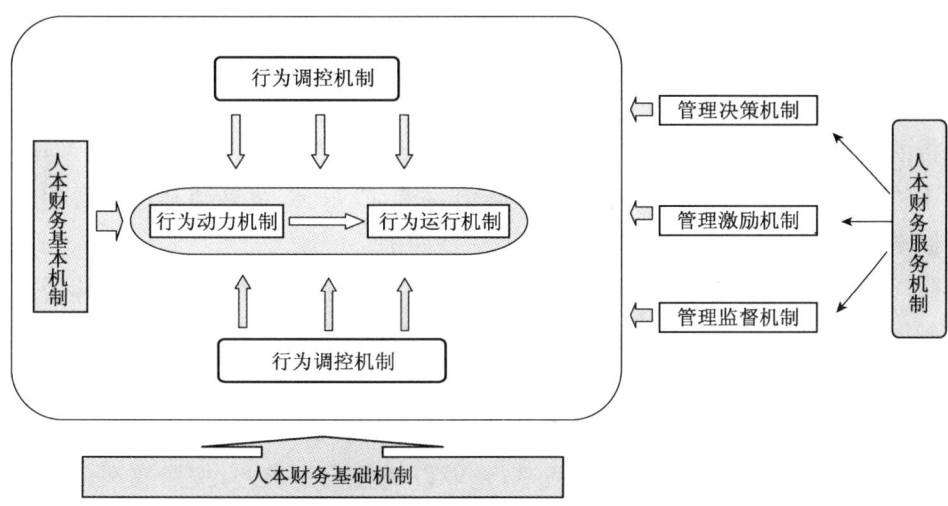

图 7-1　人本财务机制分层图

图 7-1 中，人本财务基础机制阐释人本财务要素之间的关系和相互作用规律，是人本财务机制的基础机制；人本财务基本机制是以行为要素为核心的人本财务运行机制，其中的行为动力机制是价值活动的发动机，行为运行机制是企业财务要素围绕价值的流动与实施过程，行为调控机制是人本财务要素价值活动的自我纠偏；包含管理决策机制、管理激励机制、管理监督机制在内的人本财务服务机制基于人本财务基本机制的需要，为财务要素运行提供政策和资源支持，并从企业宏观角度把握企业发展方向。

7.3　人本财务管理体制

7.3.1　我国现行财务管理体制问题

现行财务管理体制是基于所有权和经营权相分离的现代公司治理理论

基础之上的责、权、利在财务主体之间的分配体系,是《企业财务通则》的基础和基本框架。2007年1月1日正式实施的《企业财务通则》第二章企业财务管理体制共6条,围绕建立财务管理体制的基本原则和要求、重要财务运行制度以及投资者和经营者在企业财务管理体制中的权利和义务进行了规定。

现行《企业财务通则》确立了资本权属清晰、财务关系明确、符合法人治理结构要求的财务管理体制。资本权属清晰指的是要明确企业资本权属,在现行法律制度框架下,物力资本所有者是企业的唯一所有者;财务关系明确指的是要明确企业与股东、债权人、债务人、税务机关、员工等的经济关系;基于物力资本所有者的企业法人治理结构要求,股东会、董事会和经营者相互制衡,彼此之间财务权力、责任和利益清楚明确。

现行《企业财务通则》确立了包括企业财务决策制度、企业财务预算管理制度和企业财务风险管理制度在内的财务管理体制制度体系。其中,企业财务决策制度包括财务决策制度和财务决策回避制度,企业应当明确决策规则、程序、权限、责任等,对投资者、经营者个人与企业利益有冲突的财务决策事项,相关投资者、经营者应当回避;企业以现金流为核心,按照实现企业价值最大化等财务目标的要求,对资金筹集、资产运营、成本控制、收益分配、重组清算等财务活动,全面实施预算管理;企业应当按照风险收益均衡、不相容职务分离等原则,在明确经营者、投资者及其他相关人员的权利和责任的基础上,建立财务风险管理制度,控制财务风险。

现行《企业财务通则》以物本财务为基础,分企业投资者和企业经营者对企业财务管理权限进行了分配。投资者凭借其对企业资本的所有权,通过股东会、董事会等形式的企业内部机构对企业进行管理,主要是通过其拥有的以下几个方面的职责约束企业经营者:其一是审议批准企业内部财务管理制度、企业财务战略、财务规划和财务决算;其二是决定包括企业筹资、投资、担保、捐赠、重组、经营者报酬、利润分配等在内的重大财务事项决策;其三是决定选聘各种财务中介机构,以及对企业委派和推荐财务总监等以对经营者实施财务监督和财务考核。企业经营者凭借其企业法人财产的经营权行使财务管理职责,经营者财务管理职责与投资者相适应,主要表现在执行层面,包括以下几个方面:一是拟定企业内部财务管理制度、财务战略、财务规划,编制财务预算;二是组织实施企业筹资、投资、担保、捐赠、重组和利润分配等财务方案,诚信履行企业偿债义务;三是执行国家有关职工劳动报酬和劳动保护的规定,依法缴纳社会保险费、住房公积金等;四是组织财务预测和财务分析,对企业各项资源的配置实施财务控制;五是编制并提供企业财务会计报告,如实反映财务信息和有关情况,并配合有关机构依法进行审计、评估、财务监督等工作。

现行《企业财务通则》是基于物力资本产权而确立的企业财务管理制度,在我国源起于计划经济的经济管理体制下,适应市场经济的需要,对现行经济管理体制进行改革在企业财务管理中的具体体现。首先,该通则的实施厘清了物力资本产权关系,进一步挖掘物力资本产权的潜力,提高物力资本产权的使用效率;其次,明确了政府财政部门的企业财务管理权限;再次,在现行企业治理架构的基础上明确投资者和经营者在企业财务活动中的权利、义务关系,规定了他们的财务管理职责,完善了企业的内部治理结构;最后,规定企业应当建立包括财务决策制度、财务风险管理制度和财务预算管理制度在内的财务管理制度体系,健全企业财务运行机制。

在物力资本产权制度的大框架下,现行《企业财务通则》确立了权利和义务相对清晰的企业财务管理体制。随着对企业核心资源认识的转变,现行物本财务管理体制在以下几方面存在不足:

第一,企业的核心资源是人力资源,目前对企业的资本权属缺失。企业核心资源的掌控者是企业关键的所有者,企业财务管理权限毫无疑问应当予以尊重并分配相应的管理权限。但目前的财务管理体制,只承认物力资本所有者的财权,不承认人力资本所有者的财权,导致后者对价值创造的财权条件缺失,进而使得价值创造的效用下降。

第二,现行企业财务管理体制过于强调行政管理,自主管理不够。《企业财务通则》是关于企业财产管理的制度,在通常情况下,企业财产管理是企业自己的事情,政府财政机关应当行使其服务职能,服务好企业。企业内部应当基于价值活动规律而进行不同财务主体的责、权、利的分配,不应拘泥于《企业财务通则》的规定,而应依照企业的产权法律制度构建符合企业实际的企业财务管理体制。

第三,现行财务管理体制由企业财务决策制度、企业财务预算管理制度和企业财务风险管理制度构成,现行财务管理体制之下的财务运行仍然陷于被动运行。财务管理体制应当确立在财务机制的基础上,物本财务框架下财务运行机制符合物的被动管理的特点是现行财务管理体制的主要制度依据。

以价值创造行为为核心要素的人本财务框架下的财务运行机制具有主动性特点,基于人本财务机制的人本财务管理体制应当符合这一要求。

第四,现行财务管理体制拘泥于静态管理、结果管理。企业财务活动应当是基于价值创造行为要素的价值流转过程,只有对人本财务要素进行动态的、过程的管理,才能使价值增值过程处于高效受控状态;价值创造行为在引起资产要素增值的同时,会引起权益要素的变动,触发财务资源的重新配置,优化价值创造行为。现代信息技术的飞速发展,信息传递的速度是无接缝的、无损耗的,这也为财务即时管理提供了技术可能性。

笔者认为,导致现行财务管理体制上述不足的原因主要有两个:一是计划经济体制的影响;二是现行财务活动中财务要素内行为要素的缺失。

我国现行财务管理体制是建立在物本财务理论基础之上的,而且脱胎于计划经济时代,带有深深的计划经济的烙印。对计划经济稍微夸张的解释可以理解为是"拍脑袋经济"。在计划经济体制下,生产资料和土地完全归国家和集体所有。企业和个人没有什么经济自主权,一切由国家和集体安排。企业经济活动按照国家的计划统筹进行。企业之间被国家有计划地进行社会分工,政企不分、政企合一。社会分工不是取决于市场,而是取决于国家权威。在计划经济体制下,每个行为主体只是抬头接指令,低头干活,经济组织的微观部分只是僵化的社会分工,没有任何资源的流动。这种经济形势在新中国成立初期资源极为贫乏、社会物质生活极为贫困的时代发挥了极大的作用。由于资源的匮乏,资源的市场配置只是理论上成立而已。通过计划经济强有力的执行力,将非常有限的资源配置到最需要的地方,为我国经济社会物质逐步富足奠定了基础。随着物质资源的丰富,计划经济的局限凸显。经济活动是资源迅速配置、迅速流动、迅速增值的过程,丰富而细腻的经济生活需要每个经济个体的快速流动才有可能实现,计划经济自上而下的体制局限了经济的发展,市场经济体制是经济活动正常运转的必然结果。计划经济的理念影响到了企业的内部,企业行政管理的色彩很浓。现代企业财务管理体制同样是自上而下的制度,在信息缺乏沟通的情况下,拍脑袋做出的决策对企业是致命的,建立一个上下互通、自理为主、管理为辅的财务管理体制很有必要。

物本财务由于其财务要素的物本特征,决定了其财务管理体制的被动性和行政性。物本财务要素在价值活动中只是接受行政指令,被动配置、被动流动、被动产出。财务要素是经济活动的主体,天生是汇聚市场信息的载体,其上凝集了丰富的市场信息,在行政模式下,导致了资源的极大浪费。企业财务活动是价值活动,行为要素是价值活动的源泉,行为要素天生是财务要素的核心要素。行为要素的主动性、自主性、可控性等特性,赋予了财务要素主动管理、自主管理的灵魂。在企业内部建立其市场机制,可以提高企业资源配置的效率,奠定企业价值增值的基础。

7.3.2　人本财务管理体制的理论分析

人本财务管理体制指的是明确人本财务活动过程中不同财务主体之间责、权、利关系的基本制度。责是职务上所对应的应承担的义务;权是企业赋予的、职责范围内能支配的权力;利就是所分享的企业收益。按照管理学的观点,责、权、利应当对等,负有什么样的责任,就应该具有相应的权利,同时应该取得相对称的利益。企业内每个主体都是责、权、利三位一体,责任者既是责任的承担者也是权力的拥有者和利益的享受者。因此,财务活动的正常运行需要其行为主体责、权、利的明确和平衡。企业不同主体之间的责、权、利关系在法律中都有所体现。根据我国现行《公司法》的规定,物力资本产权所有者在履行完出资义务之后,即享有选择企业管理者的权力、进行企业重大决策的权力和与其他企业所有者分享企业剩余权益的权利。经营者被企业聘用后,拥有执行企业决策的权力,在履行完经营企业的义务后,享有领取工资(发奖金不是企业所有者的义务,只是企业激励经营者的手段)的权利。企业人力资本产权所有者在投入比企业物力资本所有者付出的物力资源更为珍贵的人力资源后,却仅仅获取满足自身基本生活需要、远低于物力资本权益的补偿。物力资本产权所有者和人力资本产权所有者责、权、利处于严重的不平衡状态,人力资本产权所有者为寻找平衡,其通常做法就是自动降低自己的责任或降低履行职务的质量。现行企业的运行已经证明,企业产权制度的缺陷不能有效调动企业员工的积极性,已经严重制约了企业的发展。人力资本产权所有者享有的利益远低于其经营所付出的资源,是责、权、利失衡的关键之所在,也是传统财务资源配置低效率运行的根源。人本财务将人力资本产权纳入企业产权范畴,提高对人力资本产权所有者所投入资源的评价,与物力资本产权所有者平等享有企业剩余权益,可以有效地平衡其责、权、利的关系,提高人力资本产权出资者履行职责的积极性。人力资本产权所有者成为企业的主人,赋予其与物力资本产权出资者同样的产权地位,是人本财务管理体制预期能够成功的产权基础。

通过第 2 章的论述我们可以知道,人力资本产权纳入企业财产权利范畴后,基于委托代理理论的企业所有权和经营权相分离的企业治理模式已经发生了根本的改变,经营者依据其所投入企业的人力资本产权成为企业人力资本产权所有者,从这个角度来看,企业治理已从代理变为自理。企业治理模式决定了企业的财务管理体制,企业治理模式的变化所引发的企业相关主体之间的责、权、利的变化必然传递到企业财务管理体制。现行财务管理体制所有者和经营者之间的财权分配模式已不符合人本财务管理体制所依据的人力资本产权制度基础。在新的产权法律制度框架下,经营者基于其所拥有的人力资本产权享有企业的剩余权益。与此相应,经营者获得更大的利益的同时必须承担更大的责任、拥有更大的经营自主权。从财务的角度来看,经营者成为企业人力资本产权所有者之后应当得到更为充分的企业资产配置的权力的分配;同理,经营者较之过去承担更大的责任并可获取更大的利益。在自理治理模式下,包含企业人力资本产权所有者在内的不同产权主体具有立场基本相同的利益追求,传统财务中投资者和经营者存在根本利益冲突的财务管理体制在人本财务法律制度下将不复存在。经营者分为管理层和运营层,运营层实际运营项目,管理层为运营层提供政策和资源支持。人本财务管理体制是基于管理的需要而进行的不同财务管理主体之间责、权、利的分配。人本财务要素中行为要素的主动性、自主性等特点以及人力资本产权纳入企业财产权利范畴后所引发的企业治理模式的转变,使得企业运营的活力深入企业中的每一个细胞,具体业务执行者在产权激励的推动和企业文化内省的触发下具有业务执行的高度的积极性。财务管理体制的构建要基于财务机制主动性、自主性的特点。在人本财务机制之下,财务管理主体的主要职能是为财务运行机制服务。按照财务分层运行的机制理论,管理层为运行层提供战略决策指导,构建激励制度体系,并检查和督促财务活动不偏离正常的方向。

从企业内部来看,人本财务机制是人本财务管理体制构建的依据。管理指的是负责某项工作顺利进行[1]。管理学中管理是指社会组织中为实现预期

---

[1] 中国社会科学院语言研究所词典编辑室. 现代汉语词典[M]. 5 版. 北京:商务印出版社,2005:505.

目标进行的以人为中心的协调活动①。《辞海》中还解释道,管理的本质是协调,使个人的努力与集体的预期目标相一致,协调必定产生在社会组织之中;个人与集体之间以及各成员之间意见和行动的不一致,使协调成为社会组织必不可少的活动;协调的中心是人,社会文化背景、历史传统、社会制度、人的价值观、物质利益、精神状态、素质、信仰等,都对协调活动产生重大影响。徐国君认为,管是规范、约束的意思,理是道理、规律的意思,管理一方面指的是规范、约束的道理,另一方面指的是按照事物原本的道理、规律进行规范、约束。在此处,按照事物的规律进行管理和上述解释中对管理对象——人的协调有异曲同工之处。综上,管理就是为顺利进行活动实现预期目标而依照事物的本身规律进行的规范、约束。上文已述及,人本财务机制就是人本财务管理和人本财务制度的道理,由此可以看出,人本财务管理是基于人本财务机制的管理。体制通常指的是一种责、权、利分配制度,因此,基于管理理论的角度,人本财务管理体制可以认为是依据人本财务机制构建的财务主体之间的责任、权力、利益分配制度。人本财务的机制是一个自下而上、自上而下的机制,具体业务执行者基于市场需求的主动、自主经营是企业运行的起点,行为主体所可能获取的利益激发了其高涨的动力,为实现价值目标,主动调控、积极运营,并依据经营的具体情形,从上层寻求支持。上层管理者收到业务执行者信息后,依据业务层员工的需求,提供各种资源的支持。此外,为企业员工创造包括激励制度在内的制度环境,根据企业战略决策调控企业具体运营是企业管理者职责之所在。人本财务管理体制的构建要基于财务机制主动性、自主性的特点。在人本财务机制之下,财务管理主体的主要职能是为财务运行机制服务。按照财务分层运行的机制理论,管理层为运行层提供战略决策指导,构建激励制度体系,并检查和督促财务活动不偏离正常的方向。

上述人本财务管理体制的原理可如图7-2所示。

人本财务管理体制是基于人本财务机制而构建的人本财务主体在财务活动中相互之间的责、权、利制度。人本财务要素中的行为要素具有自治性、主动性等特点,人本财务要素基于价值追求的自我治理、主动价值创造是人本财务区别于被动的、带有行政管理特点的物本财务的核心。企业运营层在

---

① 夏征农,陈至立.辞海[M].6版.上海:上海辞书出版社,2009:767.

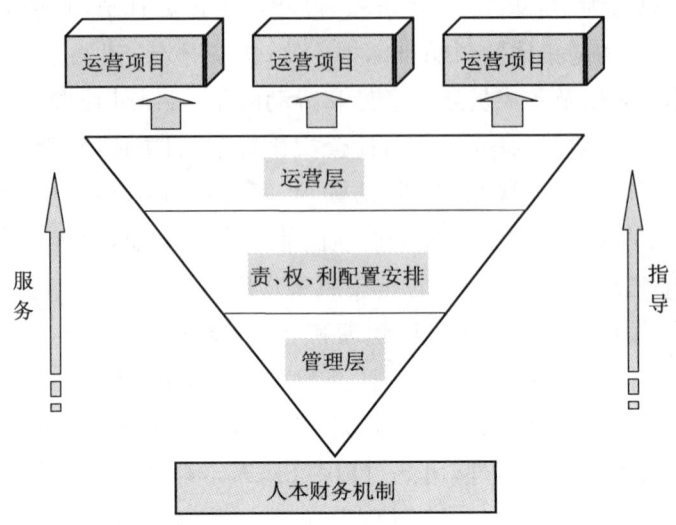

图 7-2　人本财务管理体制原理图

企业中的位置及其在企业中的产权地位,决定了其在企业价值活动中的主导地位,决策层和管理层的任务主要是为企业具体运营提供服务和宏观指导,企业人本财务管理体制之中的责、权、利根据上述经济分工进行配置。

7.3.3　人本财务管理体制的构建

1) 现行财务管理体制责权利安排

(1) 现行财务管理体制责任安排。现行财务管理体制责任安排主要指的是基于物本财务框架下财务活动主体在财务活动中所应承担的义务。现行的法律、法规对包含财务主体在内的企业人员的责任进行了相应的规定。现行《合伙企业法》对企业财务主体的义务进行了相关规定,包括:合伙企业有限合伙人仅以其出资额为限对企业债务承担责任,无限合伙人对企业债务承担无限连带责任;执行事务合伙人应定期向其他合伙人汇报合伙企业事务执行情况及企业财务状况;合伙人不得从事与本企业相竞争的业务,合伙人同本合伙企业进行交易需另有合伙协议约定或者经全体合伙人一致同意,合伙人不得从事损害本合伙企业利益的活动;被聘任的合伙企业的经营管理人员应当在合伙企业授权范围内履行职务,被聘任的合伙企业的经营管理人员,超越合伙企业授权范围履行职务,或者在履行职务过程中因故意或者重大过失给合伙企业造成损失的,依法承担赔偿责任;合伙人有未履行出资义务、因故意或者重大过失给合伙企业造成损失、执行合伙事务时有不正当行为等情形的,经其他合伙人一致同意,可以决议将其除名。现行《公司法》规定有限责任公司股东以其认缴的出资额为限对公司承担责任,股份有限公司的股东以其认购的股份为限对公司承担责任。另外,《公司法》第六章规定了董事、监事、高管等企业财务主体的责任,包括:董事、监事、高管人员的任职资格;董事、监事、高管人员的忠实义务和勤勉义务;董事、高管人员的禁止行为;董事、监事、高管人员违法运营应当承担相应的赔偿责任等。此外,我国外资企业法等也都有相应的法律规定。

上述法律规定都是建立在企业物力资本产权所有者是企业唯一所有者的基础之上(合伙企业法劳务出资者的无限责任从根本上来说也是基于物力资本产权的制度体系),该相关规定主要从两个方面约束相关财务主体(企业决策者和运营者的核心职能是价值运营,基于财务一体化的理念,财务活动融入了企业决策和运营的全过程尤其是企业决策和运营的核心环节)的行为,其一是企业运营者道德约束,通过道德宣扬的利他思想来倡导企业董事、监事、高管人员的责任;其二是法律约束,基于对别人可能产生的侵害规定相应行为的禁止。企业作为以营利为目的的经济主体,其主体的经济理性是企业运营隐含的本意。基于利益最大化的追求而进行的运营行为是合理的企业逻辑。挖掘经济活动背后的规律,以此为基础配置财务主体的责任是现行人本财务法律制度亟待解决的问题。

(2)现行财务管理体制权力安排。企业财务活动即企业价值活动,它贯穿于企业经济活动的始终,财务活动是经济主体的基本活动。企业治理组织是管理企业经济活动的主体,同时企业治理组织也是管理企业财务活动的主体。财务管理体制是企业管理体制的核心,企业管理体制的架构决定了财务管理体制的架构。财务管理体制主要体现在财务管理权限的分配上。

企业管理体制的架构又可称为企业治理结构,是企业的权力分配在组织设置上的体现,其实质应当是企业运营的权力配置和权力制衡。企业管理的组织结构是随着企业的经营活动实践而不断发展的。现行的企业治理组织结构是建立在企业是物力资本所有者的企业基础之上而构建的企业治理组织体系,其物力资本产权结构决定了企业权力的配置及最终治理组织的设置,企业所有者和企业经营者的委托—代理关系是企业权力配置的基础。基于现代企业治理的委托—代理理论,我国现行《公司法》规定了包含股东会、董事会、监事会和高管人员在内的企业治理架构。其第38条规定了股东会行使的职权,其中包括:决定公司的经营方针和投资计划;决定有关董事、监事的报酬事项;审议批准董事会包含财务方面的报告;审议批准监事会或者监事包含财务方面的报告;审议批准公司的年度财务预算方案、决算方案;审议批准公司的利润分配方案和弥补亏损方案;对公司增加或者减少注册资本做出决议;对发行公司债券做出决议;对公司合并、分立、解散、清算或者变更公司形式做出决议;修改公司章程等。其第47条规定了董事会对股东会负责所应行使的职权:召集股东会会议,并向股东会报告包含财务在内的工作;执行股东会的相应决议;决定公司的经营计划和投资方案;制定公司的年度财务预算方案、决算方案;制定公司的利润分配方案和弥补亏损方案;制定公司增加或者减少注册资本以及发行公司债券的方案;制定公司合并、分立、解散或者变更公司形式的方案;决定公司价值创造效率的内部管理机构的设置;决定企业运营层的报酬收益;制定包含公司的财务制度在内的基本管理制度等。其第50条规定了经理的职权:主持公司的生产经营管理工作,组织实施董事会决议;组织实施公司年度经营计划和投资方案;拟定公司包括财务管理在内的内部管理机构设置方案;拟定公司的包含财务制度在内的基本管理制度;制定公司包含财务规章在内的具体规章等。该条同时规定,其公司章程对经理职权另有规定的,从其规定。其第54条规定了监事会的职权:检查公司财务;对董事、高级管理人员执行公司职务的行为进行监督,对违反法律、行政法规、公司章程或者股东会决议的董事、高级管理人员提出罢免的建议;当董事、高级管理人员的行为损害公司的利益时,要求董事、高级管理人员予以纠正;提议召开临时股东会会议,在董事会不履行本法规定的召集和主持股东会会议职责时召集和主持股东会会议;向股东会会议提出提案;依照《公司法》第152条的规定,对董事、高级管理人员提起诉讼;公司章程规定的其他职权。同时,为完善上市公司治理结构,设立独立董事制度,具体规定在由证监会发布实施的《关于在上市公司建立独立董事制度的指导意见》中。其中有关独立董事的职权除法律、法规规定外,主要有:对重大关联交易的判断;向董事会提议聘用或解聘会计师事务所;向董事会提请召开临时股东大会;提议召开董事会;独立聘请外部审计机构和咨询机构;可以在股东大会召开前公开向股东征集投票权;提名、任免董事;聘任或解聘高级管理人员;公司董事、高级管理人员的薪酬;重大借款及资金往来;独立董事认为可能损害中小股东权益的事项;公司章程规定的其他事项。

上述包含财务管理权限在内的企业治理权限的分配是建立在物力资本产权法律制度的基础上的一个相对完善的权力执行与权力制约体系。在知识经济时代,人力资本产权纳入产权法律制度体系,企业人力资本产权所有者成为企业所有者,上述企业治理体系决定的财务管理体制可能存在以下问题:第一,该财务管理体制没有体现人力资本产权所有者依据其优势进行的管理。主动性、自治性、基于未来的管理是人力资本产权所有者进入企业产权体系所带给企业新的管理风格。与此相反,上述物本财务管理体制是财务要素的被动的管理,是行政化的管理,不能真实有效地反映出市场的需求。第二,上述财务管理体制权限的分配是自上而下的过程,自股东会至董事会,而后自董事会至经理层。通过业绩的反馈再通过自上而下的流程而进行财权的调整,缺乏一个自下而上的分配过程。第三,上述财务管理体制权限集中于远离市场者和远离具体业务者,有限的权力不能适应市场的千变万化及具体业务的灵活性,束缚了企业的触角。人力资本产权所有者颠覆了现行企业治理的委托代理理论基础。企业人力资本产权所有者与物力资本产权所有者拥有共同的利益立场,由此,现行财务管理权限分配基础不在,应当基于人力资本产权法律制度和人本财务要素的特殊属性重新构建。

(3)现行财务管理体制利益安排。企业是以营利为目的的经济主体,追求利益最大化是不同产权主体进入企业的目的。现行相关法律制度对财务管理体制之下的企业利益安排进行了规定。现行《公司法》第4条规定了股东享有企业资产收益的权利;第35条规定了股东的分红;第167条规定了股东分配税后利润的权利。现行《合伙企业法》第33条规定了合伙企业合伙人(出资人)对利润的分配。现行《中外合资经营企业法》第8条规定了由企业合营方分配净利润。此外,其他相关企业法律、法规也都对利益安排做了相应的规定。

从该相关规定可以看出,在现行法律制度框架下,企业的剩余收益归企业物力资本产权所有者,其他财务主体并无享有企业剩余收益的权利。在知识经济时代,对企业人力资本产权所有者的忽略实际是对企业利益最大化目的的背离,现行财务主体的利益安排不符合企业资源配置的要求,应当基于新的时代背景构建符合经济发展的企业财务主体利益安排制度。

2）人本财务管理体制的原则

人本财务管理体制是进行人本财务活动时财务主体之间的责、权、利关系。从责、权、利配置的来源来看，产权是进行资源配置的直接依据，产权界限是确认权力界限的依据；从责、权、利之间的关系来看，三者是相辅相成、相互适应的；从财务活动的过程来看，人本财务要素与财务活动充分协同；从责、权、利的方向来看，财务要素自主性特点确定了自下而上的管理原则。

（1）产权清晰原则。产权清晰原则指的是确定人本财务主体之间的责、权、利关系必须先确定其相应的产权界限，产权清晰是确定责、权、利关系前提的原则。人力资本产权是一种制度设计，相互之间权利和义务的约定是产权主体行动的依据。

（2）责、权、利相适应原则。责、权、利相适应原则指的是人本财务主体之间的责、权、利是相辅相成的，相应的利益必然匹配相应的权力和责任的原则。企业人力资本产权所有者享有企业产权进而享有剩余收益是人本财务区别物本财务的主要方面。责、权、利相适应原则是一个产权主体"利益—权力—责任"的逻辑：追求企业剩余收益的最大化是企业人力资本产权所有者运营企业的本意，与此相应，剩余收益的最大化会带来财务主体权力和责任的最大化。人力资本产权主体获取充分的授权、承担相应的责任是责、权、利相适应原则的内涵之一。此外，企业人力资本产权所有者是企业运营的主体，基于每个主体追求利益最大化的目标，会产生企业基本运营单位的最充分的自我监督和相互之间的监督。充分的监督是充分授权的保证，同时也是人力资本产权主体责任之所在。

（3）一体化原则。一体化原则指的是企业人本财务活动与包括企业业务活动在内的其他活动相互协调、融为一体，活动之间的充分融合是资源有效配置前提的原则。行为要素的主动性和自治性建立了自我调整、自我适应的企业经济活动的微观世界。以行为要素为核心的要素之间的契合而带来的良性互动、协作形成活动之间的良好融合，是人本财务管理的基本模式。

（4）自下而上原则。自下而上原则指的是在企业决策层和运营层之间的责、权、利的配置中，运营层享有充分的包括决策权在内的权力的授权，决策层只负责企业的长远战略和重大利益调整的原则。拥有企业人力资本产权的企业运营层,是企业中唯一与企业运营息息相关的人,他们发现企业经营中的问题并最终解决问题,完成企业任务并实现自身利益的最大化。因此,他们应当是企业运营的发动机。依据运营层的需要,为运营层提供政策和资源等相关支持和指导是决策层的本意。

3) 人本财务管理体制模式

人本财务管理体制应当确立经过充分授权的、自下而上的、一体化的管理模式。现行的财务一体化的概念更多指的是财务业务一体化。随着信息技术的飞速发展,基于管理信息平台的管理在企业中的应用日益广泛。通过信息平台的使用,可以降低企业管理的成本,有效提高企业数据处理的速度和准确度,从而提高资源配置的效率。在知识经济时代,人本财务基础之上人本财务要素与信息技术的配合使用,为财务一体化注入了新的含义。首先,基于行为要素的人力资本产权主体,凭借其企业所有者身份,享有充分授权行使其资源配置的权力,是人本财务较之于物本财务优势之所在,通过对人力资本产权主体的充分授权而实现的财务要素与业务要素等其他要素的契合是人本财务管理体制模式的重要方面。其次,行为要素纳入财务要素之后,面向客户、面向市场的企业运营理念有了最基本的动力支持。企业最基层的员工与业务的天然的联系是员工权力的直接依据,同时也是企业效率及其核心竞争力的集中体现。上层依据下层授权为企业做重大利益安排及为下层具体业务运营提供支持与指导是其本职要求。再次,行为要素在企业资源配置中的自我调整是财务一体化的实质,是实现企业财务目标的根本;企业管理信息平台等技术运用为财务一体化提供技术支持。

4) 人本财务管理体制的责、权、利安排

(1) 人本财务管理体制的责任安排。人力资本产权纳入财务要素进行管理,人本财务主体同时也是企业人力资本产权所有者,较之以往,人本财务主体的利益追求发生了变化,人本财务主体与企业以及企业物力资本产权所有者具有更为一致的利益立场,所应承担的义务也有所调整。首先,人本财务管理体制下先应当关注的是拥有企业人力资本产权的财务主体对企业物力资本产权权益可能的侵犯。人力资本产权所有者除依据所拥有的人力资本产权享有企业收益外,还受企业物力资本产权所有者委托经营企业,享有相应的代理收益。因此,代理方与被代理方的利益立场显然会有所差异,加大企业人力资本产权所有者的责任承担、规避其对企业物力资本产权所有者的利益侵犯是责任安排的主要方面。其次,依据人力资本产权的社会性,社会是人力资本产权形成和可持续使用的平台,社会是人力资本产权的产权所有者之一,社会对企业收益的分享是人力资本产权的产权制度设计的要求。人本财务管理体制中社会责任的承担是责任安排的另一个重要方面。再次,企业人力资本产权所有者之间也有利益立场的差异,不同产权主体往往从自身角度出发进行行为安排,存在对其他人力资本产权所有者利益侵犯的可能的情形。

因此,从责任安排的角度,人本财务主体的具体责任(包括运营人员的忠实勤勉的义务、运营中的禁止行为以及损害赔偿等)较之以往并没有发生大的变化,但是由于人本财务主体利益立场的重要调整,利益冲突的激烈程度降至最小。

(2) 人本财务管理体制的权力安排。物本财务管理体制权力安排是一个自上而下的分配过程。股东会是企业所有者的集合,是企业的最高权力机关。股东通过股东会选出董事会、监事会并对董事会、监事会进行授权,董事会选任总经理并在自身权限范围内对其进行授权,总经理选聘企业中层,中层选聘一般员工。该种权限分配体制没有真实地反映市场的需求和企业产权的需要,不能赋予企业这种市场经济体以活力。人力资本产权所有者凭借其所拥有的人力资本产权对企业出资,成为企业所有者,企业所有员工同时也是企业股东会成员,基于自我产权的保护,对企业运营实现了最充分的监督。他们为实现产权的保值增值,会最有效并负责任地选出企业管理层和决策层并赋予相应的权限,自上而下进而自下而上的互动机制是人本财务管理体制权限分配的基本程序。

人力资本产权纳入企业产权范畴之后,企业管理架构的基础——委托—代理关系发生了彻底的改变,企业的所有者不仅限于物力资本产权所有者,人力资本产权所有者(即包含企业员工在内的企业经营者)也成为企业的所有者。企业经营的产权基础变为以自理为主、代理为辅的产权关系,企业员工成为企业的主人。企业产权经营委托—代理关系的改变必然导致组织架构的重新构建。笔者认为,人本财务管理体制的权限安排包括股东会、董事会、监事会、管理层、企业具体业务执行者和企业财务机构等相对应的财务权限安排。

其一,股东会:股东会是企业的最高财务权力机构,区别于物本财务,人本财务管理架构下股东会由物力资本所有者和人力资本所有者共同组成,两类股东按照出资比例平等行使股东权利、享受股东权益。股东会成员根据其所拥有的企业物力资本或人力资本产权享有剩余收益权;股东会是企业最高财务权力机构,对企业的重大财务决策进行表决,重大财务决策指的主要是影响股东之间利益关系的决策、决定企业未来发展的财务决策、决定企业生死存亡的财务决策、决定企业整体发展及长期发展的财务决策、决定企业收益的分配决策等;股东会通过选择管理者来表达股东们的利益诉求,股东会拥有选择管理者的权力,股东会的财务诉求通过选择的管理者实施。由于企业人力资本产权所有者是股东会的主体力量,因此企业的财务活动实际一直处在股东会的监督之下,充分的监督是人本财务管理体制的重要特色。股东会监督权的行使是企业自我监督的强有力的方式,同时也是人本财务管理体制区别于物本财务管理体制的重要方面。

其二,董事会:董事会由股东会选任成员产生,董事会是代表股东会行使职权的常设权力机构,是包含企业财务决策在内的企业决策机构。在人本财务管理架构下,董事会成员的选任应以熟悉公司的经营管理及其业务能力作为标准。董事会成员包括内部董事和外部董事,其中外部董事是企业物力资本产权所有者表达其财务管理权的重要渠道。外部董事的选择应重点考虑企业物力资本产权所有者的建议。董事会聘任企业高、中级管理人员,在行使职权的同时,要同时承担经营者和所有者的经济责任和法律责任。在人本财务管理体制权限安排中,董事会对股东会负责,主要职权是召集股东会议,向股东会报告财务工作,执行股东会决议;按照法律、法规及企业章程对重大财务事项,如决定企业的经营计划和投资方案,制定企业的年度财务预算方案和决算方案,制定企业的利润分配方案和弥补亏损方案,制定企业增加或者减少注册资本以及发行企业债券的方案,制定企业合并、分立、解散或者变更企业形式的方案等以行使最终决策权。

其三,监事会:监事会由股东会选任成员组成,在人本财务管理体制中,监事会是对企业的财务及业务进行监督的机构。在人本财务管理架构下,监事会监督是对股东会监督的有力补充。根据人本财务管理体制的特点,监事会成员应当包括内部监事和外部监事,内部监事主要检查督促企业财务执行情况,外部监事主要代表物力资本出资者监督是否有人力资本产权所有者侵害物力资本产权所有者的情况。董事和高级管理人员不得兼任监事。监事会的财务监督职权主要有:企业财务检查权;对董事、高级管理人员执行企业职务的行为的监督及提出罢免建议权;监事会对决策和执行财务事项失信的董事和高级管理人员提起诉讼的权利;监事列席董事会会议对董事会财务决议事项提出建议或者质询;对企业财务运营的异常情况进行调查,必要时,可以聘请会计师事务所等协助其工作。

其四,管理层:在人本财务管理体制中,管理层对董事会负责,按照法律、法规及企业章程的规定履行经营职权,执行董事会所赋予的财权,行使经营财务管理权限。对除向董事会报告外的财务事项直接行使决策权,把有关专业性的财务管理权授予企业财务机构,同时把预算或特别执行财权进行特别授权。在人本财务管理体制框架下,企业强有力的具体业务执行者是离市场与客户最近的人,而管理层则是企业具体业务执行层的服务与指导机构,为企业具体业务的运营提供政策和资源支持以及依据运营层的需要提供相应的指导。

其五,企业具体业务执行者:行使企业具体运营中的财务管理权。在人本财务管理体制框架下,企业具体业务执行者需要在管理层、决策层发展战略统驭下制定各自的财务战略。在自身运营范围内,企业具体业务执行者拥有充分的财务自主权,根据管理层、决策层的授权,行使预算制定权、资金运用权、资产处置权等,超出运营范围的、对企业有重大利益影响的重大财务决策需要报经决策层、管理层批准。

其六,企业财务机构:企业财务机构是企业财务核算与管理的专门机构,对管理层和决策层负责,根据法律、法规和企业章程的规定,行使专业性、偶发性、复杂性财务事项及相关活动的建议权、组织权、指导权和监控权,以及行使日常具体核算与财务管理权。企业财务机构是企业具体业务执行者的重要合作伙伴,对具体业务执行者财务进行业务指导与监管以及内部审计监督和建议等,并参与企业具体业务执行者重要经济业务事项的决策。

(3)人本财务管理体制利益安排。从上文分析可知,企业劳务提供者是企业终极成本的承担者,基于他们对企业终极成本的承担,由他们凭借其提供的人力资本产权享有企业剩余收益是企业作为经济主体的应有之意。在人本财务管理体制中,首先,企业人力资本产权所有者具有分享企业剩余收益的权利,凭借其拥有的人力资本产权在企业出资中占有的份额享有企业收益是产权制度资源配置的要求。其次,企业人力资本产权所有者同时也是企业物力资本产权所有者企业运营的代理者,企业人力资本产权所有者代理职责的履行是其享有代理收益的依据。再次,企业人力资本产权所有者任务完成情况是企业下一期运营产权动态调整的依据,依据人力资本产权出资者的任务完成情况调整其出资份额并确定相应的职责权限。

7.4　人本财务活动规则

郭复初认为,财务活动是商品生产与交换中关于本金的筹集、投放、耗费、收入与分配活动①。这是典型的物本财务活动的概念,企业财务管理主体围绕物本财务要素进行财务活动,其价值公式为"$G—W—G'$"。他认为本金是导致价值增值的原因。知识经济的飞速发展要求财务活动围绕人本财务要素进行,将行为要素纳入企业财务要素体系,行为要素成为财务活动的对象是人本财务区别于传统财务的主要特点。人本财务活动是对包含人本财务要素在内的财务资源基于企业价值增值的目的所进行的资源配置与价值创造的活动。人本财务活动是价值活动。人本财务认为行为要素是价值创造的源泉,价值创造行为是财务核心要素,"行为—资产—价值"是价值活动的轨迹。在此基础上,笔者认为应当对传统财务活动过程进行重组,财务活动不应局限于围绕筹资、经营、投资及分配等的资金流动活动,资金的流动只是企业财务活动的表象,以行为要素为核心的价值流动才是财务活动的实质。基于此,笔者认为应当在财务要素相互作用的基础上,以价值创造行为为主线,构建包括价值引导、价值配置、价值流转、价值产出、价值分享在内的财务活动,如图7-3所示。同时,由于行为要素的特殊属性,人本财务活动需要确定一套规则来协调财务要素之间的关系,从而顺利实现企业价值目标。

---

① 郭复初.试论财务的产生和发展[J].四川会计,1997(6):5.

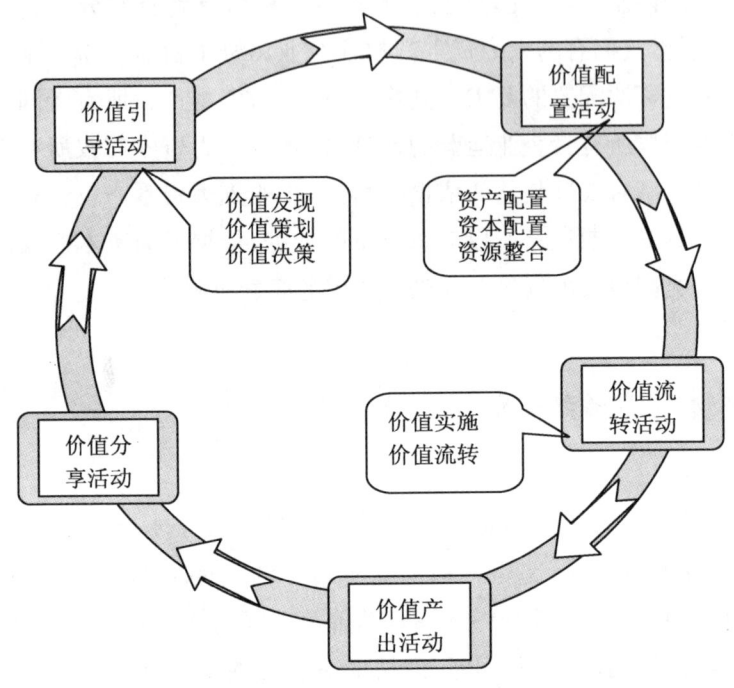

图 7-3　人本财务活动规则

7.4.1　价值引导活动

1）价值引导活动的含义

价值引导活动是价值运动的起点。引导是指向的意思,是指通过用某种手段或方法去带动事物沿着指定的方向发展。价值引导活动首先指的是通过财务手段或方法带动企业活动指向符合价值需求的商业机会;其次指的是引导客户需求,满足客户需求。具体来说,价值引导活动指的是以行为为本原要素的行为要素主体基于对企业财务要素资源的判断和对未来商业机会的价值判断,运用人本财务管理方法对客户、环境、产品和企业自身财务要素资源等进行系统策划,进行价值创意的财务活动。

在传统财务中,财务活动是伴随企业生产经营活动而发生的资金运动,表现为:资本与负债资金的流入、伴随购置的资金流出、费用发生、成本的结转、收入的实现、利润的分配等。行为要素纳入企业财务活动后,主动性是人本财务活动区别于传统财务活动的重要特征。行为要素主体通过对相关信息的分析，寻找能够通过行为附加实现价值增值的商业机会，是财务活动赋予行为要素的重要使命。企业经营活动的目的是实现价值增值，人本财务活动是价值活动过程，人本财务活动是企业经营活动的核心，包含企业生产活动的企业其他活动是实现企业经营活动目的的工具。基于此，区别于传统财务，构建价值引导活动环节、建立企业内外价值链条是人本财务的重要特征之一。

如何通过企业人本财务要素引导并进行价值判断、寻找商业机会？"苹果教父"史蒂夫·乔布斯引领客户消费风尚的价值引导方式可能会带给我们一些启示。"从客户中来，到客户中去"，基于客户的价值引导及对自身财务要素资源的把握，正是现代知识型企业存在的现实依据。任正非在华为公司2011年年报中指出："华为是一个以技术为中心的企业，除了知识与客户的认同，我们一无所有。……华为的董事会明确不以股东利益最大化为目标，也不以其利益相关者（员工、政府、供应商……）利益最大化为原则，而坚持以客户利益为核心的价值观，驱动员工努力奋斗。在此基础上，构筑华为的生存。"①海尔集团首席执行官张瑞敏认为："市场目标的确定不是以个人能力为限，而是以用户满意度为准。""造势产品输入的是用户的需求，输出的是用户的满意。"自主经营体（ZZJYT）是海尔集团管理实践的集中体现，其中，自主经营体内含三个要素：端到端、同一目标、倒逼体系，其中，端到端指的是自主经营体经营的起点是客户的不满意，终点是客户的满意。这些伟大企业的实践给了我们重构人本财务活动深刻的启示。行为要素作为人本财务的核心要素，具有自主性、主动性等特点。基于产权制度和企业文化的驱动以及人力资本产权主体本身的专业能力水平，处于企业客户终端的行为要素主体拥有企业价值活动判断的绝对优势。价值引导活动作为人本财务活动的起点，是在通过对人本财务要素特殊属性把握的基础上进行的财务活动的起点。

一个完整的价值引导活动过程离不开对企业自身财务要素资源的剖析。行为要素主体的活动是财务要素资源配置的核心。在社会生活中，"机会总是留给有准备的人"，只有我们平常做好准备，才有可能抓住稍纵即逝的机会，处于企业特定位置的行为要素主体是基于经济活动规律的完美安排。同样，机会也总是留给有准备的企业，企业的成立需要围绕着行业进行基本的

---

① 参见：华为公司2011年年报。

配备,只有这样,才会抓住商业机会,才会知道我们的机会在哪里。运用价值判断的方法寻找商业机会,结合企业资源配备,拟订各种以较低的投入获得较高收益的方案,最终根据客观的可能性,在占有一定信息和经验的基础上,借助一定的工具、技巧和方法,对影响目标实现的诸因素进行分析、计算和综合评判后,对未来行动做出决定。

2)价值引导活动的规则

笔者认为,在价值引导活动中,在行为要素主导下的财务要素可以按照价值机会发现、价值策划、价值决策的过程来进行安排。

(1)价值机会发现。财务活动是企业活动的核心,企业具体经营活动应当是财务、业务协同的活动过程,财务为企业经营决策提供价值判断。首先,在价值机会发现时,企业应当坚持以客户需求为价值机会发现的宗旨,以寻求客户需求为事业的起点,以产品或服务令客户满意为己任;脱离客户需求而空谈企业价值、无视产品或服务客户满意度的企业是不可能长期持续发展的。其次,价值机会发现应以创新性为主导,通过创新并取得预期收益才是企业经营的创新;价值机会的创意具有经营价值、市场价值,有些创意甚至可以直接出售。此外,企业还要通过强化创新机会的权威性,来引领市场导向。具有创新性的价值创意,如果同时具有市场权威,能在市场中处于引导地位,才能使企业取得预期收益。再次,价值机会发现应以企业财务资源为基础。价值机会发现人应对企业财务资源有一个相对清楚的把握,以此为基础寻找、把握机会,企业财务资源配置能力是企业经营决策的基础。此处财务资源配置能力应当包含企业从企业外和企业内进行财务资源配置的能力。最后,行为人的行为能力或者说行为所能取得的效果通常取决于行为人的创造性思维、知识储备、既往经验和从外部获得相关支持的能力等,因此,企业价值活动阶段的人力资源的使用素质要求非常高,尤其是对其超常思维的要求。企业除选人时应着重考量外,还应注重日常的培训。

(2)价值策划。价值策划此处主要是指行为人基于对企业财务资源增值或减值的考虑,以制定相关财务方案的活动。进行价值策划时应当着重从以下角度考虑:其一,价值策划时应对预定的经营过程中使用企业财务资源的增值或减值有一个基本的判断,根据预定的、能接受的预期收益来进行方案设计。其二,价值策划时应对企业资源情况尤其是行为要素有一个客观的把握。人本财务要素之间的关系及其运行规律因行为要素主体的不同而存在差异,因人而异,具体把握特定行为要素与其他财务要素的关系及其运行规律是价值策划的关键。其三,在进行价值策划时应进行利益考量,协调处理好企业内外部的利益关系及企业短期、长期利益的关系,不能因满足企业利益而损害社会和国家利益,不能为获取企业短期利益而损害企业的长期发展。其四,价值策划应统筹兼顾,以整体、大局的视野来衡量整个过程,统筹利用企业自身现有的或可以利用的各类资源优势,以达到用最少的投入实现最大的效益目标。其五,价值策划应关注环境等因素的变化,及时、准确地把握企业内外信息的变化,预测企业经营可能发展变化的方向,并以此为依据来调整策划目标和修改策划方案,价值策划应因时、因地、因人围绕人本财务要素进行。

（3）价值决策。价值决策是指在价值策划的基础之上,对策划的方案进行权衡、优化,做出经营决定的过程。价值策划是否充分是价值决策有效的前提,价值策划与价值决策是企业经营能否顺利实施的关键。价值决策是价值活动实施的直接依据,价值策划方案形成之后,策划主体应当选出最优方案,再确定一至两个备选方案。选择最优方案时应注意以下几个方面:一是目的性原则。策划方案中所体现的策划目标应当具有层次性、可量化性,由于企业经济活动的复杂性,应制定具有层次性、可适应多种变化的目标。二是与价值策划相比较,价值决策更关注方案的可行性。可行性要求方案应该能够实施,并取得卓有成效的结果。可行性要求与决策有关信息极大丰富,除应取得传统财务的信息之外,尤其要关注有关行为人的信息,包括行为者性格、品行、习惯、人际关系、创新性、意志力等。在获取了丰富信息的基础上,再对价值方案进行可行性分析甚至进行可行性实验等,来检查策划方案的重心是否放在了最关键的现实问题上,策划方案的整体结构是否合理,方案的实施效果能否达到甚至超过方案设计的要求。三是应当能够实现企业共有价值最大化的目标。

7.4.2 价值配置活动

1）价值配置活动的含义

价值配置活动是价值活动的准备。配置是配备和布置的意思,是指为完成某种工作而进行的配备和布置。价值配置活动是对价值引导活动的支持，是指为实现价值增值目标而对财务要素进行的配备和布置。价值配置活动首先指的是行为、资产和权益三要素之间的配备和布置；其次指的是行为要素内部、资产要素内部、权益要素内部具体要素的配备和布置。

在传统财务中，财务要素配置主要体现在资产要素配置和权益要素配置上。其中，资产要素配置主要体现在资产结构上。在传统财务中，资产结构主要包括流动资产和固定资产的结构、有形资产和无形资产的结构、短期资产和长期资产的结构等。资产要素配置就是通过对资产的结构进行分析，基于企业经营的需要，确定各种资产之间的比例关系，以有效盘活资产，实现企业经营目标。例如，流动资产和固定资产的比例，依据不同行业企业、同行业企业和企业自身经营的需要，其比例关系都有一定的规律，企业在经营活跃的时期，除去管理的因素的影响，流动资产的比例通常较平常为高，说明企业生产经营活动活跃。而在不同的行业中，商业企业、房地产业流动资产较之其他类型企业占比较高，同行业企业比例相对稳定。除了流动资产和固定资产的比例关系外，其他如企业对有形资产和无形资产的结构、短期资产和长期资产结构的配置都是基于对企业经营的考量而做出的决策，通常，无形资产不断增加的企业，其开发创新能力往往比较强；短期资产比例较高的企业，其偿债能力通常较强。上述各种资产结构的确定和调整，对企业的风险控制和收益的增长都会发生一定的影响。

传统财务中权益要素的配置主要体现在资本结构上。资本结构在传统财务中主要指的是债权人权益和所有者权益的比例关系。企业资本结构决定了企业的产权归属，也决定了不同产权主体的权益和所承受的风险。资本结构理论是传统财务理论的重要组成部分之一，经历了旧资本结构理论和新资本结构理论两个阶段。旧资本结构理论包括传统理论、MM 理论和权衡理论等，其内容主要有：①MM 理论认为，在理想条件下资本结构与公司价值无关。②存在公司所得税条件下，MM 理论认为，公司价值随负债的增加而增加。③存在破产成本的条件下，权衡理论认为，实现公司价值最大化要权衡避税利益和破产成本。新资本结构理论是基于非对称信息进行研究的，包括代理理论、控制权理论、信号理论和啄序理论等。其主要的研究成果是分析了在非对称信息条件下资本结构的治理效应及其对公司价值的影响。

在物本财务的框架下，资产结构和资本结构对企业价值增值进行了完美的解释,"G→G"似乎给出了我们企业经营取得收益的所有答案。但随着知识经济的深入发展,我们越来越清楚地认识到人力资源才是企业的核心资源,价值创造行为是企业的本原要素。为实现企业目标,应当围绕价值创意、以企业财务本原要素为核心进行资源配置,合理地构建人本财务各要素之间的架构,并对价值创造行为加以优化,实现企业价值增值的目标。

2)价值配置活动的规则

价值配置活动是基于价值引导活动的具体规划及资源配置的过程,应当包括资产配置、资本配置、资源整合几个方面。价值配置贯穿于整个价值活动过程,结合活动进程进行价值动态的配置是价值配置的基本原则。

(1)资产配置。资产可分为物力资产和人力资产,其中物力资产又可分为有形资产和无形资产等。人力资产具有主动性,是主动性资产,物力资产需要有行为附加于其上,才能有价值产出,物力资产是被动性资产。根据自身情况,选择配置资源,通过一定方式实现价值目标是主动性资产的重要特点。因此,在资产配置时应当先配置人力资产,再根据人力资产情况配置物力资产。

根据社会分工理论,社会分工是人类文明的标志之一,也是商品经济发展的基础。社会分工的优势就是让擅长的人做自己擅长的事情,使平均社会劳动时间大大缩短,生产效率显著提高。人尽其才,物尽其用,能够提供优质高效劳动产品的人才能在市场竞争中获得高利润和高价值。根据企业的专业化分工,企业生产过程包括了许多不同阶段,要求一定数量的参与者利用不同的技能和知识在不同时空进行或组织不同的活动。因此,企业人力资产内部的配置应当按照人力资产的能力、人格、品质、知识、技能和经验等进行配置,把合适的人结合其专业特长与其他财务要素,按照行为要素主体的个体特点进行配置,对其进行专业化培养、专业化发展,是企业人力资产配置的使命。在配置时,一定要注意将核心资源配置到资源配置能力强的主体控制之下,以通过较高的资源配置效率获取较高的企业收益。"CEO只能有一个",企业CEO是高级管理人才,具有较高的价值产出能力,但在人力资产配置时,CEO却不是越多越好。同质化类型人才过多会导致企业内部员工之间相互不服、扯皮,这样既造成了人才的浪费,也降低了企业经营的效率,专业化分工是企业人力资产配置的基本原则。

在进行资产配置时,先要通过决策层和管理层设置资产配置权限。一般来说,具体业务执行者随着职业能力的提高和职业经验的积累,都会形成相对稳定的资产配置结构。企业人力资本产权主体通过自我发现、主体之间互相发现、决策层或管理层发现,可以充分认识自身真实的配置能力,并结合企业价值目标,人力资本产权主体与其他人力资本产权主体相互选择,然后配置相应的物力资产,选择合适的物力资产相配套,人力资产撬动物力资产,才能最大限度地挖掘物力资产的潜力,有效实现资产的价值增值。

(2)资本配置。企业资本分为人力资本和物力资本,按照资本结构的划分习惯,我们可以将其中的物力资本分为所有者权益和债权人权益。企业通过资本配置赋予相应主体以管理企业的权力,因此,资本配置是企业经营权和收益分配权的依据,企业应当根据企业经营实际和要素—收益的实际贡献比例来确定资本的配置。资本配置是企业的市场行为,企业应当结合企业经营实际来决定企业资本的配置,如赋予企业稀缺资源主体以较高的资本比例。而且,资本配置不是一次性配置,应当结合企业其他要素的贡献情况、经营需要和经济环境的变化不断进行调整,资本配置是动态配置。

企业资本配置时应当结合市场情况先配置企业核心资源,人力资本或者劳动者权益是企业的核心资源,附在其上的是企业资源配置的财权的分配。人力资本产权所有者或者说企业劳动者是企业的核心资源,同时也是企业的具体业务执行者,因此,企业应当先配置劳动者权益,然后在此基础上进行物力资产的配置。企业人力资本产权因企业经营需要和分工需要来进行配置并赋予相应的财权。企业经营既需要具有管理能力和经验的劳动者,又需要负责具体执行的员工;既需要有对企业进行战略设计的企业灵魂管理者,又需要有在企业战略指导下对企业进行日常管理的管理者;既需要有执行企业销售采购任务的员工,又需要有负责企业技术研发、产品生产的员工。企业应当依据企业经营实际进行配置,专业化培训、专业化经营、专业化发展是企业获得预定收益的保障。人力资本的配置还是一个利益谈判的过程。不同的人自评、他评和市场评价的结果往往是不同的,对利益的需求也是不同的,利益多方的博弈将会确定一个权益比例,先期决定不同劳动者在企业中的权利与义务。这种权益比例和劳动者先定的权利和义务,随着企业经营的实际会发生动态的调整。企业应当设计合理的企业运营架构和结合经营实际来配置企业劳动者权益。

物力资本的配置决定于人力资本配置情况。不同的经营团队的实际情况不同,其所能驾驭的物力资本的能力是有差异的。另外,不同的企业业务对物力资本产权的需求也是不同的。企业应当依据劳动者权益配置情况和企业具体业务情况来决定物力资本的配置。使用所有者权益和债权人权益各有利弊,债权人权益和所有者权益的确定决定于用资的成本,企业应当根据获取相应资本的难易来确定资本的形式。

(3) 资源整合。在人本财务框架下,资源整合是指通过对企业资本和资产进行整合,达到企业资本和资产配置的整体最优。它是对企业资本和资产的综合配置。通过上文论述可知,资本配置是企业的产权配置,它决定于企业的性质与治理结构;资产配置是企业的经营配置,它决定于企业的具体经营实际;资本配置是资产配置的基础,资产配置是资本配置的市场触角。企业价值活动在行为要素的撬动下而产生资产价值增值,价值增值与资源发挥的作用相匹配,对企业权益进行动态配置。企业权益的调整反过来会对行为人权利和义务重新赋值,并决定资产的价值增值的能力。企业资源结构的变化会对企业经营产生根本性的影响,企业应当对企业经营综合考量,运用上述资源整合的一般规则来进行企业资源的配置、整合,提高企业价值增值的质量。

7.4.3 价值流转活动

1) 价值流转活动的含义

价值流转活动是企业的价值经营循环。流转是流动转移的意思,此处应当指的是价值在财务要素流动过程中发生转移。价值流转活动指的是以价值创意为导向、以价值配置为基础,在财务要素流动的过程中发生价值增值的价值经营循环过程。价值流转活动是将行为要素附加于资产要素之上,转移价值并产出价值,实现企业权益增加,并反作用于企业行为要素,致使资产增值、权益增加的企业价值循环过程。

在传统财务中,企业的价值流转主要指的是企业的资产营运。它要求企业应当确定合理的资产结构,并实施资产结构动态管理。具体来说,它指的是以下资产的运营:①企业应当按照国家规定和企业内部财务管理制度的规定,依据有效合同、合法凭证,办理相关手续,统一筹集、使用和管理资金。②企业应当加强应收款项的管理,评估客户信用风险,跟踪客户履约情况,落实收账责任,减少坏账损失。③企业应当建立健全存货管理制度,规范存货采购审批、执行程序,根据合同的约定和内部审批制度支付货款。④企业应当建立固定资产购建、使用、处置制度。⑤企业通过自创、购买、接受投资等方式取得的无形资产,应当依法明确权属,落实有关经营、管理的财务责任,企业应当签订书面合同,明确双方的权利和义务,进行无形资产的转让、租赁、质押、授权经营、连锁经营、对外投资等经营。⑥企业对外担保、对外捐赠都应当符合法律、行政法规及有关规定等。由此可以看出,在传统财务中,资产营运首先主要是一种行政管理,是在资产营运过程中财务主体之间权利和义务的分配;其次在物本财务框架下,价值流转主要是被动管理,是资产管理的过程。

在人本财务中,行为要素具有主动性,价值流转过程不应当是被动管理的过程;行为要素具有价值增值性,行为是价值的本原和动因,是各种各样的行为引起了价值的变化,资产只是行为这种作用的传递者;行为要素具有创造性,与行为对象接触的行为人比上层管理人更加了解经营情况,经过培养的具有经营者意识的行为人更具有价值决策的资格,通过行为主体的超常思维和智慧,在自主管理的情况下,可以更加有效地实现企业价值增值。价值的产生过程是:行为→资产→价值。行为要素附加于资产要素之上,使得企业价值得到了增值。

2)价值流转活动的规则

价值流转活动是企业的价值经营循环过程,应当包含企业价值规划的实施过程和行为附加于资产之上而产生的价值流转过程。其中,价值实施是价值流转的过程,价值流转是价值实施的结果。

(1)价值实施。选择好价值实施规划并进行资源基本配置后,就可以进入价值实施阶段。再好的价值规划,如果不能通过有效的实施落实到企业经营活动中,也不能产生收益。在价值规划实施时,至少应当遵循以下规则,对价值规划的实施过程进行实时指导、监督和控制:其一是必须注意强制性和灵活性的结合。强制性是指价值规划一经确定,不得擅自更改规划内容或改变行动方向、路线等,必须在统一的号令之下,以多方行为的协调一致来保证具体规划的落实及其价值目标的圆满实现;灵活性是指在执行价值规划时,基于行为人对自身业务的专长,应当在服从整体战略的前提下,尽可能自主处理,保证在自身经营职权范围内的企业价值最大化。只有战略服从与自主处理相互协调,才能有效地保证价值规划目标的实现。其二是财务要素的配比落实,其关键是行为要素中行为人的落实。规划的实施团队在现行的企业实践中有很多典型,如日本京瓷公司的阿米巴经营、海尔集团的战略经营单元(SBU)等,与财务要素的匹配是这种组织能否达到既定目标的核心。价值规划的落实是按行动计划的规定明确承担规划实施的各个实施单元的行为人,划定每个实施单元的职权范围、职责及其与周邻组织的关系并在此基础上进行相应的经营培训,才能进入实际操作。规划实施单元的确定,单元之间权利、义务、职责的明确,是价值规划实施过程中最重要、最关键的问题。其三是有效的沟通和协调。在价值规划实施过程中,要求相关行为人加强沟通,包括规划行为人和实施行为人的沟通等,沟通的目的是行为人之间的有效的配合,互通有无、优势互补。行为人之间的相互合作和协助是规划实施成功的重要保障。实施单元及行为人之间的协调包括进度的协调、技术执行的协调、实施方向的调整、实施单元及行为人之间的利益协调、对实施效果及实施策略的相互协调等。其四是规划实施过程中的监督控制及反馈修正。在价值规划实施过程中,相关行为人应密切跟踪其实施情况,发现问题应及时调整,以避免损失扩大。这种监控方式包括控制实施进度、实施质量、执行的方向、执行的手段、实施单元的协作、价值增减值的大小等。价值产出时,相关行为人要及时对实施结果和过程进行分析并反馈分析结果,修正价值活动流程。

(2)价值流转。价值流转是行为要素附加于其他财务要素之上而发生的价值变动,行为要素是因,价值增值或减值是果,增加行为有效性是价值活动的主要任务。行为是人的主观见之于客观的活动,主观上以实现企业价值增值为目的,客观上实施了价值创造行为并发生了价值增值或减值的结果。行为是价值变化的本原要素,行为附加于资产产生价值产出,价值存在要素——资产发生了价值流转,行为导致资产价值的变动又引起价值归属要素的相应变化。价值流转从其变化本原的角度来看实际就是行为的流转,行为引导资产价值变动,不断因此而导致权益的重新赋值,并决定最终权益的分配。各要素对价值贡献的大小是权益归属的基础,反过来,每次权益的重新赋值又会影响下一次价值活动各要素的重新配置。行为是资产和权益变动的本源,资产为价值变动提供条件,权益是价值创造行为的动力来源和目的。

基于此,在满足资产条件的情况下,价值创造行为的优化是实现企业价值目标的必然选择。

为提高财务活动的效率,对财务核心要素的管理非常关键。行为要素作为财务核心要素,价值创造行为的质量决定了企业价值增值的质量,行为优化是提高行为质量的必然选择。行为优化在此处主要包括个人行为优化和实施单元行为优化。影响企业经营行为质量的因素主要包括外在因素和内在因素。外在因素主要是指客观存在的企业环境和社会环境的影响,内在因素主要是指人的知识技能、各种心理因素和生理因素的影响,如人们的认识、情感、兴趣、愿望、需要、动机、理想、信念、价值观、学历水平和技术资格等。在企业中,人的行为主要是人的内在因素和外在环境相互作用的结果。因此,在分析一个人的行为时,就要同时看到两个方面的因素,即不仅要深入地了解个体自身的情况,还要全面地分析他所处的特定环境。只有这样,才能弄清内外因素对个体行为的影响。行为具有可预测性和可控制性,行为优化就是对影响行为的因素进行管理。笔者认为可以围绕以下方面对行为进行优化:

其一是要以企业价值战略目标为核心。行为要有方向,在企业战略目标既定的情况下,行为一定要顺应企业大势,为企业总体服务。而行为战略的确定应当顺应潮流、引领潮流;反之,只会制约企业价值目标的实现。

其二是行为是价值的源泉,行为人的知识和技能是行为的支持。企业应当结合企业实践,不断更新企业员工的知识和技能,训练他们如何把企业资源用到最适合的地方,并且资源的使用要留有余地。而且价值目标的实现,往往不可能一步到位。正确的行为规则应当是将这一过程分解成若干可以控制的步骤,每一步都有阶段性成果,使企业或项目通过阶段性成果,顺利获取最后的成功。大处着眼,小处着手,是企业价值创造行为过程的基础法则。

其三是应当对行为人量身定造,建立与行为相适应的资源配置模式。尺有所短,寸有所长,如何扬长避短是行为发挥作用的关键。同样,行为人也要对自己定好位,从而确定自身行为的长处和不足,找出自己的核心优势,最大限度地开发和利用这种优势、克服自己的不足,并设计一套切实可行的行为模式,才能以最小的投入,取得最大的收获。

其四是行为人应当关注自己在价值实施单元中的位置和价值实施单元之间的协作。行为是价值创造的核心,行为之间的协作更加是价值创造的保障。团队内部和团队之间的协作应当按照人力资产配置的原则进行安排。

其五是行为人应当运用创新思维进行价值创造。知识经济时代是一个创新的时代,永远不变的只有变化本身,只有创新才能保持竞争优势。创新需要对企业经营和行业现状有非常深刻的把握,在掌握规律的基础上创新。创新往往具有先发优势,谁进行了创新,谁就创造了一个新的规矩,就成了游戏规则的制定者和解释者,就拥有了话语权。创新要适度超前,适度超前产生的先发效应,可保持相对时间的无竞争状态,从而获取超额利润。

除上述行为要素的优化之外,要建立行为要素与资产要素的匹配机制。从行为个体来看,不同的行为会导致资产不同的增值抑或减值。个体行为与资产增减的匹配是产权主体成立企业、从事价值活动的本意。同时,行为要素与资产要素的匹配最重要体现到权益要素当中,赋予导致不同资产增减的行为以不同的权益符合公平与效率的价值理念,是理性企业价值活动所要求的理想的产权制度安排。

7.4.4 价值产出活动

1) 价值产出活动的含义

价值产出活动是价值流转活动的结果。产出是生产出、创造出的意思。在此处,价值产出指的是生产出、创造出价值的意思。价值产出活动通过财务要素在价值流转过程的动态配置中而生产出或创造出的价值结果,它是各种行为、各种资产、各种权益导致的结果,是一个行为—资产—价值匹配的过程,它决定于财务要素的不同配置,是价值分享的依据。

在传统财务中,权益由物力资本出资者构成,权益—价值的匹配比例是先行确定的:先按照事先的约定分配债权人权益,再按照物力资本的出资比例决定剩余权益分配的比例。在这一财务框架下,企业是物力资本出资者的企业,认为只有物力资本出资才是价值增值的原因。"资本雇佣劳动"的物本财务理念诞生于物力资源极为缺乏的时代,而在知识经济时代,人力资源是企业最为稀缺的资源,如果企业活动仍然以物力资本为核心,物力资本规定了人的劳动方式,人在生产中缺乏自主性,企业价值增值缺乏动力,企业效益主要源于物力资本的投入和改善,企业发展空间有限。

在知识经济时代,生产从主要依靠物力资本投入转移到对企业人力资源的重视,人力资本产权拥有者天然拥有企业产权。企业价值增值着重依靠对人力资源自身能力的发掘,人在生产中的自主性增强,产品价值的增值是行为附加于资产之上的结果。在这种情况下,生产以人力资本为核心,物力资本仅作为人力资本的辅助工具,是企业价值增值的条件,生产主要依靠人力资本的贡献,其主体在生产中拥有完全主动权,产品技术含量高,价值以人力资本为主。物力资本和人力资本主体共同分享企业产权。

在人本财务中,基于"劳动雇佣资本"的理念,寻找价值增值的本原。只有责任、权利、义务相平衡的产权制度体系才会是公平有效的。传统财务忽略了人力资本所有者的产权利益,这对人力资本产权所有者是不公平的;同时,不能有效地挖掘人力资本的潜力,也影响了企业价值增值的效率。在价值产出活动中,对行为—资产—价值进行配比,确定不同行为的结果,按劳分配,公平地维护了不同行为人的权益,有效地实现了企业价值的增值。基于此,价值产出活动中的主要任务是通过动态、及时的核算与报告来实现行为价值的有效配比。

2)价值产出活动的规则

价值产出活动的任务是对财务要素与价值产出进行比例的匹配,为价值分享提供依据。企业应当建立一套能客观反映企业价值产出与各财务要素之间关系的核算与报告机制。在人本财务要素体系中,行为要素是核心要素,其他要素随行为要素的变化而进行动态调整,同时也从根本上影响着价值的产出。核算与报告的关键是对行为要素的核算。

对行为要素进行核算与报告,先要把企业生产经营中的行为梳理清楚。从行为要素参与企业生产经营的过程来看,徐国君在其三维会计研究中将行为分为投资行为、采购行为、采购管理行为、基本生产行为、辅助生产行为、生产管理行为、销售行为、销售管理行为、经营管理行为、研究开发行为几种类型[1]。其中,徐国君还将这几种行为进行了定义,并且他认为上述各种行为还可以继续进行细分,一直细分到分不下去为止。在其三维会计中,徐国君将按生产经营特征细分后的项目作为明细账的科目,并在其著作中将这几种类型行为的核算与计量进行了详细的阐述。行为是具体的,行为是行为主体的

---

① 徐国君.三维会计研究[M].北京:中国财政经济出版社,2003:241.

行为,而行为主体又是人力资本产权的所有者,对行为的核算与计量也就是对行为主体的绩效考评。与此相应,人力资本产权会随行为的变化而变化,相应会影响到行为主体的人力资本产权在企业中的占比。但是这里存在一个问题,企业内部行为的结果大多不能直接发生销售,对它们如何计量是人本财务需要解决的一个问题。按照稻盛和夫的阐释[①],企业理想状态的生产经营毫无疑问是销售最大化、费用最小化,与此相应,价值实施单元理想的价值活动也应当是销售最大化、费用最小化,再进一步,企业中单个个人的行为的理想状态也是销售最大化、费用最小化。因此,"定价即经营"[②],企业内部各环节之间如何实现如同销售时的定价是行为要素核算的关键。徐国君认为,应当将市场机制引入企业内部[③],一个企业内部没有市场竞争或者市场竞争不如外部市场激烈,这个企业最终会被市场所淘汰;一个企业的内外部市场竞争是同等程度的,则这个企业会获得社会平均附加价值水平,只有企业内部市场竞争激烈的程度高于外部市场竞争激烈的程度,这个企业才会超出一般水平获得大的发展。要使一个企业取得经济上的成功,必须把外部市场机制引入企业内部。企业通过建立内部市场,不断地将外部市场价格信号传导给企业内部,实现企业内外市场的互动。企业内部市场竞争,是通过企业内部的价值评价机制来表现的。企业内部各行为主体都要准市场化,相互之间的关系既是市场交易关系,又是利益共同体。外部市场实现价值依照市场规则内部化,在企业内部各行为主体之间进行切割细分。企业应当同市场机制内部化,做到对行为的核算,由此实现行为—资产—价值—权益的比例的匹配,并反作用于行为,产生良性循环的价值活动机制。

7.4.5　价值分享活动

1) 价值分享活动的含义

价值分享活动是价值活动目标的实现。分享是和别人分着享受(欢乐、幸福、好处等)的意思,此处指的是企业权益方共同享受企业增值权益。价值

---

① 稻盛和夫.稻盛和夫的实学[M].上海:东方出版社,2011:13.
② 稻盛和夫.稻盛和夫的实学[M].上海:东方出版社,2011:14.
③ 徐国君.三维会计研究[M].北京:中国财政经济出版社,2003:298.

分享活动是依据价值产出活动中行为—资产—价值逻辑的结果以及事先与物力资本所有者分享比例的约定,按照比例享受企业价值增值成果的过程。国家的税收等与物力资本所有者相类似,它是按照事先法律规定的比例与其他主体分享企业受益,国家规定了具体的内容和征收的程序,不是本书论述的重点,下文中主要就企业内部相关主体分享企业收益的内容和规则进行阐述。

按照马克思的观点,在资本雇佣劳动时代,企业的价值增值的确完全归物力资本投资者所有。那时,谁投资开办企业,谁就用他的资本购买劳动资料、劳动对象和劳动力。物力资本投资者支付给企业员工的工资就是购买劳动力的支出。企业员工在企业经营过程中不仅创造了代表其必要劳动的价值(基本上是所得的工资部分),还创造了剩余价值。但在资本雇佣劳动时代,企业员工仅能得到维持其生产、生活需要的工资,企业员工对自身所创造的剩余价值是无权分享的,剩余价值全部归了物力资本投资者。企业的剩余价值归属于企业的物力资本出资者。知识经济时代是以人为本的时代,"劳动雇佣资本"是企业运营的主要特征,大量的企业都是所谓的轻资产企业,企业没有什么物力资产,企业的盈利主要靠企业员工的技术。物力资本所有者基于对超额收益的渴望和人力资本所有者基于自身权益的保护,纷纷提出了企业员工"分享利润""分享股权"的口号,企业新的剩余价值分享模式纷纷涌现。这些倡议者提倡工人拥有企业股份;从剩余收益中划出一部分分给企业员工,如日本的企业构造所谓物力资本投资者和企业员工的"命运共同体"、美国提出的"分享经济"和提倡建立"利润分享制度"等。发达国家的这些提法和做法,客观上都承认企业员工对剩余价值有分享权,是现代社会经济发展的客观需要,符合天赋人权的人权保护的理念,也更好地满足了物力资本所有者对企业超额收益的追逐。最终这些国家的实践证明,这样做能使企业员工保持积极性和提高劳动生产率。

产权清晰是现代企业的一个重要特征,是市场机制资源有效配置的根本要求。在知识产权背景下,轻资产企业比比皆是,其无与伦比的盈利能力已经背离了人们所固守的传统的"资本雇佣劳动"的财务理念,人力资源成为企业核心资源,从产权理论的角度,人力资本产权所有者理应享用企业最终的价值增值。实际上,从更为接近本源的企业资源投入的角度来分析,人力资源所有者选择了企业,成为企业的员工,把自己的整个身心投入了企业,人的生命是不能重复的,较之于企业的物力资本出资者,企业员工才是企业最终风险的承担者,企业员工天生就是企业的出资者和拥有者。在现行的企业工资制度下,工资只是对劳动力消耗的补偿,按劳动的多少拿工资仅仅是"按劳补偿",人本财务要求"按劳分配"。"按劳分配"指的是企业员工按劳动的多少分享企业剩余价值。基于人力资本产权制度,建立人力资本出资者和物力资本出资者共享企业的剩余价值,是从根本上解决价值分享问题的基础制度设计。

与价值产出活动相比,价值产出活动主要是依据行为人的具体劳动为行为与企业收益进行匹配,而价值分享活动则是依据上述匹配的结果和主体之间事先的约定通过一定的方式分配企业收益的过程。从劳动价值论的角度来分析,行为要素即企业经营劳动具有二重性:具体劳动和抽象劳动,具体劳动创造商品的使用价值,抽象劳动形成商品的价值。因此,行为要素具有使用价值并可最终形成企业价值。价值产出活动就是依据其使用价值,将行为的使用价值与企业价值相匹配,而价值分享活动则是将企业价值按照匹配的结果通过一定的方式分配给产权主体的过程。

2) 价值分享活动的规则

企业应当确定按劳分配的价值分享模式。按劳分配实际就是按要素对企业的价值创造的贡献的大小进行分配,物力资本产权所有者提供的资本都是社会劳动的产物,其贡献体现在物力资本产权提供了价值创造的物质条件,而其贡献的大小可以用其所需的社会平均劳动时间来衡量。人力资本产权所有者的贡献体现在其行为—价值的比例的匹配上。依据企业人力资本产权和物力资本产权的贡献大小及平均单位产权贡献是否达到社会平均收益,企业具体可以按照以下分配方式来分配[①]:

其一,如果企业的平均单位产权实际剩余收益额达到了社会平均收益额,则应按期初企业人力资本产权和物力资本产权等价的比例分红,即每一元人力资本产权分得的收益额等于每一元物力资本产权分得的收益额。其原因是企业人力资本产权的所有者和企业物力资本产权的所有者都以双方

---

① 徐国君.劳动者权益会计——人力资源会计的新模式研究[M].北京:中国财政经济出版社,1997:208.

确认的公正的价值投入,而且企业收益已达到了社会的平均水平。

其二,对于企业的剩余收益超过社会平均收益额的超额收益部分,应综合分析人力资本产权和物力资本产权对企业收益的贡献率,当企业人力资本产权贡献率大时,应更多地分配给企业人力资本产权所有者。理由是企业人力资本产权所有者素质高或付出了比一般社会水平更多的劳动,如果不给企业人力资本产权所有者更高比例的收益,就不能调动企业人力资本产权所有者的劳动积极性。当企业物力资本产权贡献率大时,应更多地分配给企业物力资本产权所有者。其理由是物力资本产权所有者提供了更具有市场竞争力的装备等物力资本产权。如果不给企业物力资本产权所有者更多的分成,就无法激励企业物力资本产权所有者积极地更新陈旧落后的物力资本产权。只有这样一种产权贡献与收益分配相匹配的分配机制,才能既调动企业人力资本产权所有者的主积极性,也调动企业物力资本产权所有者的从积极性。企业超额收益的取得,企业物力资本产权所有者起的作用只是短期的,因为通常的企业都有更新设备等物力资本产权以争取超额收益的动力,通过物力资本产权获取超额收益具有周期性。但从长期来看,企业超额收益的取得是由企业人力资本产权所有者所决定的,企业人力资本产权持续的主动创新能力的发挥是企业获取超额收益的关键。超额收益具体分配的比例,应当结合企业实际情况,并利用市场供求和竞争公平博弈模型等确定的产权贡献率来确定。

其三,当企业的剩余收益额低于社会平均收益额时,仍然应综合分析人力资本产权和物力资本产权对企业收益的贡献率并与社会平均收益企业比较,根据其发挥的作用的大小进行分配,但应倾向于保护企业物力资本产权所有者。理由是企业人力资本产权所有者素质低或没有付出比一般社会水平更多的劳动,如果不能给他们应得的收益,就达不到更好的激励效果,最终可能会导致企业巨额亏损甚至使企业破产。更多地将收益分配给企业物力资本产权所有者是对其得不到社会平均收益的补偿,同时也起到挽留资本或吸引其追加投资的作用。

其四,当企业出现亏损时,企业人力资本产权所有者同时也是企业运营者,应负主要责任。应当先由企业股东会共同委托的第三方审计,依据责任的大小确定一定分配比例,分配时应先用留存的人力资本产权之外的企业人力资本产权弥补企业亏损,弥补后如果仍有不足,则相应按比例冲减人力资本产权的价值。只有当企业在今后的经营中出现盈利时,才能按比例恢复企业人力资本产权的价值。因为亏损通常并不是企业物力资本产权有问题,而是企业人力资本产权所有者运营不善而导致的。当前,企业经营亏损的责任主要由企业物力资本产权所有者以亏蚀资本的形式承担是不合理的,这样做会导致企业人力资本产权所有者负盈不负亏,亏损时简单跳槽就可逃避责任,这种权责不清的企业产权关系制约了企业的发展。

其五,当企业持续亏损以至于资金周转不灵,进而导致企业破产时,企业人力资本产权所有者和物力资本产权所有者都要负起有限责任。假如企业变现价值在偿还企业的债务后仍有价值剩余,则该剩余资产应在企业人力资本产权所有者和企业物力资本产权所有者之间按比例分配。因为破产时企业人力资本产权可能一无所值,不能变现,因此只能通过社会保险制度等来解决。目前,企业破产时不追究企业人力资本产权所有者责任的做法是不妥当的。

无论理论上的推断还是实际调查的结果,都说明对企业经营起决定作用的是企业人力资本产权所有者,企业物力资本产权所有者只是提供企业经营的条件,相对于企业破产来说,物力资本产权所有者只是条件而已,而企业人力资本产权所有者才是企业破产的主因。

8 人本财务保障法律制度研究

保障,即保护(生命、财产、权利等),使不受侵犯和破坏①。人力资本产权纳入财务要素进行管理可能会给包含物力资本产权主体在内的各方产权主体带来新的商业风险。人本财务保障法律制度就是为降低将人力资本产权纳入财务要素后可能导致的风险进行的制度设计。产权是现代市场经济社会的基本要素,完善的市场制度是产权交易的必备条件。在市场经济条件下特定产权的出现,随后必然会形成相应的产权市场,产权是交易的基础,市场制度为产权交易的顺利进行保驾护航。随着我国资本市场的迅速发展,以物力资本产权为主体的资本市场体制逐渐完善,而进行人力资本产权交易的资本市场尚未开展。这除了是因为人们还没有人力资本产权的意识之外,我们认为,人力资本产权市场中配合人力资本产权法律实施的相关制度的缺失是其主要的原因。基于人力资本产权区别于物力资本产权的复杂特性,必须建立相应的制度保障人本财务法律制度的落实。本章以人力资本产权市场为平台,围绕人力资本产权的特殊属性构建人本财务保障法律制度体系,完善人本财务法律制度,以保障人本财务法律制度顺利实施。

8.1 人本财务保障法律制度的设计思路

搭建人力资本产权市场平台并完善相应的制度是保障人本财务法律制度实施的有效方式。通过制度设计将人力资本产权进行财产立法,由于人力资本产权与其自然载体之间的特殊关系及人力资本产权本身的特殊属性,主体之间在进行人力资本产权交易的过程中,通过设定相对方相应义务的履行来维护自己的财产权利,就有了与物力资本产权时代不同的制度需求。

---

① 中国社会科学院语言研究所词典编辑室.现代汉语词典[M].北京:商务印书馆,2005:49.

在现行财务法律制度下,对产权制度的运行主要有以下制度保障:

其一,特定产权的登记制度。我国现行《物权法》第二章第一节规定了不动产登记制度,规定不动产的设立、变更、转让和消灭须依法登记才能发生法律效力;并对不动产的登记机构及其职责、当事人登记的材料提供、不动产登记的具体规则及违反规定相应的法律责任的承担等进行了规定。此外,《物权法》对船舶、航空器和机动车等财产的登记效力进行了规定,"其设立、变更、转让和消灭,未经登记,不得对抗善意第三人"。除上述《物权法》的规定外,在产权运行实践过程中,为规避因对产权情况不能把握而带来的交易风险,一些国家或社会机构设立了一些产权信息查询数据库,供产权交易者根据需要选择使用。比如,中国人民银行征信中心建立的应收账款质押、保理登记公示系统和融资租赁登记公示系统等。

其二,产权主体征信制度。征信制度是一种信用查询制度,在经济生活中,交易双方的信用风险是交易的主要风险。为降低产权主体因交易相对方信用而带来的交易风险,维护社会经济运行的稳定,中国人民银行、国家工商行政管理总局、各大保险公司、国家税务部门、司法机关及一些社会机构根据产权主体既往的交易信息建立信用信息数据平台,供产权主体查询使用。但各个部门各自为政,分别设立征信系统存在成本过高、数据不全等问题。目前,在中国人民银行的倡导和积极行动下,各个部门建立的征信系统之间逐渐融合,逐步实现部门之间信用信息的共享。

其三,产权担保和保险制度。我国已建立包含《物权法》《担保法》和相关法规等在内的物权担保和债权担保法律制度体系,来完善产权交易制度,降低产权交易风险。各大保险公司具有相对完善的财产保险制度体系,产权主体可以根据交易风险和交易成本的把握选择使用。

其四,法律责任制度。责、权、利配比是法律制度设计的基本原则。根据物力资本产权交易的风险,我国建立了包含民事责任、行政责任、刑事责任在内的广泛的责任制度体系。我国实施的《侵权责任法》是典型的权利侵犯责任法律制度,里面有侵犯财产权利责任承担的相关规定。此外,包含《物权法》《知识产权法》等在内的具体财产法律制度里也分别依据财产不同的特点做了相应的责任承担的不同规定。我国现行《刑法》第二编分则第五章"侵犯财产罪"针对产权的犯罪行为的责任承担进行了详细的规定,第三章"破坏社会主义市场经济秩序罪"、第八章"贪污贿赂罪"等部分也都做了不同类别产权犯罪责任承担的规定。通过严厉程度不同的处罚，一来可以迫使违法的产权交易主体通过继续履行等完成自身义务；二来可以强制产权主体赔偿交易相对方的权利损失；三来可以通过严厉处罚震慑其他潜在违法者，使他们能遵循产权规则的要求履行自己的法律义务。

人本财务法律制度可以借鉴上述物力资本产权的保障制度构建保障法律制度。首先，构建包含人力资本产权登记制度等在内的征信制度体系。集信用信息、知识技能信息等在内的信息系统是人力资本产权市场的基础，区别于物力资本产权价值的有形判断，对人力资本产权的判断需基于信用、知识技能的相关信息的描述。一个信息相对完整的信息系统是人力资本产权市场的基础。其次，构建人力资本产权担保制度。人力资本产权担保是担保人根据对人力资本产权的价值评价而做出的为人力资本产权不能按约履行义务而承诺代偿的行为。人力资本产权是建立于人力资本产权主体信用及知识技能基础之上的价值评价，缺乏主体本身的物的担保是其制度设计需重点考虑的方面。再次，构建责任制度。由于人力资本产权的特殊性，对其责任的承担可以从市场禁入及个人破产等方面考虑。

上述制度设计思路可如图 8-1 所示。

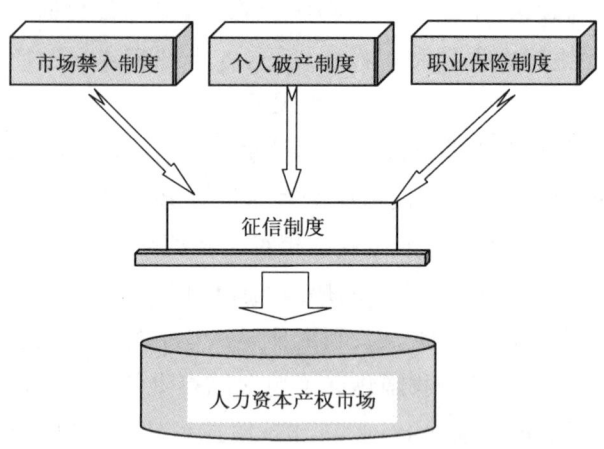

图 8-1　人本财务保障法律制度

图 8-1 中，人力资本产权市场是保障人本财务法律制度顺利实施的基础；在人力资本产权市场中，需先构建信息平台，征信制度是构建信息平台的基础。依据征信制度所取得的信息对人力资本产权做价值评价，依据经济活

动需要设立市场禁入制度、个人破产制度、职业保险制度等针对不同的情况做出不同的处理。

8.2 人本财务保障法律制度的目的与原则

8.2.1 人本财务保障法律制度的目的

通过制度设计,围绕产权对象规范相关主体的行为,调整行为主体之间的权利和义务关系,维护产权制度的稳定是物力资本产权制度的目的。人力资本产权纳入产权制度体系后,由于人力资本产权范畴中"物"的缺失,人本财务法律制度的实施具有了与物本财务法律制度不同的特征,高增值与高风险相辅相成,在原有物力资本产权保障制度框架下必然会带来整个人力资本产权市场的不稳定。人本财务保障法律制度的目的就是通过设计与人力资本产权特殊性监管相吻合的制度,使相关产权主体不因人力资本产权的引进而受到侵害,维持产权制度的稳定运行。

8.2.2 人本财务保障法律制度的原则

人本财务保障法律制度是根据人力资本产权的特殊性并结合物力资本产权制度而进行的制度设计,人本财务保障法律制度的原则必须符合人力资本产权的特殊性要求。人力资本产权是天赋人权,自愿性是其主体行为的基本原则;对人力资本产权的信用判断是对其价值判断的基本依据;人的社会性决定了对人力资本产权的评价和限制离不开对整个社会信息的判断,社会信息的共享是人力资本产权评价的基础。

1) 自愿性原则

自愿性原则是指人力资本产权主体在市场交易和产权活动中都必须遵循自愿协商的原则。自愿履行是人本财务保障法律制度的核心原则,在不侵犯别人权益的前提下的自愿履行是产权市场稳定的基本依据。每个主体都有权根据自己的主观意愿自主地选择自己的行为,决定与谁、在什么条件下建立产权关系,并尊重产权交易相对方的需要,不能将自己的意志强加给对方或任何第三方。只要在法律、法规的框架下建立产权关系,其他任何主体都不能干涉。违背交易主体意志而建立的产权关系,都为法律所禁止。

自愿性原则具体表现在:其一,产权主体在自己的权利范围内自主决定自己的产权事项,不能超越权限滥用权力。对人力资本的使用、收益、处分等权利,不同主体根据自己的需要设定权限并在自己的权限范围内行使权利。其二,产权主体一旦约定权利事项,就要按照自己的约定行使权利,否则就要承担相应的责任。

2) 信用性原则

信用性原则是民法中诚实信用原则在人本财务保障法律制度中的运用,但信用原则不仅限于民事法律中所起到价值引导作用。在人本财务保障法律制度中,信用性原则指的是产权主体按照主体之间的约定履行自己的义务。按照约定履行义务是人本财务保障法律制度的底线。只有产权主体都能依约履行自己的产权义务,才会给产权主体以相对稳定的依据约定获取利益的预期,满足主体各方的权利需要,维护稳定的产权交易秩序。

信用性原则具体表现在:其一,产权主体先要按照基于自己内心真实意思表示的约定严格履行自己的义务。如上文所述,人力资本产权财产法律体系是一种制度设计,该制度规定了不同产权主体之间的权利和义务,要求不同的产权主体在自己的权利和义务框架内行使产权。产权主体义务的履行是保证对方行使权利的基础,只有每个产权个体按照约定履行义务,才有可能形成稳定的产权市场。其二,信用性原则是相互的。一方产权主体严格依约履行义务不意味着对对方欺诈等违反信用性原则的放纵。依约履行方可以凭借证据抗辩对方的不守信用行为,来保障自己权利的行使。

3) 社会性原则

社会资源是人力资本积累的基础,人力资本产权来源于社会,并最终回馈于社会,社会是人力资本产权的标准,人力资本产权从这个角度来看,是具有社会公共性的资源。基于人力资本产权的社会性原则,是指人本财务保障法律制度是一个基于社会平台的制度体系,社会公共性判断是评价人力资本产权的重要依据。社会性原则是人本财务保障法律制度区别于物本财务保障法律制度的重要原则。

社会性原则具体表现在:第一,人力资本产权是社会公共性资源,人力资本产权市场是社会信息共享系统,从社会的角度来衡量人力资本产权是基本评价原则。第二,产权主体活动离不开经济社会环境,可以通过限制社会活动权利的方式来保障人本财务法律制度的实施。

8.3 人本财务保障法律制度的基本内容

8.3.1 征信制度

1)现行征信制度

现代经济体系是一种以信用来维系的经济制度体系。信用作为一种经济、文化、社会的理念,现在已成为现代市场经济社会中的核心理念之一,是市场经济秩序的基本内容。在西方发达国家,信用通常与风险捆绑使用,信用交易的活跃伴随着经济主体特别强的风险意识。经济主体在没有掌握对方足够资信的前提条件下,通常不会为对方承担担保义务。信用较低者通常要为此付出较高的交易成本。例如,一个经济主体如果比过去被评低一个资信等级,发行债券或取得借款时,按规定需支付高一个等级的利率和相关费用。为了降低交易成本,提高信用交易的效益,发达国家都花大力气建设信用信息平台,为信用经济服务。随着现代经济的飞速发展,我国在信用体系建设方面做了很多的工作,建立了初级的征信制度体系,而且在立法中也注重信用精神的灌输。比如,我国《宪法》《民法》《公司法》《银行法》《合同法》等都将诚实守信作为一项基本原则明确规定。中国的信用法律体系已初具规模,为市场经济的发展起到了积极的促进与引导作用。但是,应当看到,社会中包括合同违约、经济诈骗、司法不公、执行难、社会腐败等现象还是屡禁不止,这些违法乱纪的现象大多是经济主体的信用出了这样或那样的问题,这与我国的信用法律制度体系还不是很完善有很大的关系。

信用经济要求有先进的信息技术来记录和传递交易对象的信用状况,现代社会信息技术的发展提供了这种可能。国务院于 2007 年 3 月 23 日下发《国务院办公厅关于社会信用体系建设的若干意见》,要求全国各省、自治区、直辖市人民政府、国务院各部委、各直属机构提高信用体系建设意识,加强包括征信制度在内的信用制度建设。征信制度就是通过对自然人既往的交易信息进行统计,进行信用评级,建立信用档案。建立的信用档案供使用者查询,并以此作为产权交易和定价的依据。这种制度当前已经在银行、税务等系统普遍使用。

中国人民银行征信系统①分别包括企业和个人信用信息基础数据库。其中,企业信用信息基础数据库于 1997 年开始筹建,在 2006 年 7 月份实现全国联网查询。据统计,截至 2008 年 9 月底,企业信用信息基础数据库收录企业等相关组织共计 1 000 多万户,其中有信贷记录者共计有 600 多万户。个人信用信息基础数据库于 1999 年 7 月在上海资信有限公司试点开始筹建。截至 2004 年年底,实现 15 家全国性商业银行和 8 家城市商业银行在全国 7 个城市的成功联网试运行。截至 2005 年 8 月底,完成与全国所有商业银行和部分有条件的农村信用社的联网运行。2006 年 1 月,个人信用信息基础数据库正式运行。截至 2008 年 9 月底,个人信用信息基础数据库收录自然人数共计 6 亿多人,其中 1 亿多人有信贷记录。2003 年 11 月,中国人民银行据此成立了征信管理部门,负责承办信贷征信管理工作。该征信系统主要包含数据报送、查询、使用、异议处理、安全管理等各种内部管理制度和操作规程,通过相对完善的用户管理制度,对用户实行分级管理、权限控制、身份认证、活动跟踪、数据主体监督。征信系统收录的信息主要包括企业和个人的基本信息,在金融机构的借款、担保等信贷信息和企业主要财务指标等。2005 年以来,中国人民银行加大了与相关政府部门信息共享及协调工作的力度。同时,企业和个人信用信息基础数据库除了主要收录企业和个人的信贷信息外,还收录企业和个人基本身份信息、企业环保信息、缴纳各类社会保障费用和住房公积金信息、质检信息、企业拖欠工资信息和缴纳电信信息等。企业和个人信用信息基础数据库采集到上述信息后,按数据主体(即企业和个人)对数据进行匹配、整理和保存,将属于同一个企业和个人的所有信息整合在其名下,形成该企业或个人的信用档案,并在金融机构查询时生成信用报告。

纳税信用体系建设由纳税服务司负责。国家税务总局于 2003 年颁布实施《纳税信用等级评定管理试行办法》,规范纳税信用等级管理,加强税收信

---

① 参见:http://www.pbccrc.org.cn/。

用体系建设。该办法围绕税务登记情况、纳税申报情况、账簿凭证管理情况、税款缴纳情况、违法行为处理情况等几个指标建立纳税信用评价体系,设置A,B,C,D四个等级,由省一级或者市(地)一级或者县(市)一级的国家税务局和地方税务局依据本指标体系共同评定其所管辖的纳税人的纳税信用等级,2个年度评定一次,依据评定结果,对纳税人实施分类管理。比如,对A级纳税人,主管税务机关依法给予包括简化办税程序在内的政策优惠;对B级纳税人,重点是加强日常涉税政策辅导、宣传等纳税服务工作,帮助其改进财务会计管理;对C级纳税人,采取严肃追究违法、违规行为的有关责任并责令限期改正、列入年度检查计划重点检查对象等手段加强监管;对D级纳税人,主管税务机关应当将其列为重点监控对象,并采取收缴其发票、停止其出口退免税权等手段强化管理。

为规范征信相关行业的发展,我国于2012年12月26日通过了《征信业管理条例》,并且相关配套条例都在制定过程中。《征信业管理条例》对企业、事业单位等组织的信用信息和个人的信用信息进行采集、整理、保存、加工,以及向信息使用者提供的活动进行规范,建立健康、合规、可持续发展的征信行业,为市场经济的发展做好信息服务。具体在征信业市场准入、相关信用信息采集及查询范围、不良信息提供、异议和投诉、保障信息的准确和安全等方面进行了规定。

2) 人力资本产权征信制度

人力资本产权征信制度指的是人力资本产权主体及其载体的信用信息及人力资本产权载体的知识、技能、经验等信息的采集及使用等相关制度。该制度的核心是人力资本产权主体及载体相关信息档案制度。区别于现行的征信制度,首先,人力资本产权信息的主体包含人力资本产权主体。通过制度设计,人力资本产权可以被除载体之外的其他主体控制,该主体的信用状况可以决定人力资本产权的信用评价。其次,征信制度不应局限于信用信息,能力信息也是对使用人比较重要的价值信息。"德才兼备"是对人力资本产权主体进行整体评价的标准。

人力资本产权的引入,可以促进人力资本产权交易市场的发展,提高整个市场对人力资本产权信息的需要。人力资本产权的魂在于其信用,引进人力资本产权制度,必须建立完善的征信制度进行保障。同时,人力资本产权的价值不应局限于其信用价值,还应包含人力资本产权所有者的知识、技能、健康情况等信息。针对当前整个社会的信用状况还不是很好的情况,笔者建议可以参考我们国家现行有效的银行和税务等部门的征信制度,在人力资本产权市场建立一个以征信制度为起点、以信用档案为平台的人力资本产权信息数据库。

人力资本产权社会信用体系是一个非常复杂的庞大的系统,涉及很多方面,与国计民生、民族兴亡、国家的繁荣富强等密不可分。它一般可以从以下三个方面来理解:一是规范、约束信用行为的法律体系;二是促进个人、单位自觉实现承诺的诚信体系(对个人、单位行为的一种记录体系);三是帮助守信方(一般是债权人)判别交易对象的信用状况、违约程度,以降低交易风险和交易成本的征信体系。信用是人力资本的生命。现代经济是信用经济,拥有良好信用记录的人力资本产权所有者是信用经济活动的主体。信用档案是个人或组织商业信用的记录和评价的依据。在比较成熟的市场经济社会,诚信档案是否良好关乎着商业主体的职业生命。对人力资本产权所有者来说,信用就是他们的生命,因此他们会较一般人更加在乎对自己的信用评价。人力资本产权诚信档案一般应当包含以下内容:①识别信息:主要包括姓名、身份证明文件及唯一编号、出生日期、婚姻状况、家庭居住地址、联系电话等。②商业信息:主要包括个人在贷款、担保、信用卡、保险与金融机构或者住房公积金管理中心等机构发生信贷关系而形成的个人实际履约行为记录。③公共信息:主要包括个人纳税、参加社会保险和个人财产状况及变动等信息。④特别记录:指有可能涉及个人信用状况的民事、刑事、行政诉讼和行政处罚的记录。⑤专业记录:包括以前职业发展状况、企业经营情况和执业评价情况等。⑥诚信评价:包括信用等级和是否启动信用预警等[①]。

8.3.2　市场禁入制度

1) 现行市场禁入制度

市场禁入制度通常是对市场专业人士违反相关法律、法规的行为在一定时期内或永久性地禁止其从事专业服务业务的一种惩罚措施。我国现行的

---

① 徐国君,韩斌. 客户关系资本出资研究[J]. 财会通讯,2011(1):25.

相关法律作了市场禁入的规定。例如,《中华人民共和国律师法》中第 47 条、第 48 条、第 49 条、第 50 条、第 51 条规定了对律师违法执业的行为,司法行政部门可以对其处以暂停执业和吊销律师执业执照的处罚;《中华人民共和国注册会计师法》第 39 条规定了"注册会计师违反本法第 20 条、第 21 条规定的,由省级以上人民政府财政部门给予警告;情节严重的,可以由省级以上人民政府财政部门暂停其执行业务或者吊销注册会计师证书";《中华人民共和国执业医师法》第 37 条、第 39 条规定了对医生的违法行医行为,可由政府卫生行政部门依据情节处以包括暂停执业和吊销执业执照在内的处罚;为了监管证券市场,规范相关专业人员的职业行为,中国证监会在 2006 年 7 月 10 日起施行的《证券市场禁入规定》中对证券市场禁入的情形、需遵循该规定的证券从业人员和禁入的措施作了详尽的规定;国务院国有资产监督管理委员会公布的于 2008 年 10 月 1 日施行的《中央企业资产损失责任追究暂行办法》第 34 条做了相关规定:"企业发生特别重大资产损失,以及连续发生重大资产损失的,除对相关责任人处以经济处罚和行政处分外,应当同时给予禁入限制。"除了法律规定之外,我国市场中也从来不缺乏市场禁入的例子。例如,2006 年证监会发布的对科龙电器原董事长顾雏军永久性市场禁入的处罚决定;2007 年证监会发布的对玩老鼠仓的基金经理唐建和王黎敏的市场禁入处罚决定;2009 年银监会发布的对原北京农商行行长金维虹和分管信贷的副行长姜朝终身禁入的处罚决定等①。

现行市场禁入制度存在以下问题:其一,现行市场禁入制度是对专业人士的市场禁入,忽视了对一般人的约束。其二,现行市场禁入制度比较分散,是各个行业根据自身的监管要求,而在本行业内采取的特殊监管规则,不利于整个市场的统一管理。其三,现行市场禁入制度是物力资本产权制度背景下对人的一种管理模式。人力资本产权引入财产法律制度后,人力资本产权的主体除其自然载体之外,还有其他通过制度设计支配人力资本产权的主体,市场禁入制度对此缺乏系统规定。

2)人力资本产权市场禁入制度

被市场禁入通常意味着专业人士在自己所擅长的工作领域的职业生涯

---

① 徐国君,韩斌. 客户关系资本出资研究[J]. 财会通讯,2011(1):25.

暂时或永久的结束。进行这种制度设计时,要考虑专业人士面对这种惩罚措施时对收益和成本的考量。专业职业能力的形成通常花费了人们一生中最好的时光和家庭中一笔不菲的投入,人们会在慎重考虑这种惩罚所带来的严峻后果后,审慎地选择自己的行为,专业人士市场禁入制度是对职业人士比较有效的制裁措施。人力资本产权市场可以借鉴当下市场中现行的各种规范专业人士的市场禁入制度,来建立一套合适的市场禁入制度体系,用于规范人力资本产权所有者的市场行为。如果在人力资本产权市场中把人力资本产权主体市场禁入加以制度化,人力资本产权所有者在进行违规操作时就要考虑并比较一下收益和成本。由于市场禁入对人力资本产权主体的震慑力,在一定程度上会抑制其违规行为,人力资本产权的交易就会得到较高程度的保障。

设立人力资本产权市场禁入制度应当在以下方面予以重点考虑:其一,市场禁入方式的选择。根据人力资本产权所有者的职业特点确定市场禁入的方式。专业化程度较高的人力资本产权所有者可以选择专业禁入,专业化程度较低的人力资本产权所有者可以选择普通市场的禁入。其二,市场禁入事件的情节。可以根据事件标的额、主观恶性程度、社会影响大小等方面认定市场禁入事件。其三,市场禁入的第三方评判。鉴于市场禁入的处罚对个人权利的影响非常严重,应当由具有很高社会公信力的第三方进行评判。其四,市场禁入的处罚程序。应当有一个公开、公平、公正的处罚程序,无程序无处罚。其五,应当建立与信息平台同步的处罚系统。信息平台是市场禁入的重要依据,市场禁入又可充实信息平台,建立一个良好的互动渠道。

8.3.3 职业保险制度

1) 现行职业保险制度

在人力资本产权市场中,应当建立普遍的职业保险制度。现阶段,我国主要针对专业人士建立了职业保险制度。我国《合伙企业法》对此就做了相关规定。该法第55条规定:"以专业知识和专门技能为客户提供有偿服务的专业服务机构,可以设立为特殊的普通合伙企业。"该法第59条规定:"特殊的普通合伙企业应当建立执业风险基金、办理职业保险。"职业责任保险所承保的职业责任风险,主要针对专业服务人员和从事高危行业的人员而设立,是从事各种专业技术工作和高危工作的单位或个人因失误而导致的损害赔偿责任风险,它是职业责任保险存在和发展的基础。

目前,我国保险公司也已对律师、会计师、家政服务人员、物业管理人员、运动员、高管人员等设立了职业保险制度。例如,平安保险公司设立的《董事、监事和高级管理人员责任保险条款》第3条规定:"如果第三方以被保险个人在自追溯日起至保险期间终止日止的期间内以被保险个人的身份执行职务时的错误行为为由,在本保险期间内向被保险个人提出索赔,且其首次提出索赔的时间是在本保险期间内,对于被保险个人的损失,在被保险公司无义务或无能力补偿被保险个人时,保险人在被保险公司无法补偿的范围内负责赔偿。"《平安律师职业责任保险》第3条规定:"在保险期间或保险合同载明的追溯期内,被保险人的注册律师在中国境内(不包括港澳台地区)办理委托人委托的法律业务时,因过失行为未尽其业务上应尽之责任及义务,造成委托人及其利害关系人的经济损失,委托人及其利害关系人在保险期间内首次向被保险人提出损害赔偿请求,依照中华人民共和国法律(不包括港澳台地区法律)应由被保险人承担的经济赔偿责任,保险人按照本保险合同约定负责赔偿。"此外,还有对其他专业人员的职业责任保险的规定。可以看出,保险公司的职业责任保险体系已经相对完善。企业人力资本产权所有者的价值体现在其所拥有的人力资本产权的价值上,人力资本产权使用环境的复杂性及其受其天然载体的决定,导致人力资本产权的价值产出带有不确定性。从极端的角度来看,可能会因对使用环境的判断不足而产生重大过失,带来巨大的负价值,也可能因人力资本产权天然载体出现故障而使得人力资本产权不能使用,一无所值。这些情形出现的可能性会使得企业的经营因随时可能出现的上述情形而陷入困境,不利于企业的稳定经营。因此,建立人力资本产权主体职业保险制度很有必要。如果在人力资本产权市场中,把职业责任保险制度同信用制度、个人破产等制度配套使用,将极好地规避人力资本产权制度所带来的风险。

2)人力资本产权职业保险制度

通过上述规定可以看出,当前的职业保险制度普及的面已经很广,尽管仍然是商业保险的范畴,但已经为社会层面强制性职业保险制度的建立奠定了基础。人力资本产权所有者职业保险制度的设立主要用于解决人力资本产权所有者突然的伤亡而给企业及其相关人带来的损失。具体阐释如下：人力资本产权的价值通常与其所有者的健康密不可分，其所有者的伤亡常常意味着人力资本产权一无所值，这必然会给其相关者带来一定的经济损失。人力资本产权所有者意外伤亡的比率在社会中是一个相对稳定的比较小的数字，这与保险公司的大数定律是吻合的，因此可以通过职业保险制度来保障人力资本产权制度的有效实施。

8.3.4　个人破产制度

1）现行个人破产制度

当前，我们国家还没有设立个人破产制度，这里的个人破产制度主要指的是发达国家的个人破产制度，该制度是发达国家信用制度的重要处罚措施。所谓个人破产制度，主要是指当个人无法以其个人资产偿还个人债务时，通过相应的法定程序宣布个人破产并核销个人债务的法律制度。在个人按照法定程序破产后，破产人只享有基本生活的权利，禁止进行奢侈消费和商业行为。个人破产制度可以保护资不抵债的个人免受无休止的追债，保护破产人的基本权利和生存的可能。个人破产制度最早起源于古罗马，经过了长期的发展后，个人破产制度已经成为很多发达国家的基本制度。

发达国家的个人破产制度运行相对成熟，根据国外的成功经验，个人破产制度通常包含和解制度、清算制度、最低保障制度、失权与复权制度等，通过这些制度的配套使用，对破产人"恩威并施"，最终达到制度设立的效果。

2）人力资本产权确立将引起的个人破产制度的变化

人力资本产权制度的引进，是对人的能力的财产价值的认可。人力资本产权制度鼓励整个社会进行人力资本产权运营，鼓励人力资本产权的自由流动，形成一个人人积极创新、主动开拓的社会氛围。个人破产制度既是对人力资本产权所有者的惩罚，又体现了对他的保护，个人破产制度对人力资本产权的引进有着特别的意义。个人破产制度的设立有助于整个社会信用制度体系的完善和个人信用意识的增强。人力资本产权市场设立个人破产制度，通过限制破产人的个人消费来指引其行为，可以有效规制人力资本所有者的商业行为。同时个人破产制度赋予破产者享有最低生活保障的权利，给破产的人力资本产权所有者再一次崛起的机会。

人力资本产权的引进使得个人破产制度至少在以下方面要予以完善：其一，要建立一个公允的个人资产评估机制，不能仅局限于对物力资本的评估，要结合社会综合性因素和个人的表现进行评估。其二，最低保障制度要考虑破产者的再就业培训，行业的发展周期是未来个人破产的一个重要因素，通过职业培训是二次就业的主要方式。其三，建立制度打开失权与复权的通道，在现行制度下，个人破产通常意味着终生破产，没有了复权的机会。实际上，个人破产应当是社会生态的重要一环，人生的起起伏伏是客观的，关键是社会要形成一个承担责任的机制。

9 结论及展望

本书以价值创造行为为人本财务核心财务要素,并以此为全书的逻辑起点,以人力资本产权为企业主线、由上而下层层展开,构建人本财务法律制度,并取得了一定的研究成果,也存在很多不足,有待于在今后的研究中加以改进。

9.1 研究结论及创新

伴随着人类进入知识经济时代,现行的以物力资本产权为基础的企业财务法律制度制约了企业的发展,顺应经济的发展,应当将人力资本产权纳入企业财务要素范畴进行管理,这需要构建以人力资本产权为主线的财务法律制度体系。本书着重将人力资本产权纳入财产立法的范畴,构建自上而下的以人力资本产权为主线的人本财务法律制度体系,并制定相应的人本财务技术规范在企业价值运行层面进行落实。

基于知识经济时代的客观要求,人力资本产权将取代物力资本产权成为经济活动的核心要素,整个经济社会资源的有效配置和收入的分配都要围绕人力资本产权这一核心要素展开。适应人力资本产权作为经济社会的基础性产权制度的要求,将人力资本产权纳入人本财务作为核心财务要素进行管理,也就自然成为财务管理的必然诉求。

现行围绕人力资本产权的人本财务的初步研究,尚未围绕产权法律制度展开。现行人力资本产权财产立法的缺失是人本财务实践亟待解决的理论与实践问题,以人力资本产权为核心,构建人本财务法律制度有着极为重要的理论与现实意义。

人本财务统领法律制度是宪法及宪法性文件中关于人力资本产权的概括性规定。宪法作为国家的根本大法,其规定拥有最高法律效力。宪法规定了公民最基本的权利。人力资本产权基于其特殊性和其对人的生存和发展的决定性作用,应当成为宪法中公民最基本权利的核心。以人力资本产权为核心权利的宪法及其文件的相关规定是人本财务法律制度中的统领法律制度。笔者初步构建了包含不可侵犯制度、国家保护制度、权利限制制度及征用补偿制度等在内的人本财务统领法律制度。

人本财务基本法律制度是人力资本产权在民事基本法里的规定。基于宪法的公民基本权利保护理念,在民事基本法里通过人力资本产权立法确定人力资本产权的内涵与外延以及相应产权主体之间的权利和义务的界限是人力资本产权立法的主要任务。人力资本产权民事基本法律规定是人本财务法律制度的基本法律制度。笔者初步构建了包含人力资本产权的确认与分类、人力资本产权主体、人力资本产权的取得与变动、人力资本产权的保护与限制等核心民事法律规则。

将人力资本产权纳入财产立法的范畴,需要企业相关法律制度进行调整,以避免法律之间的冲突,构建在人力资本产权立法基础之上的企业相关法律制度是人本财务技术法律制度的直接的外围制度环境,是人本财务法律制度的支持法律制度。基于当前企业产权法律制度的实际,笔者围绕人力资本产权在企业出资制度、企业运营制度、企业治理制度、资本退出制度、企业清算制度、收益分配制度等企业产权制度中进行了梳理和部分设计。

企业核心资源——人力资本产权在企业的落实,需要人本财务技术法律规范进行行业与技术的设计。人本财务技术法律制度是人本财务法律制度实施的基石。在本书中,笔者以行为要素为本原要素、资产要素为存在要素、权益要素为归属要素,初步构建了人本财务机制和人本财务管理体制,并在此基础上初步设计了包含价值引导活动规则、价值配置活动规则、价值流转活动规则、价值产出活动规则和价值分享活动规则在内的人本财务活动规则体系。

人本财务保障法律制度是人本财务法律制度实施的基本保障。人力资本产权的不可抵押性和对其承载主体的人身依附性,需要制度设计保障相关权利人的权益。基于人力资本产权市场平台构建的包含征信制度等在内的制度体系,是人本财务法律制度的保障制度。本书初步构建了包含征信制度、市场禁入制度、职业保险制度、个人破产制度等在内的人力资本产权市场制度体系。

本书的创新点主要体现在以下几个方面:

(1)本书首次提出并构建了人本财务法律制度体系。本书以人力资本产权为主线,首次构建了包含人本财务统领法律制度、人本财务基本法律制度、人本财务支持法律制度、人本财务技术法律制度、人本财务保障法律制度在内的人本财务法律制度体系,理顺了将人力资本产权纳入企业财务要素进行管理所可能面对的自上而下的产权法律障碍。在人本财务统领法律制度体系中，笔者认为，国家根本性权利法案对人力资本产权的确认是人本财务法律制度合法性的依据。笔者以宪法—权利法案—人权—财产权—人力资本产权为逻辑展开论述，并初步构建了人本财务统领法律制度。在人本财务基本法律制度体系中，笔者首次研讨了在民事基本法里如何将人力资本产权纳入财产立法范畴的具体设计，对当前财产立法进行了拓展。财产立法是经济文明的产物，财产立法内容的变化反映了经济社会发展的阶段。在知识经济时代，人力资源稀缺是根本的资源稀缺，人力资本产权为财产立法提出了新的概念范畴。笔者基于财产的本质出发，从风险规避、信息共享等方面出发，初步构建了以人力资本市场为核心的人力资本产权制度体系。人力资本产权在企业的适用需要有企业中相应的人力资本产权法律制度来提供支持，本书首次提出通过构建人本财务支持法律制度的方法来解决上位法落实到企业时中间法律效力的承接，并首次构建人本财务支持法律制度。围绕企业基本的价值运动，以人力资本产权为基础，笔者提出并初步构建了包含出资、运营、治理、退出等在内的人力资本产权支持法律制度体系。基于人力资本产权的特点，以人力资本产权市场为平台，笔者初步构建了包含征信制度、市场禁入制度、职业保险制度、个人破产制度在内的人本财务保障法律制度体系。区别于物力资本产权的物上担保性等特点，信用担保性是人力资本产权的重要特点，以信用担保为核心、构建人力资本产权市场平台是人本财务保障法律制度的关键。

（2）在人本财务法律制度基础上，本书系统地构建了包含人本财务逻辑起点、人本财务要素、人本财务价值活动在内的人本财务基础理论，并提出作为财务理论的逻辑起点，至少应当符合以下几个条件：其一，逻辑起点必须是组成财务理论体系的基本要素之一；其二，逻辑起点必须是构成财务活动的主体；其三，逻辑起点必须是构成财务关系的纽带。其四，逻辑起点必须是价值增值的本原。同时，笔者认为，价值创造行为是构成财务的基本要素之一，价值创造行为是基本财务活动。价值创造行为作为基本财务活动，是连接财务关系的纽带，价值创造行为是价值的本原和动因，资产通过行为的附加产生价值增值。在此基础上，笔者提出，价值创造行为是人本财务的逻辑起点。基于三维会计的先进研究成果和系统构建的方法论，本书构建了包含行为、资产、权益在内的人本财务三要素体系，其中，行为要素是企业价值的本原要素，资产要素是企业价值的存在要素，权益要素是企业价值的归属要素。基于"行为—资产—价值"

的价值活动逻辑和现行财务活动与企业价值的割裂,笔者提出了以价值创造行为为主线构建的包括价值引导、价值配置、价值流转、价值产出、价值分享在内的财务活动体系。同时,在人本财务法律制度基础理论中,笔者提出效率优先、公平为本的人本财务法律制度构建的价值理念;制度构建应当以价值观为主导贯穿始终,现行财务法律制度以效率优先、兼顾公平为基础价值导向,混淆了公平与效率的价值位阶;笔者认为,公平与效率处于不同的价值位阶,公平是效率的基础,社会公平是效率可持续的基本保障。

(3) 本书系统地论述并构建了人本财务技术法律制度体系。本书首次提出并初步构建了分层的人本财务机制体系;认为人本财务机制是基于财务要素之间的相互关系而确立的财务要素运行的财务活动体系及顺应财务要素活动的财务支持体系,人本财务机制应当是一个分层的机制体系,依据人本财务机制的属性,从人本财务机制的层次出发,笔者将人本财务机制分为人本财务基础机制、人本财务基本机制、人本财务服务机制。其中,人本财务基础机制指的是人本财务要素之间的相互关系与作用机制,人本财务基础机制是人本财务机制的基础,决定人本财务基本机制和人本财务服务机制;人本财务以行为要素为基本要素,人本财务基本机制包括人本财务行为动力机制、行为运行机制和行为调控机制,人本财务基本机制是人本财务机制的主体,是价值活动的主要表现;人本财务服务机制是企业财务管理机制,包括管理决策机制、管理激励机制和管理监督机制,人本财务服务机制为人本财务基本机制提供支持。本书基于人本财务机制初步构建了人本财务管理体制;认为人本财务管理体制是基于管理的需要而进行的不同财务管理主体之间责、权、利的分配制度;财务管理体制的构建要基于财务机制主动性、自主性的特点,在人本财务机制之下,财务管理主体的主要职能是为财务运行机制服务的;按照财务分层运行的机制理论,管理层为运行层提供战略决策指导,构建激励制度体系,并检查和督促财务活动不偏离正常的方向;在此基础上初步构建了与人力资本出资者权利和义务相应的包含股东会、董事会、监事会及管理层在内的人本财务责、权、利管理体制。基于人本财务活动的特点初步构建了人本财务活动规则体系;该规则体系包含价值引导活动、价值配置活动、价值流转活动、价值产出活动和价值分享活动体系;其中,在行为要素主导下,价值引导活动包含价值机会发现、价值策划、价值决策的过程;价值配置活动是基于价值引导活动的具体规划及资源配置的过程,应当包括资产配置、资本配置、资源整合几个方面；价值流转活动是企业的价值经营循环过程，应当包含企业价值规划的实施过程和行为附加于资产之上而产生的价值流动转移过程；价值产出活动中的主要任务是通过动态、及时地核算与报告来实现行为价值的有效配比；以社会平均收益为标准构建了价值分享规则。

总之，人本财务法律制度以产权法律制度为主线，通过对人本财务统领法律制度、基本法律制度、支持法律制度、保障法律制度和技术法律制度的剖析来构建制度体系，是一个全新的法律制度体系。该法律制度体系的构建将对人本财务的研究提供一个全新的视角，并对人力资本产权引进财务实践提供法理支持。应当可以看到，基于人力资本产权的复杂特性，将人力资本产权作为核心要素引进财务法律制度是一个社会系统工程。本书为这项工程提供了一些思路，真正围绕人力资本产权来构建财务法律制度，还要以社会为平台、以人性为基础做大量的研究。

9.2 研究不足及后续研究方向

人本财务法律制度是一个崭新的命题，本书以人力资本产权是否可以纳入财产立法范畴为切入点展开，初步构建了人本财务法律制度体系。本书取得了初步的研究成果，但至少还存在以下不足：其一，本书着眼于人本财务法律制度进行研究，人本财务基础理论研究稍显不足。其二，研究方法的不足。本书主要采用演绎推理为主要论证形式的逻辑推演，尚不能进行具体企业财务的操作验证。其三，研究的深入性不够。本书作为框架研究，初步构建了框架研究体系，但各个部分的研究不够深入，也没有依据研究拟定具体的制度规则。

人本财务法律制度是个大命题，本书的出版仅仅是笔者该命题研究的新的开始。为弥补人本财务法律制度研究的不足，后续研究至少要围绕以下方面展开：其一，加强人本财务理论的研究。人本财务理论是一个系统研究，本书仅仅对人本财务逻辑起点、人本财务要素、人本财务活动等方面展开了研究，需后续研究进行完整和细化。其二，本书的论证是以演绎推理为基础的逻辑推演结合企业财务的现实实然而进行，缺乏企业财务实际的验证，本书的实际运行效果如何还有待于进一步的考察。希望本书的初步探索，能起到一个抛砖引玉的作用，引导同行进行更深入、系统的研究。

附　　录

案例 1　高管套现与人本财务法律制度约束

股权激励制度是西方发达国家现代企业制度的重要组成部分,是人力资本理论在企业治理实践中的应用。董事、监事和高级管理人员(以下简称高管)基于其拥有的人力资本通过低成本甚至零成本取得企业股权,是股权激励的一种主要方式。随着我国经济制度改革的深入,股权激励制度被引入我国企业治理中并取得了较好的效果。可是近些年来,由于股权激励而导致的高管辞职套现问题在我国证券市场中表现得非常突出,尤其是最近一段时间以来的创业板解禁更是将这一问题凸显至极致。毫无疑问,大范围的高管辞职套现对我国非常脆弱的资本市场尤其是创业板市场的影响是巨大甚至致命的。但是,面对辞职套现后的巨大利益诱惑,高管们却又义无反顾。我们似乎不难推演出,我国职业经理人正在进入一个怪圈:没有股权激励的企业,设法通过股权激励让高管们获得股份;高管们获得股份后,设法通过辞职等方式套现;辞职后的高管们换一个企业,通过股权激励获得股份,然后再辞职,再套现……严重问题的出现往往是其背后的制度建设出了问题。资本的本性是逐利的,从这个角度出发,高管辞职套现现象是可以理解的。但是,缺乏制度约束的资本是可怕的,两次世界大战的沉痛教训我们不应当忘记。现行制度的局限性所导致的我国资本市场的动荡已经在我国证券市场的发展历程中被揭露得清楚无疑。本案例试图从人本财务法律制度的角度来寻找解决高管套现问题的有效途径。

一、事件介绍

套现,即出卖股份,套出现金,变不确定为确定,落袋为安。套现是一种正常的市场行为。高管套现是指企业董事、监事、高级管理人员等出卖通常通过股权激励得到的股份套出现金的行为。高管人员作为企业内部信息的制造者和知悉者,其套现行为就不是一种正常的市场行为了。

由于高管套现对资本市场的负面影响非常巨大,我国相关立法对此进行了规定。2006年1月1日实施的《公司法》第142条规定:"发起人持有的本公司股份,自公司成立之日起一年内不得转让。公司公开发行股份前已发行的股份,自公司股票在证券交易所上市交易之日起一年内不得转让。公司董事、监事、高级管理人员应当向公司申报所持有的本公司的股份及其变动情况,在任职期间每年转让的股份不得超过其所持有本公司股份总数的百分之二十五;所持本公司股份自公司股票上市交易之日起一年内不得转让。上述人员离职后半年内,不得转让其所持有的本公司股份。公司章程可以对公司董事、监事、高级管理人员转让其所持有的本公司股份做出其他限制性规定。"为了规避《公司法》的规定,很多公司的高管纷纷辞职。例如,三花股份原副总裁、董事任××和董事王××于2006年3月份辞职,于2007年分别减持了所持有的全部三花股份88.83万股和50.10万股,套现金额分别达到1 933.83万元和1 090.67万元。巨额套现的诱惑使得三花股份董事长张××也于2007年4月辞去职务,其以"高管股份"形式锁定的565万股股份自2007年11月9日也已自动解除锁定,获得上市流通权。又如,思源电气董事杨××于2006年8月3日辞职,在离职半年后的2007年3月和4月份连续两次减持思源电气股份近200万股,套现金额达到9 000万元。思源电气董事、副总经理李×于2006年12月27日辞去职务,其所持股份于2007年9月30日获得上市流通权。实际上,由于《公司法》的相关条款并不具有可操作性,很多企业高管在没有辞职的情况下,疯狂减持股份数超过了《公司法》中25%的规定。

为配合《公司法》的实施,规制高管人员的套现行为,证监会于2007年4月5日发布实施了《上市公司董事、监事和高级管理人员所持本公司股份及其变动管理规则》,其第4条规定:"上市公司董事、监事和高级管理人员所持本公司股份在下列情形下不得转让:(一)本公司股票上市交易之日起1年内;(二)董事、监事和高级管理人员离职后半年内;(三)董事、监事和高级管理人员承诺一定期限内不转让并在该期限内的……"其第5条规定:"上市公司董事、监事和高级管理人员在任职期间,每年通过集中竞价、大宗交易、协议转让等方式转让的股份不得超过其所持本公司股份总数的25%,……"根据上述"宽松"的规定,高管人员可以选择在公司上市后半年辞职,这样辞职后半年(即公司上市后1年)即可套现全部现金。在这样短的时间内,辞职高管的人脉仍在,仍然可以获得内部信息、甚至影响企业决策最终高位套现。因此,众多高管仍然乐此不疲(辞职套现)。例如,新和成董事张××、董事兼副总经理石×于2008年1月份辞职,德豪润达总经理刘×、副总经理肖×、副总经理李××于2008年2月份辞职……为规制企业高管的行为,深交所2008年4月28日公布实施的《关于进一步规范中小企业板上市公司管理人员买卖本公司股票行为的通知》,其中规定:"三、上市公司应当在公司章程中明确规定:上市公司董事、监事和高级管理人员在申报离任六个月后的十二月内通过证券交易所挂牌交易出售本公司股票数量占其所持有本公司股票总数的比例不得超过50%。上市公司董事、监事和高级管理人员应当在《董事(监事、高级管理人员)声明及承诺书》中承诺其在申报离任六个月后的十二个月内通过证券交易所挂牌交易出售本公司股票数量占其所持有本公司股票总数的比例不超过50%。"通过这样的规定,辞职的高管股票的持有时间在以前基础上延长了1年才能全部套现,但仍然不能有效遏制高管辞职套现的热情。这在创业板市场中体现得淋漓尽致。

2009年11月1日,我国创业板正式开板交易,这同时也意味着高管们的新一轮套现机会已经来临。据统计[1],自创业板开板之日起10个月内,就有多达60名创业板上市公司的高管宣布辞职,其中不仅包括董秘、董事、监事、核心技术人员,还包括董事长、副总裁、副总经理。平均每个月主动辞职的高管达到6名以上。上述高管的请辞申请,均是在其任期未满时做出的。高管们辞职原因大体一致,如"工作变动""因个人原因",甚至"夫妻两地分居""身体健康堪忧""参加董事会不方便"等。在创业板上市公司的高管基本上都持有公司原始股,由于这些原始股的成本非常低廉,一旦套现,持有者将一夜暴富成为千万富翁、亿万富翁。这正所谓"司马昭之心,路人皆知",高管们高位套现、落袋为安的心态暴露无遗。为了规制创业板高管辞职潮所可能引发的套现从而导致的创业板市场风险,深交所于2010年11月4日发布实施了《关于进一步规范创业板上市公司董事、监事和高级管理人员买卖本公司股票行为的通知》,其中该通知规定:"三、上市公司董事、监事和高级管理人员在首

---

[1] 参见:http://media.workercn.cn/grrb/2010_09/22/GR0309.htm。

次公开发行股票上市之日起六个月内申报离职的,自申报离职之日起十八个月内不得转让其直接持有的本公司股份;在首次公开发行股票上市之日起第七个月至第十二个月之间申报离职的,自申报离职之日起十二个月内不得转让其直接持有的本公司股份。"由此,因高管抛售所可能导致的创业板风险暂时告一段落,但是,众多高管的辞职所引起的创业板混乱仍将持续。

二、事件分析及其人本财务法律制度约束

高管辞职套现现象造成了严重的危害,至少已经导致以下问题:

其一,导致资本市场的低迷。高管们的套现反映了他们对企业的前景可能并不看好。作为企业内部信息的制造者、知悉者,通常来看,高管抛售股权的行为是对企业悲观前景的另一种解读。众多高管的辞职套现在向股市释放一个信号:"我的企业有问题,未来风险很大,我需要抛售股份来规避风险。"在这样的信号的提示下,公众投资者又如何会对这些企业充满信心呢?众多股民可能纷纷选择退出,导致资本市场的长期低迷甚至崩溃。因此,高管辞职套现对于中国股市来说是一个危险的信号,需要有效的制度约束。

其二,严重影响企业的正常发展。上市公司高管是上市公司经营管理的核心,往往伴随着企业的创业一直到成功上市。他们了解企业,了解市场,懂得经营,擅长管理。更为重要的是,他们缔造了企业的文化。制度的缺失,利益的诱惑,资本力量的驱动和价值观的扭曲,致使他们辞职套现。作为企业的核心,甚至是董事长、总裁的离职,将会严重影响企业的正常运转,有的企业将会因此走上不归路。

其三,企业包装上市。套现的巨大诱惑诱使众多企业依据企业上市门槛采取虚造利润等方式包装上市。大量企业上市后的微利甚至亏损都清楚地揭示了这一点。上市企业"明星光环"褪色,广大投资者何去何从?

其四,鼓励高管内部交易、操纵股价。高位套现是高管攫取暴利退出的最后一环。既往的股市故事都可以告诉我们高管们的"操作技巧"。我国资本市场不够完善,股民不够理性,企业随便释放一个虚构的信号便可诱使股民的爆炒,高管高位套现退出轻而易举。这些高管们即使是辞职了,但有关的人脉关系还在,要获得确切的内幕信息并不难。这都会严重破坏资本市场制度。

其五,致使职业经理人市场的坍塌。现阶段,我国的职业经理人市场正在初创阶段,职业经理人必备的忠实、勤勉的素养远没有形成,信用制度体系

还在搭建过程中,形成成熟的职业经理人职业道德观还需要一个过程。稚嫩的职业经理人队伍面对巨利套现的诱惑,打击是致命的。缺少基本的职业道德观的指导,面对利益,高管们很容易放弃自己应该承担的责任。

高管套现导致的危害是巨大的,而且仍然在持续。依据最新实施的《关于进一步规范创业板上市公司董事、监事和高级管理人员买卖本公司股票行为的通知》,对我国制度缺失的资本市场,高管在辞职后的1年多时间里,通过辞职不离职、内部交易等方式操纵股价不是什么难事。因此,现行制度约束是有限的,亟待彻底的改变。对此,很多专家、学者都提出了自己的观点,如开征资本利得税、延长持股期限等①。但这些方法都是对现有制度的一些修正,没有从根本上解决问题。

高管套现是股权激励的产物。因此,高管套现问题的彻底解决应当从股权激励制度本身去寻找原因。劳动价值学说和人力资本理论是现代股权激励制度的理论渊源。劳动价值学说认为,劳动是价值产生的源泉。人力资本理论认为,人力资本所有者是企业风险的真正承担者,并且是企业财富的真正创造者。因此,人力资本所有者基于其拥有的人力资本而应当拥有企业的股份成为企业的所有者。只有这样,才能实现人力资本所有者责任和权利的平衡,达成现代企业制度的完善。现代企业的实践也证明,在知识经济的大背景下,人力资源已成为现代企业发展的核心驱动力,物力资源反而退居其次,企业中人力资本所有者应当拥有至少跟物力资本所有者同样多的权利,人力资本所有者可以以人力资本产权出资。在上述案例中,基于人力资本产权所拥有的股权激励仍然是物力资本出资者,是原先强势的物力资本所有者为了自身利益的最大化,被迫对人力资本所有者妥协,对人力资本所有者进行股权激励。人力资本没有真正成为企业的资本,人力资本产权也没有成为企业的资产,低成本或无成本取得的股权激励是以物力资本出资者让渡相应的物力资本为代价的,人力资本所有者最终是以物力资本的置换取得企业的所有权。人力资本所有者不是企业的主人,他们只是物力资本出资者的仆人。从而形成一个悖论:股权激励不是人力资本所有者凭借其拥有的人力资本产权而应该得到的股权,而是物力资本所有者对人力资本所有者的赏赐,基于股权激励得到股权的股东,仍然是物力资本出资者,建立在人力资本产

---

① 申木.高管辞职套现:利益诱惑与制度反思[J].董事会,2008(4):72-74.

权理念基础上的股权激励制度并没有将人力资本产权理念进行到底,人力资本所有者是企业的物力资本出资者。人力资本所有者离职后,其出资的物力资本仍在,制度本身留下了套现的机会,对物力资本出资者是不公平的。因此,人力资本所有者应当与物力资本所有者享有同等权利并履行同等义务,这是人本财务法律制度的基本原则。

人力资本产权所有者成为企业的所有者是知识经济时代企业的一大特点。人本财务法律制度中应当对人力资本产权的退出进行明确的规定,以建立与人力资本产权的引进相配套的企业人力资本产权退出制度。人力资本产权的退出实际是在人力资本产权所有者退出的情况下,基于人力资本产权与其所有者的不可分性而导致的同时退出,其退出制度可作以下尝试:其一,完善人力资本产权市场,丰富人力资本资源,增强人力资本产权的可替代性,通过人力资本产权的替代来完成企业原有人力资本产权的退出。其二,用物力资本产权的替代来补足企业人力资本产权的缺口。企业通过对企业人力资本产权是否有充足的把握,来决定是否用物力资本产权来补足因人力资本产权退出而出现的资本缺口。其三,通过清算减资来实现人力资本产权退出,人力资本产权归属于其个人所有,其所持的人力资本产权股应履行《公司法》规定的减资程序,从公司资本中予以减除。其四,在人力资本产权退出时应对人力资本产权所占相应股权比例的债务对内按比例承担偿付责任,对债务人则以出资额为限承担连带清偿责任。

因此,在理想状态下,股权激励制度应当是人力资本所有者用人力资本产权出资成为企业所有者,凭借其人力资本出资形成的股份享有企业的剩余收益。人力资本所有者退出企业时,带走了其出资的人力资本产权,人力资本所有者不再享有企业股份,企业应当进行减资处理。可以看出在人本财务法律制度框架下,建立在人力资本理论基础上的股权激励制度不应当有辞职套现的机会。

案例 2　高管不道德高收益与人本财务法律制度约束

2008 年金融危机涉及范围之广,影响程度之深,破坏力度之大,被认为是自 20 世纪初以来的大萧条后之最。同时,这场危机也披露了隐藏在社会中的很多不公问题,高管高薪问题就是其中之一。高管高薪是基于委托—代理理论的现代企业制度框架下,企业股东为激励企业高管工作尽职以实现企业高收益而出现的高薪酬现象。但却往往事与愿违,在现实经济生活中,企业亏损甚至破产与高管高薪却常常在企业中并存,这种怪现象被喻为"不道德的高收益",这在 2008 年金融危机时期表现得尤为突出,引发了比较激烈的社会抨击,甚至导致了西方国家大规模的社会游行抗议。

一、事件介绍[①]

2008 年金融风暴祸及全球,许多国家、机构和个人投资者的财富血本无归,而这一危机的肇事者却不用承担任何责任,个人收入毫发无损,甚至拿到巨额补偿。

一般来说,干得好才能挣得多,这些肇事者管理的企业虽然亏损甚至倒闭,他们照样拿大钱。据美国最大工会组织劳联—产联披露,2008 年标准普尔 500 指数公司的首席执行官平均年收入为 1 420 万美元。其中,金融业高管薪酬尤高,美林集团首席执行官约翰·赛恩获得 8 300 多万美元,成为全美薪水最高的高管。

美国国会不久前举行听证会,接受质询的是已申请破产的雷曼兄弟公司董事长兼首席执行官理查德·富尔德,他因把公司搞垮曾遭员工痛殴,在国会又被严厉质问。众议员亨利·韦克斯曼拿着他过去 8 年的个人收入表,厉声责问,"公司已破产,你却拿了 4.8 亿美元,这公平吗?"另一名共和党议员愤怒地骂他是"恶棍"。这种"不道德的高收益"引发了整个社会的关注,甚至连美国总统也看不过眼。他警告说,虽然企业管理层的收入不该由政府决定,但他们的年薪和红利起码应该建立在提高公司业绩、给股东带来更大利益的基础上。企业高管的高薪问题已存在多年,在金融泡沫膨胀的年代也随之"水涨船高",达到离谱程度,他们的收入为普通职员的数百倍。高薪不仅助长了一些高管的贪婪和奢靡,而且成为社会学家担忧的"贫富差别扩大"的社会问题。更令人难以容忍的是,一些高管把舆论抨击当作耳边风,依然我行我素,做出更加出格的事。比如,就在美国政府不得不动用 850 亿美元巨资挽救保险巨头——美国国际集团不到一周之后,这家公司竟然动用 44 万美元供

---

① http://opinion. people. com. cn/GB/8213/49160/49223/8495345. html.

公司管理层人员到加州的海滨度假。英国巴克莱银行在政府宣布巨资救助金融体系后一天，就大肆挥霍公款资助高层去意大利旅行。因濒临破产而被比利时政府救助的富通银行，几日内竟在摩纳哥最昂贵的巴黎大酒店请50人品尝美食，耗资15万欧元。

这种现象在我国也不鲜见。下表中列出我国一些企业高管2008年年薪与其净利润增跌幅：

简称	2008年净利润同比增幅	高管	职务	2008年薪酬	2007年薪酬	增幅
中核科技	−83.71%	陈××	总经理	25.84万元	24.46万元	5.60%
中国石油	−21.99%	蒋××	董事	56.90万元	49.90万元	14.00%
中国石化	−47.47%	王××	总裁	84.40万元	82.50万元	2.30%
五矿发展	−37.97%	何××	副总经理	93.60万元	63.50万元	47.40%

从这些数据中，我们发现，在金融危机中，企业在亏损的时候，其高管薪酬却在增长。这是个非常奇怪的现象，人们也对此质疑，不仅仅是因为高管们在这个危难时刻加薪，还包括了因为加薪所引起的贫富差距拉大，以及高管们在牛市股票上涨的情况下选择加薪，但在股票下跌情况下高管们却没有得到任何处罚。

二、事件分析及其人本财务法律制度约束

上述事件反映出建立于委托—代理理论基础之上的现代企业制度的不足。企业所有者为实现企业收益最大化而高薪聘用企业高级管理人员管理企业，所有者和高管人员因立场不同而产生的矛盾始终存在。上述案例是金融危机时期所谓所有权和经营权相分离的现代企业制度的真实体现。解决委托—代理理论的先天不足并将行为人收益与贡献相匹配是解决"不道德的高收益"的有效路径。人本财务法律制度将人力资本产权所有者纳入企业所有者范畴，变企业代理为自理；通过人本财务机制可以实现高管层行为与价值的匹配，人本财务法律制度是解决"不道德的高收益"的良方。

价值与要素的匹配是人本财务法律制度的重要原则之一。该原则指的是企业的价值产出要与财务要素尤其是行为要素建立关联。行为要素是价值本原要素，行为要素在具备资产要素条件下通过价值运行会导致价值增值或减值的结果。资产增值与减值、行为增值与减值、权益增值与减值之间的对应匹配可以使行为主体即时自我评价，价值产出与行为的匹配是激发行为

主体活力的有效手段,是人本财务运行的基础机制。与此相适应的建立于人本财务机制之上的企业价值活动过程之中的充分的、自动的监督是人本财务法律制度的另一特点。这种有效的监督机制为价值和效率的匹配奠定了良好的制度基础。

上述案例中,在人本财务法律制度框架下,当企业出现亏损时,企业人力资本产权所有者同时也是企业运营者,应负主要责任。首先应当由企业股东会共同委托的第三方审计,依据责任的大小确定一定分配比例,分配时应先用留存的人力资本产权之外的企业人力资本产权弥补企业亏损,弥补后如果仍有不足,则相应按比例冲减人力资本产权的价值。只有当企业在今后的经营中出现盈利时,才能按比例恢复企业人力资本产权的价值。因为亏损通常并不是企业物力资本产权有问题,而是企业人力资本产权所有者的运营不善而导致。当前,企业经营亏损的责任主要由企业物力资本产权所有者亏蚀资本的形式承担是不合理的,这样做会导致企业人力资本产权所有者负盈不负亏,亏损时简单跳槽就可逃避责任,这种权责不清的企业产权关系制约了企业的发展。此外,当企业持续亏损以至于资金周转不灵,进而导致企业破产时,企业人力资本产权所有者和物力资本产权所有者都要负起有限责任。假如企业变现价值在偿还企业的债务后仍有价值剩余,则该剩余资产应在企业人力资本产权所有者和企业物力资本产权所有者之间按比例分配。因为破产时企业人力资本产权可能一无所值,不能变现,因此只能通过社会保险制度等来解决。目前,企业破产时不追究企业人力资本产权所有者责任的做法是不妥当的。可见,将人力资本产权纳入人本财务要素,建立基于价值—要素匹配原则的人本财务法律制度体系,可以有效地解决上述因产权不公而引发的"不道德的高收益"问题。

参考文献

［1］徐国君. 三维会计研究［M］. 北京：中国财政经济出版社，2003.

［2］徐国君. 劳动者权益会计——人力资源会计的新模式研究［M］. 北京：中国财政经济出版社，1997.

［3］李惠斌. 企业劳动产权概论［M］. 北京：中央编译出版社，2006.

［4］曹天予. 劳动产权与中国模式——当代马克思主义在挑战中发展［M］. 北京：社会科学文献出版社，2006.

［5］王海兵. 人本财务研究［M］. 上海：立信会计出版社，2012.

［6］财政部企业司.《企业财务通则》解读［M］. 北京：中国财政经济出版社，2007.

［7］郭复初. 中国特色财务理论研究［M］. 成都：西南财经大学出版社，2010.

［8］稻盛和夫. 稻盛和夫阿米巴经营［M］. 北京：中国大百科全书出版社，2009.

［9］张文显. 法理学［M］. 北京：高等教育出版社，2004.

［10］郭复初. 财务通论［M］. 上海：立信会计出版社，1997.

［11］郭道扬. 会记史研究（第二卷）［M］. 北京：中国财政经济出版社，2004.

［12］莫纪宏. 人权法的新发展［M］. 北京：中国社会科学出版社，2008.

［13］冯静. 知识经济与财务理论发展［D］. 中国知网博士学位论文库，2000.

［14］《中国人权百科全书》编委会. 中国人权百科全书［M］. 北京：中国大百科全书出版社，1998.

［15］邓小平. 邓小平文选（第三卷）［M］. 北京：人民出版社，1993.

［16］博登海默. 法理学：法律哲学与法律方法［M］. 北京：中国政法大学出版社，1999.

［17］稻盛和夫. 稻盛和夫的实学［M］. 上海：东方出版社，2011.

［18］向显湖. 人力资本财务论［D］. 中国期刊网博士学位论文库，2006.

［19］刘惠荣. 虚拟财产法律保护体系的构建［M］. 北京：法律出版社，2008.

［20］周叶中，等. 宪法学［M］. 北京：法律出版社，2006.

［21］梁慧星，等. 物权法［M］. 北京：法律出版社，2007.

［22］陈华彬. 外国物权法［M］. 北京：法律出版社，2004.

［23］郝英奇. 管理系统动力机制研究［D］. 中国期刊网博士学位论文库，2007.

［24］刘璞.变革型领导行为影响员工行为的机制研究［D］.中国期刊网博士学位论文库,2008.

［25］李彦.基于价值链的企业财务战略研究［D］.中国期刊网博士学位论文库,2008.

［26］石邦宏.人力资本交易原理［M］.北京:社会科学文献出版社,2009.

［27］关今华.人权保障法学研究［M］.北京:人民法院出版社,2006.

后　记

　　人本财务方面的研究,是一个全新的命题。刚开始将这个命题选作博士论文题目时,心中还是充满想做出一点东西的豪情的。时间一天天过去,终于"憋"出了桌上的文稿时,百般滋味在心头。不易啊!

　　回首几年的博士生活,首先,要感谢我的导师徐国君教授。几年来,一直在徐老师"做一个真博士"的感召下坚持着。徐老师毫无疑问是一位严师,学术上任何的松懈都会受到徐老师严厉的批评;但徐老师更是一位慈父,我生活和工作中遇到的困难和疑惑无论何时何地都会得到徐老师无微不至的关心和帮助。其次,还要感谢师母夏老师,没有夏老师帮徐老师分担家务,徐老师不可能有更多的时间指导和帮助我们,因此,论文中同时也凝聚了师母的心血。

　　此外,还要感谢青岛海洋大学的李雪教授。李老师关注我论文写作的整个过程,提出了很多宝贵的意见,论文的完成离不开李老师的指导和鼓励。感谢青岛海洋大学的马广林老师、樊培银副教授、张世兴教授、倪均援教授、刘秀丽副教授、王竹泉教授、罗福凯教授等对我无私的指导和帮助。感谢青岛海洋大学管理学院办公室的研究生秘书马崑老师辛勤的工作带给我们学习生活上的方便。

　　博士生活离不开同学们的帮助,谢谢给予我关心和帮助的同学们,他们是:刘玉栋、姜宏青、孙玉甫、杨智慧、胡春晖、谢宜豪、姜毅、钞天虎、王舰、李晓辉、李艳玲、李永强、邱兆学、隋春蕾、花双莲、冯海虹、彭家钧、常璟、张明波、于江、刘军、王怀庭、赵爽等,值得一提的是,姜毅同学关注我论文的整个写作过程,论文的完成离不开姜毅同学热心的鼓励和帮助。孙玉甫同学是我们的老大哥,和他在一起,我们经常没大没小地在一起"抬杠",其严谨的治学态度、渊博的知识、灵活解决问题的方式方法给了我很多的启发。姜宏青师姐和李晓辉师妹同时也是青岛海洋大学的老师,她们经常利用工作的便利为同学们的学习提供一些帮助……同学们之间的故事难以短短几句话说完，但毫无疑问，同学们的感情是真挚的，同学们的君子之交必将使我受益终生。

最后，要感谢我的家人。我年近不惑仍外出求学，曾使我父母深感不安。孩子们过着平淡、幸福的小日子是他们唯一的心愿。尽管他们不理解自己孩子堪称"自虐"的举动，但二老还是给予了我最大的宽容和支持。我外出求学，无暇顾及父母，兄嫂在父母身边比平时付出更多，尽了更多的义务，但他们对此没有任何怨言。岳父、岳母对女婿外出求学，女儿受苦受累带孩子、做家务、忙工作，也给予了充分的理解和帮助，每次看到二老理解的眼神和默默的付出，心中感动异常。我的妻子薛蕾蕾"夫唱妇随"，温柔宽容，默默地独自一人承担起家庭的全部重担，没有抱怨，只有付出。儿子小昊哲喜欢和爸爸一起玩，但是知道爸爸忙，就自己玩，以此来表示对爸爸的理解和支持。每念及此，心中充满歉疚，没有你们的付出，不可能会有我博士学业的顺利完成。你们的感情，我将永远铭记于心。

韩　斌

2015 年 10 月